김상복 목사

아, 사랑이네

사랑과 전도

신교횃불

확신시리즈 4

아, 사랑이네 사랑과 전도

2018년 11월 22일 초판 발행

지은이 | 김상복
편집인 | 우경신, 박유빈, 양선애, 양미애
발행처 | 도서출판 선교햇불(ccm2u)
　　　　전화 : (02)2203-2739
　　　　팩스 : (02)2203-2738
등록일 | 1999년 9월 21일 제 54호
등록처 | 서울 송파구 백제고분로 27길 12(삼전동)

ISBN 978-89-5546-406-1
　　　　978-89-5546-403-0(세트)

아, 사랑이네

사랑하고 존경하는 김상복 목사님께

원로목사님의 팔순을 기념하면서 할렐루야교회가 목사님의 '확신시리즈'를 재발간하게 되어 얼마나 기쁜지 모르겠습니다. 이것은 모든 교인들의 마음이기도 합니다. 목사님은 목회자이시며 학자이십니다. 목회자의 가슴과 시각으로 신학을 쉽고 깊게 정리하셨고, 이를 통해 성도들의 삶을 윤택하게 해 주신 분입니다.

'평신도 신학'이라는 단어가 한국 교회에 생소했을 무렵, 목사님은 선구자 역할을 해 주셨습니다. 교회의 진정한 자원은 바로 '사람'이라는 것을 알려 주셨고, 성도들을 깨워 주님의 진정한 일꾼으로 세우려 노력하셨습니다. 무엇보다도 '3S'의 신학을 강조하시며, 전 성도들이 '구원(Salvation)'과 '성화(Sanctification)'와 '섬김(Service)'에 대해 확신을 갖고 살 수 있도록 온몸을 던져 섬겨 주셨습니다. 그리하여 교회를 건강하게 세우고, 성도들이 주님을 위해 세상의 빛과 소금으로 살 수 있도록 도와주셨습니다.

저는 목사님의 후임으로서 우리 교회의 토대가 강건하다는 것을 분명하게 아는 사람입니다. 목사님의 '평신도 신학'이 이러한 터전을 만들어 주었다는 확신과 자부심을 갖고 있습니다. 목사님의 그러한 가르침들은 그때만 필요했던 것이 아닙니다. 오늘날에도 여전히, 절실히 필요합니다. 그 어느 때보다도 성도들이 견고하게 서서 믿음을 지켜야 할 때가 지금이라고 생각하기 때문입니다. 또한 교회 사역의 본질로 돌아가 평신도들을 깨우며 무장시켜야 할 때도 바로 이때라고 보기 때문입니다. 주님의 교회가 세상의 유일한 희망이라면, 준비되고 건강한 성도들이야말로 교회의 소망이라고 믿습니다. 그렇기에 그동안 목사님께서 전하셨던 여러 가르침을 모아 더욱 깊고 풍성한 '확신시리즈'로 발간하는 것이 정말 기쁘고 감사할 따름입니다.

목사님이 저의 원로목사님이셔서 정말 감격스럽습니다. 목사님이 우리 할렐루야교회의 원로목사님이셔서 정말 든든합니다. 이번 '확신시리즈' 발간을 통해 모든 신학의 핵심이자 곧 결론이 되시는 예수님의 이름이 더욱 높아지기를 소망합니다.

2018년 7월
할렐루야교회 담임목사
김승욱

사랑하면 전도한다

‘믿음’은 신앙생활의 첫 발걸음입니다. 사람들은 그리스도인을 ‘믿는 사람’이라고 부릅니다. 하나님이 우리를 사랑하셔서 우리 대신 그의 아들 예수 그리스도를 십자가에서 죽게 하셨습니다. 우리를 값없이 구원해 주셨습니다. 우리를 얼마나 사랑하시는가를 자기 아들의 죽음으로 증명하신 것입니다(롬 5:8). 그 사랑을 깨달은 그리스도인들은 날마다 감격하며 살아갑니다.

“이 세상 모든 것 사라져도 사랑은 영원히, 사랑은 살리라. 사랑은 영원히 죽지 않네.” 잘 알려진 노래 가사를 조금 바꾸어 보았습니다. 자기 생명을 주실 만큼 우리를 사랑하시고 함께하시는 주님을 믿는다는 것, 우리 인생을 인도하시고 축복하시고 또 각자의 인생을 마칠 때 영원한 하늘나라로 데려가신다는 믿음, 이것이 신앙의 첫 발걸음입니다. 이런 하나님을 믿는 신앙이 확실해지면 인생이 아무리 어렵고 힘겨워도 절망하지 않습니다.

믿음의 사람은 희망의 사람이 됩니다. 모든 것을 긍정과 소망의 시선으로 바라봅니다. 믿음과 소망과 사랑, 이 세 가지는 항상 있어야 합니다. 그러나 믿음과 소망은 언젠가 불필요한 때가 옵니다. 예수님이 다시 오시는 때입니다. 마지막 때가 오면 우리가 그동안 믿고 바랐던 것들이 완전히 현실화되어 믿음과 소망은 필요하지 않게 됩니다. 만약 예수님이 다시 오시기 전에 세상을 떠나면 천국에 가게 되니 이때 역시 믿음과 소망은 필요치 않게 될 것입니다. 그러나 사랑만은 이 세상에서나 하늘나라에서나 영원토록 필요합니다. 하나님이 사랑이시기 때문입니다(요일 4:16). 천국은 사랑만이 완전해진 곳입니다. 천국은 희미하던 것이 분명해지고 어린아이와 같던 것이 어른처럼 되고 부분적인 것이 완전해지는 곳입니다.

이 세상에서 가장 부족한 것이 '사랑'입니다. 세계 어디서나 사랑을 노래합니다. 온 열방 모든 민족이 사랑을 갈구합니다. 언어와 지역, 종족과 문화는 달라도 사랑의 결핍은 동일합니다. 사랑은 인간의 삶에서 반드시 필요한 가치입니다. 배는 고프더라도 사랑이 있으면 행복할 수 있습니다. 창조자 하나님의 본질이 사랑이요, 온 우주 만물의 본질이 사랑이기 때문입니다.

이 책은 사랑을 놀랍도록 구체적으로 설명합니다. 사랑은 감정이 아니라 의지적 행동입니다. 사랑의 행동이 있으면 사랑의 감정은 따라옵니다. 사랑은 최상의 가치입니다. 우리는 최상의 가치를 최우선적으로 추구해야 합니다. 최상의 가치를 추구하지 않으면 아무리 많은 것을 이루었다 해도 궁극적으로는 실패한 것입니다. 사랑에는 실패가 없습니다. 세상 그 무엇보다 가장 소중한 '사랑'을 추구하기 바랍니다. 언제 어디서든 사랑의 사람으로 성숙한 신앙의 삶을 살아가기 바랍니다. 하나님 사랑과 이웃 사랑은 인간에게 최고의 가치임을 기억하십시오.

2부는 예수님의 유언인 복음 전파에 대한 이야기입니다. "모든 민족을 제자 삼으라!"는 주님의 마지막 말씀이 그 주제입니다. 보통 사람들은 평생 돈과 명예, 권력과 인기, 물질과 눈에 보이는 가치를 추구하며 삽니다. 그러나 하나님이 주신 첫째이자 가장 큰 계명은 사랑입니다. 그 사랑의 대상은 하나님과 사람입니다. 즉, 인격적인 존재입니다. 하나님을 사랑하면 그분이 사랑하시는 존재인 인간을 사랑합니다. 인간이 아무리 타락하고 방황하고 무가치해 보여도 하나님의 사랑이 담긴 존재임은 변치 않는 사실입니다.

하나님의 사랑을 아는 사람은 반드시 이웃을 사랑합니다. 그 사랑의 표현이 바로 전도입니다. 전도는 하나님이 그들을 어떻게, 얼마나 사랑하시는지를 알려 주는 일입니다. '인도(引導)'는 교회로 사람을 데려오는 것이고 '전도(傳道)'는 그 사람에게 예수님을 통한 하나님의 사랑을 자세히 알려 주는 것입니다. 그리하여 하나님의 사랑을 깨닫고, 자기 대신 십자가에서 돌아가셨다가 부활하셔서 모든 죄를 사해 주신 구원자, 예수님을 만나게 해 주는 것입니다. 그런데 대부분의 사람들은 정확한 복음을 들어 본 적이 없습니다. 복음을 정확하게 들려주고 이해하면 거의 다 예수를 믿고 은혜로 주시는 영생의 선물을 감사함으로 받아들입니다. 문제는 복음을 정확하게 전하는 훈련을 받지 못했기 때문에 제대로 전하지 못하는 겁니다. 전도 훈련을 받을 것을 강력히 권합니다.

인간이 누릴 수 있는 최고의 행복은 무엇일까요? 바로 하나님을 만나는 것입니다. 사랑하기 때문에 전도합니다. 전도는 최상의 사랑입니다. 이 복음을 전하는 데는 어느 정도 훈련이 필요합니다. 기독교인라면 누구나 한 번은 전도 훈련을 받아야 합니다. 전도 훈련을 받게 되면 먼저 자신의 믿음이 확실해집니다. 또한 다른 사람들이 복음과 구원을 논리적으로 이해하도록 알려 줄 수 있게 됩니다. 사랑과 전도는 불가분리의 연속성이 있습니다. 독자들이 이번 4권을 유심히 읽고 사랑과 전도의 능력으로 무장되기를 진심으로 소망합니다. 평생 사랑을 실천하고 이웃을 구원하는 전도자로서의 축복이 함께하기를 바랍니다.

2018년 11월
할렐루야교회 원로목사
김상복

차례

2부 전도는 최고의 사랑이다

1부

사랑만이 영원하다

사랑이 최고입니다

"내가 사람의 방언과 천사의 말을 할지라도 사랑이 없으면 소리 나는 구리와 울리는 꽹과리가 되고 내가 예언하는 능력이 있어 모든 비밀과 모든 지식을 알고 또 산을 옮길 만한 모든 믿음이 있을지라도 사랑이 없으면 내가 아무 것도 아니요 내가 내게 있는 모든 것으로 구제하고 또 내 몸을 불사르게 내줄지라도 사랑이 없으면 내게 아무 유익이 없느니라" 고전 13:1-3

우리는 '사랑'이라는 말만 들어도 가슴이 설렙니다. 많은 사람들이 가장 갖고 싶어 하는 가치가 있다면 바로 '사랑'이 아닐까 싶습니다. 사랑에는 여러 종류가 있습니다. 자기만족을 추구하는 '이기적 사랑'인 '에로스(eros)', 서로 유익을 주고받는 '우정'이 담긴 '필로스(philos)', 대가를 바라지 않고 상대의 유익을 위해 아낌없이 주는 '희생적 사랑'인 '아가페(agape)' 등입니다.

사도 바울은 고린도전서 13장에서 아가페 사랑에 대해 구체적이고 현실적으로 설명합니다. 기독교에서 말하는 사랑은 추상적인 개념이 아닙니다. 현실적인 행동입니다. 감정적인 '들뜸'이 아니라 의지적 '행동'입니다. 낭만적인 놀이가 아니라 구체적 행동입니다. 사도 바울의 사랑론은 마치 정교하게 다듬어 놓은 보석 같습니다. 자세히 들여다볼수록 찬란한 빛이 납니다.

이 책의 1부에서는 고린도전서 13장에 나타난 사랑의 우월성(1-3절), 사랑의 본질(4-7절), 사랑의 영원성(8절), 사랑의 완전성(9-12절), 사랑의 위대함(13절)에 대해 세부적으로 살펴보려 합니다.

사람의 방언과
천사의 말을 할지라도

대중 앞에서 연설을 잘하는 사람은 상당한 인기를 누립니다. 수많은 사람의 마음을 움직일 수 있기 때문입니다. 영국의 유명한 정치가이자 소설가였던 윈스턴 처칠(Winston Churchill, 1874-1965) 수상은 연설을 아주 잘한 덕분에 유럽 연합군들을 총동원해 2차 세계 대전을 승리로 이끌 수 있었습니다. '설교의 황태자'라 불린 19세기의 찰스 스펄전(Charles Haddon Spurgeon, 1834-1892) 목사님은 진정한 명설교가였습니다. 그의 설교를 듣기 위해 영국 전역에서 사람들이 모여들었고, 교회를 증축하자마자 교인들이 모여 들어 수용 인원이 넘치는 사태를 빚기도 했습니다. 이렇듯 많은 사람들은 명연설가의 언변과 대중을 사로잡는 매력에 탄복하며 크고 작은 영향을 받고, 그 인물을 흠모하기까지 합니다.

외국어에 능통한 사람 역시 대중의 부러움과 인기를 얻습니다. 특히나 지금은 세계화 시대이기에 한두 가지의 외국어는 반드시 할 수 있어야 능력을 펼칠 수 있습니다. 또한 대화를 잘 이끌어 나가는 능력도 오늘날 사회생활에서 필수적인 자질입니다. 사회에서 성공하고 싶다면 대화를 잘해야 합니다. 다른 사람의 이야기를 경청할 줄 알고, 진심으로 반응하고 공감하며 대화를 전개할 수 있어야 상대에게 호감을 줍니다. 이것이 결국 사업의 성공과 출세까지 이어집니다.

그런데 고린도전서 13장에서는 이처럼 웅변도 잘하고, 설교도 잘하고, 외국어와 대화까지 잘한다 할지라도 한 가지 요소, 즉 '사랑'이 없으면 아무것도 아니라고 말씀합니다.

"내가 사람의 방언과 천사의 말을 할지라도 사랑이 없으면 소리 나는
구리와 울리는 꽹과리가 되고"(고전 13:1).

'천사의 말'이 현재 어느 나라의 언어를 뜻하는지는 알 수 없지만,
만약 천사가 나타나서 말을 한다면 바벨론 사람에게는 바벨론 언어
로 들리고, 로마인에게는 로마 언어로 들리고, 한국인에게는 한국어
로 들리게 될 것입니다. 즉, 천사의 말은 세계 어느 나라 사람과도 소
통할 수 있는 언어입니다. 이처럼 대단하고 아름다운 언어인 '천사의
말'까지 할 수 있는 능력이 있다 해도 그 마음과 인격 속에 사랑이
없다면 시끄러운 소음에 불과합니다.

뛰어난 연설보다, 4개 언어를 능통하게 구사하는 것보다, 탁월한
화술로 사회에서 성공하는 것보다 더 중요한 것은 우리 가슴속에 '사
랑이 있는가' 하는 것입니다. 아무리 대단한 능력을 가졌다 해도 사
랑이 없으면 아무 소용이 없습니다. 훌륭한 웅변가, 설교자라 해도
사랑이 담긴 진심을 전해야만 대중을 사로잡을 수 있습니다.

선거 기간 때를 떠올려 보십시오. 선거 유세 중인 후보가 국민들
을 아끼고 나라를 사랑하는 마음으로 연설할 때, 국민들은 감동을
받고 희망과 용기를 얻습니다. 권력과 기득권 유지에만 급급해 상대
후보를 비방하고 깎아내리는 연설을 한다면 국민들은 실망하고 마
음을 돌립니다. 아무리 그럴듯한 내용이라 해도 진심이 없는 연설은
그야말로 '소리 나는 구리와 울리는 꽹과리'밖에 되지 못합니다. 이

는 국민들에게 간파당하여 외면받기 십상입니다.

우리 그리스도인도 마찬가지입니다. 무엇보다도 하나님을 사랑하고 이웃을 아끼는 마음이 있어야 말 한마디 한마디가 다른 사람들에게 선한 영향력을 끼칠 수 있습니다. 설교자일수록 더욱 그렇습니다. 뛰어난 언변을 가졌다 해도 사랑이 있어야만 설교의 참 가치가 드러나고, 하나님께서 인정하실 뿐만 아니라, 가정과 교회와 사회와 국가를 일으켜 세울 수 있습니다.

여러분이 말재주가 없고, 처음 만난 사람 앞에서 심하게 수줍음을 타서 말 한마디 못 한다 칩시다. 그렇다 해도 여러분에게 하나님과 사람들을 사랑하는 깊은 마음이 있다면 어떤 위대한 웅변가보다 훨씬 나을 것입니다. 우리 모두가 다 웅변가가 될 수는 없습니다. 우리 모두가 다 외국어를 훌륭하게 구사할 수는 없습니다. 우리 모두가 다 뛰어난 화술가가 될 수도 없습니다.

그러나 우리는 누구나 사랑할 수 있습니다. 어린아이라 할지라도 하나님이 그 안에 심어 주신 사랑을 계발해 낼 수 있습니다. 사랑을 계발하는 사람은 하나님의 인정을 받을 뿐만 아니라 뛰어난 능력을 가진 사람보다 훨씬 더 가치 있는 삶을 살 수 있습니다. 이처럼 사랑은 그리스도인의 삶에서 무엇보다 중요한 가치입니다.

예언하는 능력이 있어 모든 비밀과 지식을 알지라도

부모들이 자녀에게 가장 바라는 것이 무엇일까요? 아마 부모님 말씀 잘 듣고 건강하게 자라 주는 일일 것입니다. 대부분의 부모가 마찬가지입니다.

유대인 부모들은 자녀가 태어나면 '이 아이가 언젠가 하나님의 부르심을 받아 예언자가 되면 좋겠다!'라는 소망을 품습니다. 그 옛날 이사야처럼, 예레미야처럼, 다니엘처럼, 에스겔처럼, 아모스, 호세아, 하박국처럼 하나님의 선지자가 되기를 바랍니다. 혹은 세례 요한과 같이 요단 강가에서 "회개하라! 천국이 가까웠느니라!"고 외치며 하나님의 말씀을 전하는 인물이 되기를 기도합니다. 이것이 유대인 부모들의 최고의 바람입니다.

그러나 2절에서는 "내가 예언하는 능력이 있어 모든 비밀과 모든 지식을 알고 또 산을 옮길 만한 모든 믿음이 있을지라도 사랑이 없으면 내가 아무 것도 아니요"라고 말씀합니다. 하나님의 종인 예언자가 되어 사람들이 우러러보며 따른다 할지라도 그 가슴속에 사랑이 없고, 그 얼굴에 사랑이 없고, 그 입술과 태도에 사랑이 없으면 하나님이 보시기에 아무 소용이 없습니다.

사랑은 최고선(最高善)입니다. 사랑을 계발하고 사랑으로 충만한 사람이 되는 것을 인생의 최고 목표로 삼는다면 우리의 삶은 놀랍도록 풍성해질 것입니다. 또한 주위 사람들의 삶도 아름답게 만드는 사람, 참으로 가치 있는 존재로 살아가게 될 것입니다. 따라서 우리는 그 무엇보다도 사랑을 최고선으로 추구해야 합니다.

모든 사건을 속속들이 다 알고 세상 모든 지식을 완전히 통달할 정도로 박식하다고 해도, 학문과 지식으로 인해 사람들의 존경을 받는다 해도 사랑이 없으면 아무 소용이 없습니다. 물론 우리는 자녀들이 공부를 잘해서 좋은 대학에 가고 좋은 직장에 취직하기를 원합니다. 그러나 성적이나 학벌, 진로보다 중요한 것은 사랑입니다. 자녀의 마음과 삶에 사랑이 심겨지고, 사랑의 열매를 맺도록 기도하고 인도하는 일이 중요합니다. 사도 바울은 이렇게 말했습니다.

> "지식이 있는 줄을 아나 지식은 교만하게 하며 사랑은 덕을 세우나니"
> (고전 8:1).

지식이 차고 넘치는 경우, 자칫하면 사탄의 도구가 될 수 있습니다. 미움과 탐욕으로 가득한 사람은 사탄이 미혹하여 그의 도구로 사용할 수 있지만, 사랑으로 충만한 사람은 사탄이 절대로 이용할 수 없습니다. 지식과 능력으로 가득한 사람, 즉 위대한 웅변가, 뛰어난 화술가, 하나님의 말씀을 전하는 예언자까지도 사탄의 이용 대상이 될 수 있습니다. 하지만 하나님의 본질인 사랑을 품고 있는 사람은 사탄이 넘볼 수 없습니다.

우리가 사랑을 가진 사람이 되는 길은 한 가지밖에 없습니다. 우리의 영혼과 삶을 예수 그리스도로 가득 채우는 것입니다. 그러면 사랑이 충만한 사람이 될 수 있습니다. 하나님으로 채워져 있는 사람, 예수님으로 가득 차 있는 사람, 성령으로 충만한 사람만이 사랑의 사람이 될 수 있습니다. 따라서 우리는 그 무엇보다 사랑을 주님께 간구해야 합니다.

크고 훌륭한 믿음이 있을지라도 사랑이 없으면 아무것도 아닙니다. 물론 믿음은 대단히 중요합니다. 믿음은 모든 가능성을 바라보고 미래에 대한 비전을 갖는 것입니다. 굳건하고 강한 믿음이 있다면 이 땅에서 굉장히 많은 일들을 성취하고 누릴 수 있습니다. 무엇이든 할 수 있다는 강한 믿음과 용기를 갖고 적극적으로 일을 추진하는 사람은 어떤 분야에서도 탁월한 능력을 발휘합니다.

우리는 모두 믿음의 사람이 되어야 합니다. 믿음이 없으면 하나님을 기쁘시게 할 수 없습니다. 일이 실패하는 원인 중 하나는 믿음이 부족해서입니다. 크게 넘어져도 믿음이 있으면 일어날 수 있습니다. 믿음은 우리 삶에서 반드시 필요한 항목입니다. 믿음이 있으면 불가능한 일도 가능하게 만들 수 있습니다. 설령 그 믿음이 겨자씨만큼 작다 해도 이 산을 들어 저 쪽으로 옮길 수가 있습니다. 간혹 "하나님, 저에게 믿음을 주옵소서. 많은 믿음을 주옵소서. 제가 믿음이 부족합니다. 큰 믿음을 주시옵소서!"라고 기도하는 사람들이 있습니다. 사실 믿음은 양이 많아야 하는 게 아닙니다. 믿음은 겨자씨만 하여도 마치 원자핵 같아서 한번 폭발하면 산도 무너뜨릴 수 있는 대단한 위력을 가졌습니다. 아주 작은 믿음도 사용하기만 하면 어마어마한 능력이 나타납니다.

우리는 하나님을 믿고 그분의 아들이신 예수 그리스도를 믿습니다. 이미 믿음이 있습니다. 우리는 믿음을 가진 사람들입니다. 예수 그리스도를 자신의 구주로 영접한 사람 가운데 믿음이 없는 사람은 없습니다. 문제는 믿음을 그냥 묻어 두기만 하고 사용하지 않는 데 있습니다. 하나님께 더 달라고 간구하기 전에 이미 가지고 있는 믿음을 사용하면 됩니다. 거기에는 폭발적인 힘과 능력이 따릅니다.

그러나 믿음이 있어서 산을 옮긴다 해도 사랑이 없으면 '산을 옮겼다'는 단순한 의미밖에 없습니다. 사랑을 갖고 믿음을 발휘한다면 그때는 하나님 나라에도 큰 유익이 됩니다. 믿음을 사용하는 것도 중요하지만, 사랑의 마음을 품는 것이 큰 믿음을 가지는 것보다 더 중요합니다. 따라서 그 무엇보다 '사랑의 사람'이 되는 데에 삶의 최고 목표를 두시기 바랍니다.

내게 있는 모든 것으로 구제하고 내 몸을 불사르게 내줄지라도

가난하고 불우한 이웃을 위해 전 재산을 기부할 정도로 큰 구제의 은사를 크게 받은 사람도 사랑이 없으면 아무 소용이 없습니다.

> "내가 내게 있는 모든 것으로 구제하고 또 내 몸을 불사르게 내줄지라도 사랑이 없으면 내게 아무 유익이 없느니라"(고전 13:3).

가난한 사람들을 위해, 소외되고 억압받는 약자들을 위해 자기의 물질과 시간, 재능과 능력 등을 내주며 헌신하는 사람들이 있습니다. 이런 귀한 구제도 사랑이 담겨 있어야 의미가 있습니다. 구제 한 번

하고는 스무 번 넘게 자랑하고 생색을 낸다면 구제의 참된 가치와 의미가 사라지고 말 것입니다.

교회에서 구제할 때 종종 난처한 경우가 있습니다. 구제는 당사자 모르게 해야 하는 일인데 어쩌다가 알려졌을 때가 그렇습니다. 대부분의 경우, 도움을 받은 당사자는 고마움과 함께 부끄러움을 느낍니다. 그럴 때면 좋은 마음으로 구제했는데도 서로의 관계가 서먹해집니다.

사람은 누구나 자존심이 있습니다. 그렇기 때문에 진심 어린 구제라 해도 누군가를 도와줄 때는 대단히 조심해야 하고 신중해야 합니다. 진정으로 사랑의 마음을 갖고 구제한다면 상대방에게 도움이 됩니다. 하지만 그렇지 않고 조금이라도 자신의 선행과 이름을 내세우고자 하는 마음이 있거나 상대방을 무시하고 하찮게 여기는 마음이 있다면, 그 구제에는 아무 유익이 없습니다. 오히려 구제하다가 사람을 잃게 됩니다. 우리 모두는 구제하기 전에 먼저 "주여, 저에게 먼저 사랑을 주옵소서. 사랑의 마음과 예수 그리스도의 마음을 부어 주시옵소서!"라고 기도해야 합니다.

마지막으로, 순교하는 은사보다도 사랑이 더욱 중요합니다. 한국의 기독교 역사 속에는 신사 참배를 거부하다 순교하신 손양원 목사님과 주기철 목사님을 비롯한 많은 순교자들이 있습니다. 국가를 위해, 조직을 위해, 교회를 위해, 선교를 위해 수많은 사람들이 목숨을 바쳤습니다. 순교자를 추앙하여 세운 기념비 앞에 서면 저절로 고개가 숙여집니다. 물론 우리 모두가 다 순교자가 될 수는 없습니다. 하나님이 우리에게 순교자가 되라고 명령하지도 않으십니다. 다만 하나님께서는 이 위대한 순교보다도 사랑이 더욱 중요하다고 말씀하십니다. 하나님께서는 우리 모두가 '사랑하는' 사람이 되기를 간절히 원하십니다.

저는 어릴 때 순교하고 싶었습니다. 북한에서 학교 다닐 때는 선생님들이 주일에 교회 가겠다는 저에게 욕을 하고 몽둥이로 매질을 했습니다. 그때는 차라리 저를 죽여 주면 좋겠다고 생각하기도 했습니다. 마침 제가 출석하던 평양 산정현 교회의 주기철 목사님이 순교를 하신 분이었기 때문에, 그 영향을 받아서 어린 마음에 '아, 나도 순교하고 싶다!'고 생각하게 된 것입니다. 그러나 하나님께서는 아무나 순교하게 하지 않으십니다. 그보다는 오히려 사랑을 행할 기회를 주십니다. 사랑이 순교보다 더 위대하고 가치 있기 때문입니다.

본문 말씀을 통해 하늘과 땅에 있는 모든 것 가운데 사랑보다 더 중요한 것은 없다는 사실을 알 수 있습니다. 훌륭한 연설가가 되지 못해도, 세계 각국의 언어를 유창하게 구사하지는 못해도, 훌륭한 과학자나 정치가가 되지는 못해도, 또 해박한 지식이 없어도, 예언의 은사나 구제의 은사나 심지어 순교의 은사를 받지 못했다 할지라도 괜찮습니다. 이 모든 것 가운데 가장 중요하고 우선해야 할 은사가 바로 '사랑'이기 때문입니다.

사랑은 누구나 가질 수 있습니다. 사랑은 누구나 행할 수 있습니다. 하나님은 사랑이시기에 하나님으로부터 난 사람은 누구나 사랑할 수 있습니다.

"사랑하는 자들아 우리가 서로 사랑하자 사랑은 하나님께 속한 것이니 사랑하는 자마다 하나님으로부터 나서 하나님을 알고 사랑하지 아니하는 자는 하나님을 알지 못하나니 이는 하나님은 사랑이심이라"(요일 4:7-8).

지금까지 사랑을 가장 중요하게 여기지 않고 세상의 온갖 지식과 명예와 부와 인기를 추구하며 자기 이름만을 내세우려 했다면 지금 바로 하나님 앞에서 회개해야 합니다. 가족을 외면하고 자기 일과 능력에만 열중했다면 지금 바로 하나님께 자백하며 가족을 사랑하는 마음을 달라고 간구해야 합니다.

여러분의 남은 생애 동안 '사랑'이 가장 중요한 기도 제목이 되고 '사랑하는 일'이 삶의 목적이 되기를 바랍니다. 이를 통해 여러분의 삶이 풍성해질 뿐만 아니라 가정과 교회가 아름다워지고, 더 나아가 사회와 국가까지 사랑이 흘러넘치는 은혜가 있기를 소망합니다.

사랑은 오래 참습니다

"사랑은 오래 참고" 고전 13:4

사람들이 가장 좋아하는 단어가 무엇일까요? 여행, 꿈, 희망, 돈, 가족 등 아주 다양할 것입니다. 그중 하나가 바로 '사랑'입니다. 사람들이 가장 귀하게 여기고 갖고 싶어 하는 가치가 바로 '사랑'입니다. 아무리 목석같은 사람도 '사랑'이라는 말에는 가슴이 설렙니다.

사랑에 대한 정의도 아주 다양합니다. 그만큼 많은 사람들이 '사랑'에 대해 흥미를 갖고 있기 때문입니다. "여자는 사랑으로 살아간다." 혹은 "남자는 사랑하는 사람이 있는 한 절대로 타락하지 않는다."라는 말을 들어 본 적 있습니까? 모두 다 맞는 말 같습니다.

많은 사람들이 '사랑'이라고 하면 대개 이성 간의 사랑을 떠올립니다. 애틋하고 짜릿한 느낌이나 설레는 마음을 사랑이라고 생각하곤 합니다. 그러나 성경은 사람들이 생각하는 이런 사랑과는 너무나 거리가 먼, 전혀 다른 정의를 내립니다. 그것이 바로 고린도전서 13장 말씀입니다. 이번 장에서는 성경이 말씀하고 있는 사랑의 특징 중에서 '오래 참는' 속성에 대해 살펴보려 합니다.

수많은 책들을 찾아봤지만 '사랑은 오래 참는 것'이라고 말하는 책은 성경을 제외하고는 단 한 권도 없었습니다. 오래도록 참는 게 사랑이라는 주장은 너무나도 충격적이고 엄청난 반전입니다. 기존의 우리 생각과는 완전히 다른 사고방식에서 나온 말이기 때문입니다.

"사랑은 오래 참고"(고전 13:4).

대부분의 사람들은 사랑은 짜릿하고, 설레고, 잠 못 이루게 하는 것이라고 생각합니다. 하지만 사랑의 본체이시자 본질이신 하나님께서는 사랑을 가장 먼저 '오래 참음'이라고 정의하십니다. 우리의 생각과 하나님의 생각이 정반대일 때 우리는 평소 갖고 있던 고정관념이 과연 옳은지 깊이 생각해 봐야 합니다.

'오래 참는다'에 해당하는 헬라어는 '마크로투미아(makrothumia)'입니다. '마크로(makro)'는 영어 '마이크로(micro)'의 반대말로 '크다'라는 뜻을 지닙니다. 즉, '마크로투미아'란 '아주 큰 고통을 감내하는 일'을 말하고, 성경은 바로 이것이 '사랑'이라고 주장합니다. 여기에는 '사랑'이란 본래부터 즐거움보다는 고통이 더 따른다는 것, 그렇기 때문에 사랑은 고통과 관계된 것이지 즐거움과 관계된 것이 아니라는 속뜻이 담겨 있습니다.

사실 사랑스럽고 사랑받을 만한 사람을 사랑하는 일은 그리 어렵지 않습니다. 오히려 쉬운 일입니다. 누구나 할 수 있습니다. 어여쁜 여인을 사랑하는 것, 멋진 남자를 사랑하는 것, 방긋방긋 웃는 귀여운 아기를 사랑하는 것, 자기에게 잘해 주는 사람을 사랑하는 일은 너무도 쉽습니다. 그러나 이것은 성경이 말하는 진짜 사랑이 아닙니다. 성경은 누군가를 위해, 누군가로 인해 오랫동안 고통을 감내하고 참는 것을 사랑이라고 말씀합니다.

'오래 참음'에 담긴 뜻

고린도전서 13장 4절의 "사랑은 오래 참고"라는 말씀에는 네 가지 뜻이 담겨 있습니다.

첫째, 사랑에는 고통이 따른다는 뜻입니다. 참된 사랑은 고통과 깊은 관계가 있습니다. 즉, 나에게 고통을 주는 사람을 용납하고 오래 참아 주면서 고통을 감내하는 데서 참된 사랑이 나타난다는 뜻입니다.

둘째, 인간은 서로 상처를 주고, 상처를 받기도 한다는 뜻입니다. 사랑하는 연인이 부부가 되고자 드디어 결혼식장에 들어섭니다. 예식을 올리는 그 시간은 참으로 아름답고 경건한 시간입니다. 그런데 이상하게도 결혼식 전날까지는 서로를 그토록 아끼고 사랑하던 사람들이 결혼식이 끝난 다음 날부터는 서로에게 고통을 주는 존재가 됩니다. 도대체 왜 그런 것일까요? 사실 결혼식 전까지는 많은 연인들이 그렇듯 제정신이 아닙니다. 정상적인 상태가 아니라고 봐야 합니다. 누군가 이런 말을 했습니다. "사람은 사랑에 빠지는 그 순간부터 이성을 잃기 시작한다." 그렇습니다. 결혼할 때까지 사랑하는 남녀는 대개가 서로에게 홀려 있고 폭 빠져 있습니다. 사실 이렇게 서로에게 폭 빠진 상태가 아니라면 결혼에 골인하기도 힘듭니다. 그런데 일단 결혼식을 올리고 나면 심리적으로 안심이 됩니다. 그때부터는 자기 본연의 모습으로 돌아가게 되고, 그동안 보이지 않게 노력했던, 혹은 콩깍지가 덮여 보이지 않았던 크고 작은 허물들이 다 드러납니다. 죄성이 가득한 각자의 모습이 적나라하게 드러나니, 자연히 상대방에게 고통을 줄 수밖에 없습니다.

결혼을 해서 부부로 살다 보면 어떤 때는 배우자에게 고통을 주고 싶은 마음이 전혀 없음에도 불구하고 어쩔 수 없이 고통을 주기도 합니다. 이렇게 나에게 상처를 준 사람을 오래 참아 주고, 더 나아가 선(善)을 베푸는 것이 진정한 의미의 사랑입니다.

셋째, 나에게 상처와 고통을 준 사람에게 보복하지 않는다는 뜻입니다. 누군가 나에게 심한 욕을 했다 해도 나는 그에게 욕으로 갚지 않는 것이 사랑입니다. 상처도 받고 내적으로 힘들지만 내 쪽에서 참아 내는 일이 바로 사랑입니다.

넷째, 참고 인내하되 말없이 끝까지 참아 준다는 뜻입니다. 우리가 사랑해야 할 대상은 아주 많습니다. 사랑의 대상에도 우선순위가 있습니다. 사랑의 우선순위를 잘 알아야 참된 사랑을 제대로 할 수 있

습니다. 우리가 가진 능력과 시간은 한정되어 있기 때문에 사랑의 에
너지 또한 꼭 써야 할 사람에게, 꼭 필요한 곳에 적절하게 사용해야
합니다. 조금 덜 써야 할 때는 덜 쓰고, 먼저 써야 할 때는 아낌없이
쓸 수 있어야 합니다.

불평하지 않고 조용히 참으며 인내해 주는 것이 사랑이라면, 그
사랑의 첫 번째 대상은 배우자입니다. 그다음으로는 자녀들과 부모
님, 그리고 형제자매입니다. 즉, 우리가 사랑해야 할 첫 번째 대상은
가족입니다.

"누구든지 자기 친족 특히 자기 가족을 돌보지 아니하면 믿음을 배반
한 자요 불신자보다 더 악한 자니라"(딤전 5:8).

가족 안에서도 배우자가 첫째요, 다음이 자녀, 부모, 형제자매 순
입니다. 가족 다음으로는 함께 예수님을 믿는 성도들과 지체들을 사
랑해야 합니다. 그다음으로는 예수님을 믿지 않는 이웃들, 가장 마지
막으로는 온 세계 열방 민족들과 사람들을 사랑해야 합니다.

하나님께서는 오래 참는 것이 사랑이라고 말씀하셨습니다. 그런데
사람이 참을 수 있는 데에는 한계가 있습니다. 대개 처음 한 번은 참
습니다. 어떤 사람은 두 번까지도 참아 줍니다. 인격이 아주 훌륭한
사람은 세 번까지도 참아 줄 수 있습니다. 그러나 세 번까지 참고 나
면 '사람이 참는 데에도 한계가 있지. 나도 사람인데! 지렁이도 밟으
면 꿈틀한다는데, 더 이상은 가만히 있을 수 없다!'라고 생각하며 상
대방에게 분노를 표출하게 됩니다. 사실 인간으로서 이 정도만 해도

대단하지 않나요? 세 번이나 참아 내는 것은 아주 훌륭한 일입니다. 그런데도 또 참아 주는 것! 그것이 바로 '사랑'입니다.

오래 참는 방법

하나님의 말씀대로 사랑하기 위해 '오래 참는' 방법에는 크게 두 가지가 있습니다.

첫째, 소극적으로 참는 방법입니다. 이것은 속상하고 가슴 아픈 일을 꾹 참으면서 속으로 분을 삼키는 방법입니다. 인간적인 노력을 다해 두 번, 세 번 참지만, 네 번째부터는 이를 악물고 심호흡을 하며, 눈물까지 흘려 가며 참고 또 참는 방법입니다. 며느리가 시어머니에게, 아들이 아버지에게, 신입 사원이 상사에게, 또는 아내가 남편에게 이렇게 참습니다. 상대방에게 대들거나 대꾸할 수도 없는 수직적인 관계일 때 특히 그렇습니다. 대들었다가는 구박받고, 불이익을 당하거나 해고될까 두려워서 하고 싶은 말을 다 하지 못하는 것입니다. 그러니 억울하고 고통스러운 감정을 차곡차곡 쌓아 둘 수밖에 없습니다.

이런 식으로 참고 또 참다가는 결국 자기 자신이 망가지고 맙니다. 이렇게 참는 사람은 반드시 몸에 병이 생깁니다. 위장에 탈이 납니다. 소화가 안 되니 위궤양에 걸립니다. 혈압이 올라가고 수면 장애를 겪습니다. 내면이 유약한 사람은 정신 질환이 생기기도 합니다. 분을 꾹꾹 눌러서 참다 보면 마음속에 한이 맺힙니다. 내면에 멸시감과 수치심, 혐오감과 증오가 가득해지고 성격이 비뚤어집니다. 이런 식으로 참는 것은 대단히 위험합니다.

퇴근하고 온 남편이 아내에게 공연히 트집을 잡고 화를 냅니다. 괜히 아내를 못살게 구는 경우가 있습니다. 그럴 때는 아내가 남편을 이해해 주면 좋습니다. 한국 사회의 직장 풍토 때문에 스트레스가 쌓여서 그렇습니다. 직장에서 생긴 어려움과 사업 운영의 고충 때문에 대부분의 남편들은 아내들이 이해하기 힘든 고민을 안고 가정으로 돌아옵니다. 직장 생활과 사업 관계에서는 늘 긴장해야 합니다. 본래 자신의 성격이나 개성은 드러낼 수 없습니다. 가면을 쓰고 포장한 채 상대의 눈치를 살피며 관계를 이어 나가다 보니 심한 스트레스가 쌓입니다. 남편들이 긴장감을 풀고 자기 본연의 모습으로 돌아갈 수 있는 유일한 곳이 가정입니다. 그러니 아내들은 남편의 이런 사정을 너그러이 이해하며 참아 줄 필요가 있습니다. 오래 참아 주는 것, 이것이 바로 하나님이 말씀하신 진짜 '사랑'입니다.

그러나 소극적으로 참아서는 안 됩니다. 마치 마라톤 선수가 목표 지점을 향해 달려가며 애쓰고 견딘 후에 마침내 승리하는 것처럼 적극적인 자세로 참아야 합니다. 그것이 성경에서 말하는 사랑입니다.

둘째, 적극적으로 참는 방법입니다. 너무 화가 나고 분노가 솟구칠 때는 "하나, 둘, 셋, 넷!" 하며 수를 세어 보십시오. 옛날 로마 황제 줄리어스 시저(Gaius Julius Caesar, B.C 100 – B.C 44)는 화가 날 때 알파벳 A에서 Z까지를 읊었습니다. 그러고 나면 대체로 화가 가라앉았다고 합니다. 그리스도인들은 시편 말씀이나 주기도문, 사도신경 등을 암송하며 분을 가라앉힐 수 있습니다. 찬송이나 말씀 구절을 읊는 동안 화를 누그러뜨릴 수 있는 시간적 여유를 벌고, 감정 조절을 위한 에너지도 모을 수 있기 때문입니다. 테니스나 골프, 수영 등의 운동을 하거나 가벼운 산책 역시 좋은 방법입니다. 사람들이 다니지 않는 한적한 장소를 찾아 큰 소리로 통성 기도를 하는 방법도 있습니다.

그러나 가장 좋은 방법은 처음부터 성령님의 도우심을 구해 성령의 열매인 '인내'를 몸소 행하는 것입니다. 처음 몇 번은 잘 참다가 더 이상은 못 참겠다 싶을 때 기도하는 것이 아니라, 누군가 나에게 상처를 줄 때 그 자리에서 바로 기도해야 합니다. "제 안에 계신 성령님, 저 사람이 저를 괴롭힙니다. 저에게 너무 큰 상처를 줍니다. 저에게 욕을 합니다. 멸시하고 조롱합니다. 하나님, 저는 연약해서 참을 수가 없습니다. 그러니 하나님의 사랑과 성령의 인내를 저에게 부어 주시옵소서!"라고 기도하십시오. 이렇게 처음부터 성령님을 의지할 때 성령께서는 그 고비를 잘 넘기게 도와주시고, 사랑으로 인내할 수 있도록 함께하실 것입니다. 이것이 '적극적인 오래 참음'입니다.

오래 참는 사랑을 행할 수 있는 능력은 하나님께로부터 옵니다. 이 훈련이 잘된 그리스도인은 분을 촉발하는 화살이 날아올 때마다 성령님께 간구합니다. 악한 생각이 들고 누군가를 향해 미움이 싹틀 때마다 순간순간 성령님의 도우심을 구하며 신앙의 인격이 깊어지고 한층 더 아름답게 성장합니다. 이렇게 우리 안에서 사랑이 계발되면 인생살이가 훨씬 수월해집니다. 또한 주위의 많은 사람들이 우리를 통해 하나님의 사랑을 체험할 수 있게 됩니다.

사랑은 온유합니다

"사랑은 온유하며" 고전 13:4

우리나라 사람들은 머리 좋고 학벌이 좋은 것을 높게 평가합니다. 학자를 숭앙하는 유교적 전통이 오랫동안 영향을 미쳤기 때문입니다. 그러나 하나님께서는 지능 지수가 높고 학벌이 좋은 것보다 '사랑 지수'가 높은 것을 원하시고 훨씬 높게 평가하십니다. 이번 장에서는 하나님께서 말씀하신 사랑의 속성 중 '온유함'에 대해 살펴보고자 합니다.

'온유'의 진정한 의미

국어사전에 기재된 '온유(溫柔)'의 뜻은 '온화하고 부드러움'입니다. 성경에서 '온유'는 '친절하다', '참아 주다', '차분하다', '조용한 가운데 꾸준히 선(善)을 추구하고 행하다' 등의 여러 의미로 쓰입니다. 또 다른 성구에서는 '자신의 격정이나 분노를 통제할 수 있기에 다른 사람의 분노와 화도 수용해 줄 수 있는 힘'이라는 뜻으로 쓰이기도 합니다.

온유란 무기력하거나 약해서 늘 굴종하고 항복하는 태도가 아닙니다. 그저 부드럽고 유순한 처신만을 말하는 게 아닙니다. 약한 사람은 온유할 수가 없습니다. 강하고 용기 있고 통제력이 있는 사람만이 진정으로 온유할 수 있습니다. 비겁한 것과 온유한 것은 다릅니다. 온유한 자는 강한 사람이요, 힘 있는 사람이요, 능력이 있는 사람입니다. 그런 사람만이 자기 자신을 통제하고 인내하며 부드러움으로 타인을 대할 수 있습니다.

또 온유에는 '겸손하고 점잖다'라는 뜻도 있습니다. 영어로 '젠틀(gentle)'에 해당합니다. 우리가 알고 있는 '젠틀맨(gentleman)'이라는 단어를 떠올려 보십시오. 진정한 신사란 야성미 넘치고 카리스마 있는 강한 남자가 아니라, 부드러우면서도 친절하고 자기 자신을 절제하며 인내할 수 있는 남자일 것입니다. 부드러운 남자야말로 진정으로 멋진 남자입니다. 강하고 능력도 있는데, 그 속에 따뜻함과 부드러움까지 있다면 언제 어디서든 진정한 남자다움의 향기가 드러날 것입니다. 이것이 우리 그리스도인들의 멋이어야 합니다.

우리 주변에는 드러나지는 않지만 가정에서 아내를 구타하는 남편들이 있습니다. 믿기 어렵겠지만 20여 년 전 통계에서는 50%의 아내들이 남편에게 구타를 당한다는 결과가 나오기도 했습니다. 2018년인 지금도 이 통계 결과는 크게 다르지 않습니다. 언어폭력, 성적 폭력, 정서적 폭력을 비롯해 신체적, 물리적 폭력 발생률이 50%를 넘습니다. 자기보다 연약한 여자에게 폭력을 휘두르는 남자는 너무나 비겁한 사람입니다. 남자답지 않은 남자가 여자를 때립니다. 진정으로 아내를 사랑하는 남편은 말과 행동이 부드럽습니다. 점잖고 친절합니다. 따뜻하고 겸손합니다.

폭력을 행사하는 데 힘을 써서는 안 됩니다. 자기감정을 통제하고 인내하며, 이를 통해 부드럽고 따뜻한 반응과 태도를 나타내는 데에 힘을 사용해야 합니다. 그런 사람이 진정으로 강하고 온유한 사랑의 사람입니다.

"수고하고 무거운 짐 진 자들아 다 내게로 오라 내가 너희를 쉬게 하리라 나는 마음이 온유하고 겸손하니 나의 멍에를 메고 내게 배우라 그리하면 너희 마음이 쉼을 얻으리니"(마 11:28-29).

예수님은 하나님의 아들이요, 세상을 창조한 주권자이며, 죽음을 이기시고 부활하신 무한한 능력을 가진 분입니다. 그런 예수님께서 "나는 마음이 온유하고 겸손하니"라고 말씀하셨습니다. 이는 우리도 주님처럼 온유하고 겸손하라는 명령입니다. 주님은 거칠고 사납고 폭력적이고 위협적인 이 세상에서 하나님의 사람들이 신앙과 사랑의 힘으로 부드럽고 따뜻해지기를 원하십니다. 그런 모습으로 가족과 이웃과 공동체를 돌볼 수 있는 사랑의 사람이 되기를 바라시는 것입니다.

이는 우리의 노력만으로는 되지 않습니다. 우리의 힘과 의지만으로는 온유해질 수 없습니다. 예수님께로 나아와 진정으로 온유하고 겸손하신 그분께 배워야만 우리는 진정으로 온유한 신앙인이 될 수 있습니다.

모세도 온유한 사람을 대표하는 인물입니다. 그는 200만 대군을 이끈 리더였고, 애굽에서 노예로 억압받던 이스라엘 백성들을 구해 낸 선지자였으며, 40년 동안 이스라엘 민족을 이끈 지도자였습니다.

그는 이 모든 임무들을 하나님과 백성들을 향한 사랑과 온유함으로 감당해 나갔습니다.

대체로 우리나라 남자들에게는 부드러움과 따뜻함이 적습니다. 어렸을 때부터 "남자는 강해야 한다.", "싸울 때는 반드시 이겨야 한다.", "남자는 울면 안 된다."는 식의 말들을 들으며 자라기 때문입니다. 이제는 남자들도 온유한 모습을 회복해야 합니다. 예수 그리스도를 본받아 온유한 성품을 계발해 나갈 때 가정과 교회와 사회에서 남자다움이 훨씬 더 돋보이고 빛날 것입니다.

여러분은 주위 사람들에게 어떤 인상을 주고 있나요? 여러분은 다른 사람들에게 어떤 사람인가요? 사람들이 여러분에게 부드럽고 따뜻한 사람이라고 말하나요? 아니면 비판적이고 공격적이며 냉철한 사람이라고 말하나요? 사람들은 여러분을 통해 참사랑의 부드러움과 따뜻함을 경험하나요? 혹시 여러분이 나타나기만 하면 모두 자리를 피하지는 않나요? 자기 자신의 모습을 돌이켜 보십시오. 다른 사람들에게 나는 어떤 사람인지 곰곰이 생각해 보십시오.

온유한 사람이 받는 복

성경에서는 온유한 사람이 하나님으로부터 여섯 가지의 축복을 받는다고 말씀합니다.

첫째, 땅을 기업으로 받습니다. 공격적이고 위협적인 기세로 밀어

붙이는 사람은 땅을 정복할 수는 있으나 그 정복한 땅을 오래 가지고 있을 수는 없습니다. 그러나 온유한 사람은 정복한 땅을 오래도록 자신의 것으로 가지고 있습니다. 왜냐하면 온유한 사람은 부드럽고 친절하며, 그 속에 있는 강인함이 선(善)을 힘 있게 이끌고 나가기 때문입니다.

"온유한 자는 복이 있나니 그들이 땅을 기업으로 받을 것임이요"(마 5:5).

온유한 사람들과 싸우려는 사람은 거의 없습니다. 주로 난폭하고 사나운 사람들끼리 싸움을 일으킵니다. 온유함으로 땅을 유지하려는 사람들은 그 땅을 유업으로 받는 축복을 누릴 것입니다.

둘째, 하나님께서 이 땅에서 높여 주십니다. 하나님께서는 사랑을 계발하여 겸손하고 온유하게 사는 사람들을 반드시 세워 주십니다. 하나님의 손으로 높이 들어 이 땅에서 훌륭하고 존경받는 사람으로 세워 주실 것입니다.

"여호와께서 겸손한 자들은 붙드시고 악인들은 땅에 엎드러뜨리시는도다"(시 147:6).

"하나님은 교만한 자를 대적하시되 겸손한 자들에게는 은혜를 주시느니라"(벧전 5:5).

셋째, 하나님께서 구원해 주십니다. 하나님께서는 온유한 사람이 도움을 필요로 할 때 반드시 구원의 손길을 펼쳐 주십니다.

"곧 하나님이 땅의 모든 온유한 자를 구원하시려고 심판하러 일어나신 때에로다 (셀라)"(시 76:9).

넷째, 하나님께서 아름답게 만들어 주십니다. 온유한 성품이 점점 더 짙어질수록 그 사람의 모습은 점차 아름답게 변화됩니다. 그래서 사람들이 온유하고 겸손한 사람을 더욱 좋아하게 됩니다.

"여호와께서는 자기 백성을 기뻐하시며 겸손한 자를 구원으로 아름답게 하심이로다"(시 149:4).

반면 온유함이 없고 날카로우며 수시로 화를 내거나 불평불만을 일삼는 사람들의 얼굴은 세월이 흐를수록 점점 미워지고 추해집니다.

다섯째, 하나님의 기뻐하심을 입습니다. 이 땅에서 행복하게 사는 비결은 바로 온유한 사람이 되는 데 있습니다. 늘 다른 사람과 충돌하고 상대방을 공격하는 사람에게는 삶의 기쁨이 없습니다. 늘 마음과 얼굴이 일그러져 있습니다.

"여호와께서는 자기 백성을 기뻐하시며 겸손한 자를 구원으로 아름답게 하심이로다"(시 149:4).

여기서 '자기 백성'은 뒷부분에 나오는 '겸손한 자', 곧 '온유한 자'를 가리킵니다. 하나님께서 온유한 사람들의 삶 속에 기쁨과 희락을 허락해 주시기 때문에 늘 즐겁고 행복하게 살아갈 수 있습니다.

만약 인생이 재미없고, 사람들이 여러분을 좋아하지 않고 배척한다면 온유한 사랑이 여러분의 삶 가운데서 드러나고 있는지를 곰곰이 생각해 보십시오. 여러분이 퇴근해서 집으로 돌아왔을 때 자녀가 인사를 하는 둥 마는 둥 얼른 자기 방으로 들어가 버린다면, 하교 후 집으로 돌아온 자녀들이 여러분과 대화하지 않으려고 한다면, 왜 그런지 고민해 봐야 합니다. 어쩌면 온유한 사랑이 부족해서일지 모릅니다. 자기 자신이 온유해져야 다른 사람을 행복하게 해 줄 수 있고, 스스로도 기쁨이 충만한 삶을 살 수 있습니다.

여섯째, 다른 사람을 도울 수 있습니다. 온유한 사람은 상대의 잘못이나 실수를 너그러이 덮어 주고 오히려 그 사람을 회복시켜 줍니다.

"형제들아 사람이 만일 무슨 범죄한 일이 드러나거든 신령한 너희는 온유한 심령으로 그러한 자를 바로잡고 너 자신을 살펴보아 너도 시험을 받을까 두려워하라"(갈 6:1).

아무리 다른 사람을 돕고 싶어도 여러분이 온유한 사람이 아니라면 상대가 도움을 받는 것을 원치 않게 됩니다. 항상 위협적으로 공격적인 태도를 가졌거나 사납고 거친 사람에게 도움을 받고 싶은 사람은 없습니다. 그러나 여러분이 부드럽고 따뜻한 사람이라면 많은 이들이 여러분을 원하고 여러분의 도움을 기다릴 것입니다.

이 땅에는 고통받는 사람이 많습니다. 슬픔과 괴로움 가운데 사는 사람도 아주 많습니다. 실수와 죄로 인해 소외된 사람, 범죄와 악의 구렁텅이에서 빠져나오지 못한 사람도 너무나 많습니다. 그런 사람들을 도우려면 내가 먼저 온유한 성품을 갖추고 있어야 합니다. 사도 바울도 이렇게 권면합니다.

"오직 너 하나님의 사람아 이것들을 피하고 의와 경건과 믿음과 사랑과 인내와 온유를 따르며"(딤전 6:11).

"아무도 비방하지 말며 다투지 말며 관용하며 범사에 온유함을 모든 사람에게 나타낼 것을 기억하게 하라"(딛 3:2).

사도 바울은 부드럽고 따뜻하고 친절하며, 조용한 가운데 강력한 힘을 갖고 꾸준히 선(善)을 추구하여 모든 사람에게 온유를 보이라고 권면합니다. 사랑은 온유합니다.

하나님께서 여러분에게 온유함을 회복시켜 주시기를 바랍니다. 여러분의 눈빛과 목소리와 태도와 행동 속에 언제나 온유함이 넘치기를, 예수 그리스도를 닮은 온유와 겸손이 삶 속에 가득하기를 진심으로 소망합니다.

사랑은 질투하지 않습니다

"시기하지 아니하며" 고전 13:4

혹시 여러분 마음속에 누군가를 향한 질투가 있습니까? 이것은 사랑이 부족한 증거라고 할 수 있습니다. 성경에서 사랑은 시기하지 않는다고 말합니다. 질투가 없다고 분명하게 말하고 있습니다. 타인에게 질투와 시기를 느껴 보지 않은 사람은 한 사람도 없을 것입니다.

나이가 어릴 때는 물론이고, 성인이 된 후에도 자기보다 나은 사람, 자기보다 훌륭하고 능력 있는 사람, 자기보다 더 많이 가진 사람, 자기보다 행복해 보이는 사람을 보면 질투를 느끼고 시기합니다. 그 사람에 대한 험담을 하고 일부러 공격과 비난을 일삼기도 합니다. 이 시기와 질투심이 극에 달하면 살인까지도 저지릅니다.

사랑하는 연인 사이에서는 상대방이 다른 이성과 웃으며 이야기를 나누는 모습을 보면 '저 사람이 왜 저러고 있지?' 혹은 '날 사랑하지 않는 건가?'라고 오해하며 질투를 느끼기도 합니다. 생각보다 많은 사람들이 '질투'라는 감정 때문에 고통당합니다. 어떤 사람은 "질투라는 감정은 사랑하기 때문에 느끼는 것이다. 내가 남편을 사랑하니까 질투하는 것이지 사랑하지 않는데 왜 질투하겠나?"라고 말합니다. 다시 말하면 질투가 사랑의 한 부분이라는 것입니다. 사랑하기 때문에 질투한다는 것은 성경 말씀과는 전혀 맞지 않습니다. 오히려 사랑이 없어서 질투를 하는 것이지 사랑 때문에 질투하는 것은 아니라고 성경은 분명하게 말합니다. 진정한 사랑에는 질투가 없습니다.

어떤 사람은 "질투는 사랑의 자식이다!"라고 말합니다. 사랑에서 질투가 나온다는 뜻입니다. 많은 사람들이 그렇게 생각합니다. 그러나 질투가 사랑의 자식이라는 말은 마치 사탄이 천사의 자식이라는 말과 같습니다. 앞뒤가 맞지 않는 모순입니다. 질투란 사랑이 없는 데서 나오는 것이지, 사랑의 또 다른 일면이 결코 아닙니다.

질투는 절대로 정당화될 수 없습니다. 질투는 무서운 병입니다. 질투의 병에 걸린 사람은 자기가 걸린 병을 절대로 인정하지 않습니다. 왜냐하면 사람이 걸리는 병 가운데 가장 추하고 부끄러운 병이기 때문입니다. 남이 잘되는 것을 싫어하다 보면 자연히 자기 자신을 드러내고 내세우기 위해 다른 사람을 깎아내리고 무시하게 됩니다. 성경에서도 그런 사례가 나옵니다. 가인이 아벨을 질투해서 죽였고, 사울 왕이 다윗을 질투해 몇 차례나 죽이려고 했습니다. 질투의 병에 걸렸던 사울은 정신 이상에 시달리다가 마침내는 자살하고 맙니다. 질투는 이처럼 무서운 병입니다.

질투의 근원

'질투'는 어디서부터 생기는 것일까요? 사람은 누구나 질투라는 감정을 경험합니다. 예를 들어서 외동이로 자라던 아이에게 동생이 생기면 질투를 합니다. 동생이 태어나기 전까지는 아빠, 엄마, 할아버지와 할머니 등 온 가족의 사랑과 관심을 독차지했는데, 어느 날 갑자기 동생이 태어나면서 자신에게 향했던 모든 사랑을 빼앗겼다고 느낍니다.

엄마는 지금까지 첫째 아이를 집중적으로 돌볼 수 있었지만, 둘째 아이가 생기면 갓난아이를 돌보느라 첫째를 챙겨 줄 시간적, 정신적, 신체적 여유가 없습니다. 그러다 보니 자연스레 첫째에게 소홀해집니다. 여기에서 아이의 질투가 생겨납니다. 엄마가 돌봐 줄 여건이 되지 않는다면, 아빠나 할머니, 할아버지가 돌봐 주며 지속적으로 사랑을 느낄 수 있도록 해 줘야 합니다. 이런 일은 우리가 어릴 때나 자녀를 키우는 동안 누구나 한 번씩은 경험했을 것입니다.

그렇다면 이제 질투의 근원에 대해 하나하나 살펴보겠습니다.

첫째, 지나친 경쟁심이 있을 때 질투가 생겨납니다. 학교 성적, 외모, 예체능 등에서 뛰어난 능력을 보이는 아이들에게 부모는 큰 기대를 합니다. 자기도 모르게 아이들에게 경쟁 심리를 불어넣습니다. 질투심은 다른 사람과 경쟁하는 과정에서 더 촉발되기 마련입니다. 이 세상 어디를 가더라도 나보다 더 잘하는 사람, 더 예쁘고 잘생긴 사람, 더 능력 있고 잘난 사람, 더 부유하고 풍족한 사람, 더 지위가 높은 사람이 반드시 있습니다.

사랑이 부족하면 어디서든 질투라는 병에 걸리기 십상입니다. 이 병에 걸리면 평생 불안과 초조감, 긴장에 시달리고 짜증이 많아집니다. 늘 불안정한 상태에서 지내게 됩니다. 그렇게 긴장과 불안을 안고 살아가니 사람들에게 인정도 못 받고 사랑받기도 힘듭니다. 그러니 더 불안해지고 초조해집니다. 이 악순환 속에서 벗어날 수 없습니다.

둘째, 비교 의식이 있을 때 질투가 생겨납니다. 심한 경쟁심뿐만 아니라 비교 의식 또한 질투의 원인이 됩니다. 부모를 비롯한 어른들이 동생과 형을 비교할 때 질투가 생깁니다. 많은 부모들이 무의식중에 둘째 아이에게 "너는 어째서 형처럼 똑똑하지 못하니?", "왜 너는 언니처럼 빨리빨리 하지 못하니?", "어째서 누나처럼 성적이 안 나오니?"라고 추궁합니다. 이럴 때 동생이 열등감을 느끼며 형제자매를 질투하는 것은 너무도 당연한 일입니다.

대개 질투는 자신과 비슷한 사람에게 느낍니다. 여자가 남자를 질투하는 경우는 별로 없습니다. 여자는 여자에게, 남자는 남자에게 질투합니다. 비싸고 예쁜 옷을 입은 친구가 "이 옷 참 예쁘지? 진짜 비싼 거야!"라고 자랑하면 여자들은 "글쎄! 별로인데!"라고 대꾸하기도 합니다. 다른 여자가 자기보다 돋보이는 것이 공연히 싫기 때문입니다. 남자도 마찬가집니다. 직장에서도 비슷한 능력을 가진 사람끼리 질투합니다. 의사가 운동선수를 질투하는 경우는 거의 없지만, 운동선수끼리 질투하는 일은 비일비재합니다.

질투는 동료들 사이에 생깁니다. 목사가 사업가를 질투하는 일은 거의 없습니다. 목사는 목사끼리 질투합니다. 아예 비교조차 할 수 없는 대상에게는 질투를 느끼지 않습니다. 비슷한 사람끼리 서로서로 비교하다가 질투를 느끼는 것입니다.

셋째, 누군가가 편애할 때 질투가 생겨납니다. 목사들이 조심해야 할 사항이 한 가지 있습니다. 바로 교인을 편애하거나 차별하지 않도록 주의해야 한다는 것입니다. 목사도 사람이기 때문에 어떤 교구나 교인은 조금 더 편안하게 느끼고 좋아하지만, 어떤 교구나 교인은 덜 그럴 수 있습니다. 자기가 조금 더 애정을 갖고 있다는 사실을 드러내지 않도록, 다른 사람들 앞에서 노골적으로 편애하거나 차별하지 않도록 늘 조심해야 합니다. 혹시 모를 편애나 차별이 다른 교인들의 질투를 불러일으킬 수 있기 때문입니다.

저는 목회할 때 교인들을 집으로 초대한 적이 거의 없습니다. 교인들을 초청해 정성껏 대접하고 나면 "나 어제 목사님 댁에서 사모님이 만들어 주신 초밥 먹고 왔어!"라는 이야기가 자연스레 퍼집니다. 그러면 당연히 교인들 사이에서 "목사님이 왜 그 사람만 초청해서 저녁을 대접하신 거냐?"라는 질문이 나오기 때문입니다.

전통적으로 우리나라 부모들은 장남, 장녀, 곧 첫아이를 좋아합니다. 첫아이가 방긋 웃으면 세상의 그 어떤 아름다운 것도 눈에 들어오지 않습니다. 첫아이가 엄마의 '엄' 자만 발음해도 마치 "엄마!"라고 부른 것처럼 들리기도 합니다. '가나다라'만 읊어도 이 세상에서 가장 똑똑한 아이가 아닐까 하는 생각이 들 정도로 신기하고 신비롭습니다. 그런데 둘째는 어떤가요? 둘째 아이가 재롱부리는 것은 대수롭지 않게 여깁니다. 자연히 둘째 아이는 질투심이 일어나고 본능적으로 부모에게 잘 보이려고 더 애쓰고 노력합니다. 그러다 보니 첫째 아이보다 둘째가 더 잘되는 경우도 많습니다. 미국 사람들은 이를 '둘째 증후군(세컨드 신드롬)'이라고 부릅니다.

부모들은 할 수 있는 한 둘째나 셋째, 막내에게 따로 시간을 내어 주는 것이 좋습니다. 자녀들 중에 서열과 상관없이 질투심으로 인해 늘 불안해하고 긴장하며, 잘 울거나 떼를 쓰는 아이가 있다면 부모의 깊은 사랑을 받지 못한다고 느껴서일지 모릅니다. 자주 그 아이와의 특별한 시간을 마련해 외식을 하거나 데이트를 하면 좋습니다. 단독으로 그 아이만을 위한 시간을 가져서 '우리가 너를 정말 사랑하고 있단다.'라는 마음을 보여 주는 것입니다. 부모의 사랑을 충분히 느끼게 되면 아이는 불안감, 열등감에서 해방될 수 있습니다.

그러나 부모가 계속해서 비교하고 다른 형제와 경쟁을 시킨다면, 또 수시로 편애와 차별을 한다면 자녀는 정신적, 영적으로 상당한 어려움을 겪게 됩니다. 그러면 성인이 되어서도 건강한 사랑을 주거나 받기 힘들어집니다. 사랑할 능력이 떨어지기 때문입니다.

질투는 열등감에서 생겨납니다. 열등감은 내가 이루지 못하고 갖지 못한, 내가 간절히 원하는 바로 그것을 다른 사람이 갖고 있을 때 스스로에게 느끼는 감정입니다. 어쩌면 야곱도 그런 둘째였는지 모릅니다. 그의 가슴속에는 '질투'라는 병이 있었고, 부모의 사랑이 몹시 부족하다고 느낀 애정 결핍 증상이 있었습니다.

넷째, 비난이나 비웃음을 살 때 질투가 생겨납니다. 자기가 하는 일로 인해 조롱과 비웃음을 당하거나 단점 때문에 다른 사람에게 비난을 받는 경우, 혹은 다른 사람을 실망시켰다고 생각할 때도 질투가 생겨날 수 있습니다.

대부분의 부모들은 자녀들을 잘 키우기 위해 무척 애를 씁니다.

그러나 자녀들은 가끔 실망을 안겨 줍니다. 도둑질이나 폭력같이 부모가 상상도 못했던 일을 저지를 때도 있습니다. 그런 일이 있을 때, 부모가 아이에게 "나는 너에게 정말 실망했다. 네가 어떻게 그럴 수가 있니? 내가 너를 위해 얼마나 기도하고, 너를 믿음 안에서 키우려고 얼마나 애를 썼는데! 네가 남의 것을 훔치다니 정말 실망스럽구나!"라고 말하며 실망감을 표현합니다. 자기의 실수와 잘못으로 인해 부모가 실망했다는 사실을 느낄 때, 아이는 '나는 부모님의 마음을 아프게 했고, 우리 부모님을 실망시킨 자식이다.'라고 생각하면서 부모에게 실망감을 주지 않은 다른 형제자매에 대해 질투를 느낄 수 있습니다.

다섯째, 영적으로 자기 자신을 계발하지 못했을 때 질투가 생겨납니다. 모든 인간의 가슴속에는 죄성이 있습니다. 예수님께서도 이렇게 말씀하셨습니다.

"속에서 곧 사람의 마음에서 나오는 것은 악한 생각 곧 음란과 도둑질과 살인과 간음과 탐욕과 악독과 속임과 음탕과 질투와 비방과 교만과 우매함이니 이 모든 악한 것이 다 속에서 나와서 사람을 더럽게 하느니라"(막 7:21-23).

이 세상에서 죄성이 없는 사람은 아무도 없습니다. 그래서 우리 마음속에 하나님의 성품이 들어와야 합니다. 이는 우리 스스로 할 수 있는 일이 아닙니다. 예수 그리스도를 나의 구주로 영접하는 바로 그 순간, 하나님께서 그분의 선한 성품을 우리 가슴에 넣어 주십니다. 그 성품을 받으면 그때부터 우리는 사랑을 계발할 수 있습니다.

그러나 우리 마음속에 죄의 성품, 인간적인 성품, 세속적인 성품만 있고 하나님의 성품이 없으면 질투심이 생길 수 있습니다. 질투뿐만 아니라 성급함, 교만과 자만 같은 악한 성품도 드러납니다. 영적인 계발이 잘 되어 있을 때, 즉 예수 그리스도가 우리 성품과 생각을 통제하게 하고, 성령께서 내 마음과 생각과 감정을 주관하시게 하는 훈련이 잘 되어 있을 때, 우리는 질투를 극복하고 제거할 수 있습니다. 주님이 주시는 사랑의 힘으로 질투를 정복하고 승리할 수 있는 것입니다.

여섯째, 이 세상을 사랑할 때 질투가 생겨납니다. 하나님 나라의 가치나 영적인 것보다 세상의 물질과 자랑과 정욕을 좇아 살면 당연히 다른 사람의 소유를 질투합니다.

"이 세상이나 세상에 있는 것들을 사랑하지 말라 누구든지 세상을 사랑하면 아버지의 사랑이 그 안에 있지 아니하니 이는 세상에 있는 모든 것이 육신의 정욕과 안목의 정욕과 이생의 자랑이니 다 아버지께로부터 온 것이 아니요 세상으로부터 온 것이라 이 세상도, 그 정욕도 지나가되 오직 하나님의 뜻을 행하는 자는 영원히 거하느니라"(요일 2:15-17).

좋은 집이나 비싼 옷, 지위나 명예 등을 중요하게 여기지 않고, 하나님과 이웃을 사랑하고 기도와 말씀으로 성화된다면 우리는 질투를 이길 수 있습니다. 세상이 추구하는 가치보다 하나님 나라의 열매, 즉 인내와 겸손과 온유와 사랑의 사람이 되는 것이 더 중요하다는 사실을 말씀을 통해 깊이 깨달을 때 우리는 다른 사람을 진심으로 축복할 수 있고, 그들이 잘될 때 함께 기뻐하는 아름답고 넉넉한 그리스도인이 될 수 있습니다.

질투를 극복하는 방법

질투를 극복하는 데는 다섯 가지 방법이 있습니다.

첫째, 자기 자신에 대해 건강한 자아상을 가져야 합니다. 우리는 자기보다 더 잘생기고 예쁘게 생긴 사람이나 자기보다 좋은 환경에서 태어난 사람에게 질투를 느낍니다. 그러나 사도 바울의 다음 말에 귀기울여 보십시오.

"그러나 내가 나 된 것은 하나님의 은혜로 된 것이니"(고전 15:10).

건강한 자아상을 갖는다는 것은 자기 자신을 있는 그대로 수용하는 것입니다. 어떤 사람은 겸손함을 표하려고 지나치게 자기를 낮추기도 합니다. "목사님, 저는 절대 그런 일은 못합니다. 저는 부족하고 형편없고 연약해서 못합니다."라고 말하며 자신을 깎아내리려 합니다. 이런 지나친 겸손은 바람직하지 않습니다.

사도 바울의 말대로 내가 나 된 것은 하나님의 은혜입니다. 하나님이 만들어 주신 나 이상으로도 이하로도 생각하지 않고, 하나님이 주신 외모와 목소리와 지능과 재능을 있는 그대로 받아들이고 하나님께 감사할 수 있어야 합니다.

"절대자 하나님이 저를 다른 사람으로 만들지 않으시고 바로 지금의 저로 만들어 주신 것을 감사합니다!"라고 고백해야 합니다. 자녀들도 "저를 지금의 저로 만들어 주셔서 감사합니다!"라고 기도할 수 있도록 부모님들이 가르쳐 주십시오.

사울 왕은 질투가 많았습니다. 다윗을 심하게 질투한 나머지 그를 일곱 번이나 죽이려 했습니다. 결국 사울 왕은 정신병에 걸렸고 마침내 자살이라는 비참한 최후를 맞이합니다. 그를 그렇게 비참하게 만든 것은 바로 '질투'였습니다. 그러나 다윗은 사울 왕을 질투하지 않았습니다.

"내가 주께 감사하옴은 나를 지으심이 심히 기묘하심이라 주께서 하시는 일이 기이함을 내 영혼이 잘 아나이다"(시 139:14).

다윗은 이런 고백을 할 수 있는 사람이었습니다. 여러분은 혹시 친구, 동료, 형제자매에게 질투를 느끼십니까? 당신을 그 누구도 아닌 바로 당신으로 만들어 주신 하나님께 감사하시기 바랍니다. 그래야 질투가 사라지고 그 자리에 사랑이 채워질 수 있습니다.

둘째, 자기 자신의 한계를 인정해야 합니다. 우리에게는 여러 가지 능력이 있는 동시에 한계도 있습니다. 저도 대학교를 다닐 때 과목마다 A학점을 받아 보려고 무척 애를 썼습니다. 어떤 때는 "이번에는 전 과목 모두 A를 받고 말겠다!"라며 이를 악물고 밤새워 공부했습니다. 그런데 뜻대로 되지 않았습니다. 실망스럽게도 꼭 B학점이 하나씩 섞여 있었습니다.

초등학교 시절부터 대학까지 늘 A만 받던 사람이 의과 대학에 들어갔는데, 한 과목에서 B학점이 나오자 그 충격을 이기지 못하고 자살한 경우도 있었습니다. 미국에서의 한 조사에 따르면, 모든 과목에서 A학점을 받지 못한다는 이유로 의과 대학을 다니다가 그만두는 사람도 있다고 합니다.

모든 사람에게는 각자의 목표가 있습니다. 그러나 목표를 너무 높이 세워 계속 실패하는 경험이 쌓이다 보면 성격이 비뚤어지고 사랑할 수 있는 마음의 힘을 잃게 됩니다. 성취할 수 있을 정도의 목표를 세워서 일단 한 단계씩 성취한 다음, 그것보다 한 단계 더 높은 목표를 세워 나가야 합니다. 그런 식으로 한 걸음씩 차근차근 나아가는 것이 가장 바람직한 방법입니다. 처음부터 너무 높은 목표를 세워서 계속 실패하다 보면 마음에 병이 들고, 실패를 경험하지 않고 곧바로 성공하는 사람들에게 질투를 느끼게 됩니다.

우리는 각자의 한계와 제한성을 인정할 수 있어야 합니다. 저도 마찬가지입니다. 예전에 저는 참 많은 일을 맡았습니다. 가만히 생각해 보면 그 모든 일들을 어떻게 감당했는지 신기할 정도입니다. 어떤 때는 도저히 감당할 수 없을 것 같았습니다. 어느 것 하나도 제대로 못한다는 생각이 들었기 때문입니다. 교회도, 학교도, 선교원도 제대로 이끌어 가지 못하고 있는데 이래서야 좋은 결과가 나오겠나 싶어 크게 낙담한 적도 있었습니다. 그러나 '모든 사람에게는 다 한계가 있다.'라고 생각하면 큰 위로가 됩니다. 그저 하나님께 받은 것으로 충성을 다한다면 먼 훗날 주님 앞에 섰을 때 "착하고 충성된 종아, 내가 너에게 준 능력과 시간과 건강으로 네가 최선을 다했구나!"라는 칭찬을 들을 것입니다.

여러분에게는 너무 높은 목표를 세워 실패를 거듭하는 쓰라린 경험이 없기를 바랍니다. 자신의 한계를 인정할 때, 질투에서 벗어나 마음의 평안을 누리고 진정한 사랑을 체험하면서 살아갈 수 있음을 꼭 기억하십시오.

셋째, 하나님께서 나에게 주신 장점을 인정해야 합니다. 어느 누구도 모든 분야를 다 잘할 수는 없습니다. 어느 한 분야에 탁월하다고 해서 다른 분야도 반드시 잘하리라는 보장은 없습니다. 장점이 있으면 단점도 있기 마련입니다. 장점이 한 가지도 없는 사람은 세상에 단 한 명도 없습니다.

여러분 자신을 한번 생각해 보십시오. 하나님께서 여러분에게 주신 은혜의 선물이 있을 것입니다. 주님께서 주신 그 장점에 초점을 맞추고 살아야 합니다. "난 그래도 이것 하나는 잘하잖아!" 하면서 말입니다. 하나님이 주신 장점과 은사를 인정하고 감사할 때 질투심이 사라지고 평안이 찾아들 것입니다. 자기의 장점은 감사히 인정하고, 단점 또한 겸손하게 인정함으로써 건강한 자아상이 확립되면 대인 관계 역시 원활하게 해 나갈 수 있습니다.

넷째, 영적인 면을 계발해야 합니다. 영적인 것을 육적인 것보다 훨씬 더 중요하게 생각해야 합니다. 하나님과 이웃을 사랑하는 것, 기도하고 성경 말씀을 읽는 것, 겸손하고 온유한 태도를 지니는 것, 인내하고 오래 참는 것과 같은 영적인 자질을 세상 무엇보다 더 중요하게 여기며 꾸준히 계발해 나가야 합니다. 그러다 보면 이 세상의 가치와 눈에 보이는 것들을 질투할 일이 없습니다.

다섯째, 기뻐하는 자들과 함께 기뻐해야 합니다. 주님께서는 우리에게 이런 가르침을 주셨습니다.

"즐거워하는 자들과 함께 즐거워하고 우는 자들과 함께 울라"(롬 12:15).

1979년 미국의 루 브록(Lou Brock)이라는 야구 선수는 경기 전날 공개 석상에서 자신의 도루 신기록을 깨게 될 리키 핸더슨(Rickey Henley Henderson) 선수를 극찬했던 일화로 유명합니다. 루 브록은 "나는 그간 리키 핸더슨이 도루하는 것을 잘 지켜보았다. 이제 드디어 내일 시합에서 리키 핸더슨은 내 기록을 깨게 될 것이다. 나는 절대로 그 순간을 놓치지 않고 지켜보고 싶다! 나는 19년이나 걸려서 기록을 세웠지만, 리키 핸더슨은 12년 만에, 즉 나보다 7년이나 먼저 나의 기록을 깼으니 이 얼마나 훌륭한 선수인가!"라고 칭찬하며 상대 선수를 세워 주었습니다.

여러분의 가슴에 아직도 질투의 씨앗이 남아 있나요? 비록 주님을 믿고 거듭난 그리스도인이라 해도 우리 중에는 친구, 동창생, 동료, 형제자매를 질투하느라 마음고생을 하는 사람이 있을지 모릅니다. 질투하지 않으려 노력한다고 해서 질투심이 없어지는 것은 아닙니다. 그러면 어떻게 해야 질투심이 사라질까요? 바로 하나님의 사랑으로 우리 마음을 가득 채우면 됩니다. 하나님의 사랑이 우리 안을 채우면 질투는 저절로 밀려나게 되어 있습니다. 질투는 마치 어둠과 같습니다. 어둠을 없애려면 밝은 빛을 비추면 됩니다. 불을 켜면 어둠은 순식간에 사라지고 맙니다. 사랑의 불을 켜십시오. 질투라는 어둠이 단번에 사라질 것입니다.

우리는 이제 초조와 불안과 열등감, 경쟁의식과 비교 의식 속에서 헤매게 만들던 질투에서 벗어날 수 있습니다. 하나님께서 그분의 사랑을 여러분의 가슴속에 차고 넘치도록 채워 주시기를 간절히 소망합니다.

사랑은 자랑하지 않습니다

"사랑은 자랑하지 아니하며" 고전 13:4

인생을 살아가다 보면 많은 문제들을 마주하게 됩니다. 이런 문제들이 생기는 이유는 무엇일까요? 우리의 인내가 부족하고 온유하지 못하며, 시기와 질투에 눈이 어두워져 있기 때문입니다. 이번 장에서 다룰 '자기 자랑'도 많은 문제의 원인이 됩니다. 그리고 이런 원인들로 발생하는 문제들을 우리는 인간적이고 세상적인 방법으로 해결하려고 합니다.

하나님께서는 어떻게 해결하라고 말씀하셨나요? 하나님께서는 '사랑'이라는 한 가지 열쇠로 문제를 풀어 나가라고 말씀하셨습니다. 고린도전서 13장은 '사랑'으로 모든 문제를 해결하는 과정을 상세하게 보여 줍니다. 복잡한 문제들을 어려운 방법으로 해결하지 않고, 단순하게, 오직 '사랑'으로 해결하는 것이 바로 신앙입니다.

문제는 복잡해도 정답은 간단합니다. 상황은 어려워도 해결 방법은 단순합니다. 지능 지수가 아닌 '사랑 지수'를 높임으로써 하나님과 이웃을 향한 사랑에 초점을 맞추어 살아갈 때 인내의 문제도, 온유의 문제도, 시기와 질투의 문제도, 심지어 교만의 문제도 단번에 해결됩니다. 사랑은 우리 인생의 만병통치약입니다.

인간이 가진 모든 내적 문제와 범죄, 연약함 등은 사랑의 결핍에서 비롯됩니다. 사랑은 '오래 참음으로써' 인내의 문제를 해결해 줍니다. 사랑은 '온유하게 대함으로써' 급하고 모가 난 성격의 문제를 해결해 줍니다. 사랑은 '시기하지 않음으로써' 질투로 비롯된 문제를 해결해 줍니다. 이번 장에서는 '자랑하지 않는' 사랑의 속성을 통해 자만과 자랑의 문제를 해결해 보고자 합니다.

사랑은 자랑하지 않습니다. '자랑하지 않는다'는 어떤 뜻인가요? 성경에서는 '자랑하다'라는 단어가 긍정의 뜻으로도 쓰이고 부정의 뜻으로도 사용됩니다. 이는 자랑하는 것 자체는 문제되지 않는다는 뜻입니다. '어떻게 자랑하는가? 그리고 무엇을 자랑하는가?' 하는 것이 문제입니다. 사도 바울은 이렇게 말했습니다.

"자랑하는 자는 주 안에서 자랑하라 함과 같게 하려 함이라"(고전 1:31).

자랑하지 말라는 말씀이 아닙니다. 부정적인 자랑, 즉 남을 해치거나 하나님께 영광이 되지 않는 자랑을 하지 말라는 뜻입니다. 주님의 은혜 안에서 하는 자랑은 하나님께 영광이 됩니다. 그러나 육신의 생각에서 하는 자랑, 자기 과시를 위한 자랑은 하나님께 영광이 되지 않을 뿐만 아니라 다른 사람들을 해칩니다. 그런 자랑은 사랑과는 정반대에 위치합니다. 주님의 은혜 안에서 하는 자랑이란 하나님을 찬양하고 그분께 영광 돌리는 일을 의미합니다.

피조물인 우리가 창조주이신 하나님께 영광을 돌리지 않고 감사하지도 않는다면 어찌 될까요? 지능이 높아 공부를 잘하는 것, 재산을 많이 모은 것, 높은 지위를 통해 권력과 명예를 지닌 것, 한 분야에서 특출난 능력을 가진 것 등 모든 것을 자기 힘과 능력으로 이루었다고 생각하며 스스로 영광을 누리려는 것은 '잘못된 자랑'입니다.

잘못된 자랑의 본질

첫째, 자기 자신을 자랑하는 것입니다. 성 어거스틴(St. Augustinus, 354-430)과 토마스 아퀴나스(Thomas Aquinas, 1225-1274)는 "자랑은 죄의 본질이다. 죄는 현재의 자기 위치가 하나님의 은혜인 것을 알지 못하고, 오늘날 자신이 받은 축복이 하나님의 선물인 줄 알지 못하고, 하나님을 저버리고 자기 자신을 높이려는 데서부터 시작된다."라고 말했습니다. 에스겔 28장과 이사야 14장에는 '루시퍼(계명성)'에 대한 기사가 나옵니다. '루시퍼'는 사탄의 옛날 이름입니다. 사탄은 타락하기 전 아주 총명하고 아름답고 지혜로운 천사장이었습니다. 그러던 어느 날 루시퍼가 자기 자신이 얼마나 잘났는지를 스스로 인식하게 됩니다. 수많은 천사들이 자기 앞에 나아와 굽실거리는 모습을 보며 '아, 내가 정말 잘났구나!'라는 결론을 내립니다. 하나님께서 주신 준수함과 지혜임을 까맣게 잊어버린 것입니다. 자기의 자기 됨이 하나님의 은혜인 줄 모르고 스스로가 잘나서 그렇게 되었다고 생각했습니다. 자만해진 루시퍼는 결국 하늘에서 쫓겨나고 말았습니다. 이 타락한 천사장 때문에 그때부터 오늘날까지 우리가 이렇게 고생하며 살아가고 있습니다.

자기 자신에 대한 태도에서 균형을 잃어버릴 때 문제가 발생하니다. 자기 자신의 극대화, 즉 '자기 자랑'은 하나님을 무시하는 태도입니다. 잘생겼다고 해서 자만하지 마십시오. 그 얼굴을 주신 분은 하나님입니다. 공부를 잘해서 다른 사람보다 좋은 대학에 진학했다고 교만하지 마십시오. 두뇌의 능력은 하나님께서 주신 것입니다. 이런 것들을 자기가 만들어 내고 이뤄 냈다고 자랑하는 것은 하나님을 무시하는 일입니다. 하나님께 드릴 영광을 사람이 차지하는 것은 루시퍼의 행악과 같은 엄청난 범죄입니다.

일류 대학을 졸업한 사람 중에는 대화를 나누다 은근슬쩍 학벌을 자랑하는 이들이 있습니다. 자기의 학벌을 자랑하는 것은 타인의 가치와 능력을 무시하는 태도입니다. 머리가 좋다고 해서 인생을 성공적으로 살 수 있다고 생각해서는 안 됩니다. 하나님께서는 아무리 지식이 많고 머리가 좋아도 가슴속에 사랑이 없으면 아무것도 아니라고 말씀하십니다. 자기 자신과 주변 사람들이 아무리 학벌을 칭송하고 치켜세운다고 해도 하나님께서 인정하지 않으시면 아무 소용없다는 것을 꼭 기억하십시오.

자신의 능력이 부족하다고 생각하나요? 사랑을 계발하십시오. 여러분의 사회적 지위가 너무 낮다고 여기시나요? 사랑을 계발하십시오. 돈이 많지 않은가요? 사랑을 계발하십시오. 일류 대학을 졸업하지 못했나요? 사랑을 계발하십시오. 하나님께서는 이 세상 무엇보다도 '사랑'을 가장 소중하게 여기십니다. 우리 안에 사랑이 채워지면 자랑이 사라집니다.

둘째, 다른 사람과의 비교 의식이 숨어 있습니다. 사람들은 대개

'저 사람보다는 내가 좀 낫다'라는 생각에서 자기 자랑을 합니다. 여러분이 아무리 훌륭한 일을 했을지라도, 아무리 좋은 일을 많이 했다 해도, 그것을 자랑하는 순간 그 훌륭한 일들은 무가치해집니다.

종교계의 노벨상이라 불리는 '템플턴상(Templeton Prize)'을 수상하신 한경직 목사님은 어느 축하 석상에서 수많은 찬사를 받게 되자 이런 말씀을 하셨습니다.

"오늘 이 상을 받았다는 사실에 대해 축하 예배를 드리고 있지만, 사실 저는 이 상을 받을 자격이 없습니다. 하나님께서 넘치는 자비와 긍휼을 베푸셔서 저 같은 죄인에게 이런 상을 주셨습니다. 저는 일제 강점기 때 신사 참배를 한 죄인입니다. 저 같은 죄인에게 이런 상을 주시는 것은 전적으로 하나님의 자비하심이지, 저는 이 상을 받을 자격이 없습니다."

우리나라에서 이 상을 받기에 합당한 분이 계시다면 바로 한경직 목사님일 것입니다. 축하 석상에서 그분을 향한 찬사에 이의를 제기한 사람은 한 명도 없었습니다. 그랬기에 충분히 자만할 수도 있었을 그 시간에 목사님께서는 이토록 겸손한 발언을 하셨고, 모든 사람에게 감동적인 은혜를 주셨습니다.

잘못된 자랑이란?

첫째, 자기 자신의 의로움을 자랑하는 것입니다. 물론 "제가 얼마나 의로운지 아십니까?"라고 직접적으로 말하는 사람은 없습니다. 그러나 누가복음에 나오는 바리새인처럼 자랑하는 일은 많습니다.

"또 자기를 의롭다고 믿고 다른 사람을 멸시하는 자들에게 이 비유로 말씀하시되 두 사람이 기도하러 성전에 올라가니 하나는 바리새인이요 하나는 세리라 바리새인은 서서 따로 기도하여 이르되 하나님이여 나는 다른 사람들 곧 토색, 불의, 간음을 하는 자들과 같지 아니하고 이 세리와도 같지 아니함을 감사하나이다 나는 이레에 두 번씩 금식하고 또 소득의 십일조를 드리나이다 하고 세리는 멀리 서서 감히 눈을 들어 하늘을 쳐다보지도 못하고 다만 가슴을 치며 이르되 하나님이여 불쌍히 여기소서 나는 죄인이로소이다 하였느니라 내가 너희에게 이르노니 이에 저 바리새인이 아니고 이 사람이 의롭다 하심을 받고 그의 집으로 내려갔느니라 무릇 자기를 높이는 자는 낮아지고 자기를 낮추는 자는 높아지리라 하시니라"(눅 18:9-14).

스스로를 높이는 그 순간 낮아진다는 사실을 기억하십시오. 여러분의 삶 속에도 자신도 모르게 스스로의 우월함, 가정과 교회와 직장에 대해 자랑하는 일들이 있을 것입니다. 물론 자기 교회를 우습게 여기거나 부끄러워해서는 안 됩니다. 그러나 교회를 자랑하는 나머지, 하나님의 영광을 가리고 다른 사람들의 가슴을 아프게 하는 일은 경계해야 하는 일입니다.

둘째, 악을 자랑하는 것입니다. 의를 자랑하는 사람들이 있는 반면, 악을 자랑하는 사람들도 있습니다. 제가 악을 자랑하는 것을 가장 많이 보고 들은 곳은 군대였습니다. 선임이나 동료 병사들이 내무반에 앉아서 서로 자신의 전적을 자랑하곤 했습니다. 방탕한 생활을 한 것, 여자들을 많이 만나고 다닌 것, 도둑질과 사기를 행한 일들을 얼마나 멋들어지게 자랑했는지 모릅니다. 무슨 큰 벼슬을 하거나 공을 세운 것처럼 자랑해 대는 모습들을 보며 저는 구역질이 날 뻔했습니다.

과거에 하나님 앞에서 범죄한 사실들을 다른 사람 앞에서 자랑스럽게 얘기하지 마십시오. 그리스도인들은 더욱 조심하십시오. 가끔 간증을 하면서 과거에 악한 삶을 살았던 것을 은근히 자랑하는 경우가 있는데, 이는 선한 영향력을 끼칠 수도 없을뿐더러 바람직하지도 않은 일입니다.

저는 미국에서 비행 청소년들을 교화시키는 기관에서 몇 년간 봉사를 했습니다. 그곳에 수용된 아이들은 12-18세밖에 안 된 어린 친구들이었는데도 이야기를 들어 보면 마치 50-60년 산 어른들처럼 잔인하고 끔찍한 악을 많이 행하며 살았습니다. 그랬던 아이들이 그곳에서 예수님을 믿고 변화되는 놀라운 역사가 일어났습니다. 한번은 하나님께서 어떻게 자신에게 역사하셨는지를 간증하는 시간이 그 아이들에게 주어졌는데, 어린 나이에 어른들이 감히 상상할 수도 없는 악한 일들을 얼마나 겁 없이 해냈는지를 자랑하듯 이야기하는 아이들이 꽤 많았습니다.

교회 간증 시간도 마찬가지입니다. "옛날에는 제가 이렇게 살았는데 하나님께서 역사하셔서 지금 이렇게 되었습니다!"라고 간증하는 과정에서 과거의 자신의 악행에 대해 상세하게 묘사하며 은근히 자랑처럼 이야기하는 모습들을 많이 봅니다. 물론 듣는 교인들은 재

미워합니다. 그러나 앞으로 간증할 기회가 있으면 과거의 악행에 대해 자랑하듯 세세히 이야기하지 마십시오. 그저 "제가 옛날에 하나님 앞에 큰 죄를 범한 적이 있는데, 하나님께서 저를 인도해 주셔서…"라고 간단히 말하며 하나님의 은혜를 강조하는 것이 좋습니다. 자신의 악행을 떠벌이지 마십시오. 절대 은혜가 되지 않습니다.

셋째, 자기의 출생과 지위, 학력, 재산을 자랑하는 것입니다. 시편 49편 6절에는 "자기의 재물을 의지하고 부유함을 자랑하는 자"가 나옵니다. 우리가 자랑해야 할 대상은 오직 여호와 하나님뿐입니다. 어떤 사람은 자랑할 것이 별로 없기 때문에 겸손한 것을 자랑합니다. 이 또한 사랑이 부족하다는 증거입니다. 참 희한합니다. 사랑이 부족하면 미움과 증오만이 아니라 자기 자랑도 나옵니다.

자랑하지 말아야 할 이유

우리가 자랑하지 말아야 할 이유에는 크게 세 가지가 있습니다.

첫째, 자랑은 하나님의 영광을 도적질하는 것이기 때문입니다. 자기 자신을 치켜세우고 자만하는 것은 하나님의 영광을 가로채는 행위입니다. 모세가 바로 이 죄를 범했습니다. 광야에서 이스라엘 백성들이 물을 달라고 하자 모세는 하나님 앞에 기도했습니다. 그러자 하나님께서는 이렇게 말씀하십니다.

"지팡이를 가지고 네 형 아론과 함께 회중을 모으고 그들의 목전에서 너희는 반석에게 명령하여 물을 내라 하라"(민 20:8).

하나님께서는 지팡이를 반석에다 대고 두 번 쳐서 물을 내라고 말씀하지 않으셨습니다. 그런데 모세는 짜증을 내며 지팡이로 반석을 두 번 치는 잘못을 범하고 말았습니다.

"반역한 너희여 들으라 우리가 너희를 위하여 이 반석에서 물을 내랴 하고"(민 20:10).

모세는 지금까지 마치 자기가 백성들에게 물을 공급해 왔다는 듯이 "우리가 너희를 위하여"라고 말했습니다. 그리고 지팡이로 반석을 쳐서 물을 냄으로써 정말 자신이 물을 주는 것처럼 행동했습니다. 하나님께서는 모세의 이런 모습에 기가 막히셨을 것입니다. 40년 동안 이스라엘 백성들을 돌보신 하나님의 영광을 모세가 도적질해 갔으니 말입니다. 그래서 하나님께서 이렇게 말씀하셨습니다.

"여호와께서 모세와 아론에게 이르시되 너희가 나를 믿지 아니하고 이스라엘 자손의 목전에서 내 거룩함을 나타내지 아니한 고로 너희는 이 회중을 내가 그들에게 준 땅으로 인도하여 들이지 못하리라 하시니라"(민 20:12).

이 죄로 인해 모세는 그토록 고대하던 가나안 땅에 들어가지 못했습니다. 하나님의 영광을 가로챈 대가가 이토록 크다는 사실을 우리는 모세의 마지막을 통해 깨달을 수 있습니다. 여러분이 가진 모든 것에 대해 스스로의 능력과 수고의 소산이라 생각하는 것은 하나님의 영광을 도적질하는 일임을 명심하시기 바랍니다.

둘째, 자랑은 다른 사람을 해칠 수 있기 때문입니다. 우리가 무언가를 자랑할 때 듣는 사람이 질투를 느끼는 것은 당연한 일입니다. 자랑은 질투뿐만 아니라 미움과 열등감을 불러일으킵니다. 결국 다른 사람이 죄를 짓게 만드는 행위입니다. 이처럼 자랑은 남을 해칩니다. 자랑의 근본 원인은 사랑이 없다는 데 있습니다. 사랑이 없기 때문에 자기 자신을 내세우고 하나님과 타인을 무시하는 것입니다.

셋째, 영원한 상급을 잃기 때문입니다. 자랑할 것이 많은 사람은 이 땅에서 많은 이들의 칭찬과 인정을 받으며 그럴듯하게 살았을 것입니다. 그러나 영원한 하나님 나라에 갔을 때는 이미 이 땅에서 상을 다 받았기 때문에 받을 보상이 없어 영원히 가난한 사람이 됩니다.

"그들은 자기 상을 이미 받았느니라"(마 6:2).

하나님께서 우리에게 하나님과 이웃을 사랑하는 따뜻한 마음을 주셔서 자랑할 일이 있어도 언제나 주님께 영광을 돌리고, 이웃을 생각하며 자제함으로써 이웃과 하나님께 영광이 되는 삶을 살 수 있도록 은혜 내려 주시기를 진심으로 소망합니다.

사랑은 교만하지 않습니다

"교만하지 아니하며" 고전 13:4

인간은 수많은 종류의 죄를 짓습니다. 그중 인간 스스로 가장 인정하고 싶지 않은 죄가 무엇일까요? 바로 '교만'입니다. 사람들은 대부분 자신이 교만하다고 생각하지 않습니다. 자기가 교만하다는 사실을 인정하기 싫어합니다. 누군가로부터 "당신은 정말 교만합니다!"라는 말을 들으면 발끈 화를 내거나 펄쩍펄쩍 뛰며 그 사실을 부인하려 합니다. 이 '교만'이라는 죄는 스스로 깨닫거나 다른 사람들로부터 지적받을 때 큰 괴로움을 안겨 줍니다. 양심에 찔리기 때문입니다.

교만 역시 하나님과 이웃에 대한 사랑이 부족할 때 나타납니다. 교만은 '잘난 체하며 뽐내고 건방짐'이라고 정의할 수 있습니다. 그렇기 때문에 교만한 사람은 자기 자신을 드러내어 자랑하고 뽐내고 싶어 하며 실제로 그렇게 행동합니다.

고린도전서 13장 4절에 나온 '교만'이라는 단어는 헬라어 성경에 일곱 번 등장합니다. 그 일곱 번 중 여섯 번이 고린도전서에 기록되었습니다. 당시 고린도 교인들에게 사도 바울은 '교만'에 대해 집중적으로 이야기하며 경계할 것을 가르쳤습니다.

고린도 교회는 자랑거리가 많은 교회였습니다. 하나님께 예언의 은사, 가르치는 은사, 방언하는 은사, 방언을 통역하는 은사, 병 고치는 은사, 다스림의 은사, 심지어 기적을 행하는 은사 등 온갖 은사를 받은 교인들이 모인 교회였습니다. 어느 한 사람 뛰어나지 않은 사람이 없었고, 교인 모두가 굉장한 달란트와 능력을 지니고 있었습니다. 그런데 가장 중요한 요소인 사랑이 결여되어 있었습니다. 이에 사도 바울은 고린도 교인들이 은사를 자랑하며 자칫 교만에 빠지지 않을까 염려하여 엄중히 경계한 것입니다. 한마디로 은사는 넘쳤으나 사랑은 없는 교회였습니다.

"사랑은⋯ 교만하지 아니하며"라는 구절이 킹 제임스(King James Version) 영어 성경에는 "love is not puffed up"으로 번역되어 있습니다. '퍼프(puff)'라는 단어에는 '강냉이 튀기듯 부풀리다'라는 의미가 담겨 있습니다. 실제로 대단치 않은 사람이 자신을 부풀려서 생각하며 스스로 잘난 줄 착각하는 상태가 바로 교만입니다.

교만에 대한 성경의 경고와 사례

교만에 대한 설교를 준비할 때 목사들은 그 일주일이 무척 괴롭습니다. 누구나 다 자기 잘난 맛에 사는 세상에서 그런 설교를 하려니 마음이 불편하고 힘든 것입니다. 저 또한 마찬가지입니다. 하지만 하나님의 백성들이 교만으로 실족치 않고 성숙한 신앙생활을 하기 위해서 '교만'은 반드시 묵상해야 할 내용입니다.

성경에는 교만에 대한 구절이 아주 많습니다. 그 구절들을 묵상하며 저 자신의 교만한 모습과 생각과 태도를 비춰 보게 되었습니다. 그러면서 하나님 앞에서 많이 회개했습니다. 이제 성경에 소개된 교만에 대한 경고와 사례를 한번 살펴보도록 하겠습니다.

첫째, 잠언의 경고입니다. 말씀을 보면 하나님께서 가장 미워하는 사람이 바로 교만한 자라는 것을 알 수 있습니다.

"여호와께서 미워하시는 것 곧 그의 마음에 싫어하시는 것이 예닐곱 가지이니 곧 교만한 눈과 거짓된 혀와 무죄한 자의 피를 흘리는 손과" (잠 6:16-17).

"여호와를 경외하는 것은 악을 미워하는 것이라 나는 교만과 거만과 악한 행실과 패역한 입을 미워하느니라"(잠 8:13).

하나님께서는 교만을 미워하시는 것을 넘어 극도로 혐오하십니다. 지금 가진 것, 누리고 있는 모든 것이 하나님의 은혜로 인한 것임을 알아야 합니다. 교만하여 스스로가 잘나서 이 모든 것을 갖고 누리게 된 것이라 여긴다면, 하나님은 그 사람을 미워하고 혐오하십니다. 하나님이 세워 주시고 높이실 때마다 더욱 겸손해져야 합니다.

"주님께서 저에게 이렇게 큰 은혜를 주셨습니다. 이런 귀한 가족을 허락해 주시고, 직장, 능력, 물질, 지위, 권력, 명예를 주셔서 감사합니다. 주님의 영광을 위해 늘 겸손한 마음으로 섬기겠습니다."라고 고백할 수 있기를 바랍니다. 그런 사람이 하나님 앞에서 진실로 겸손하고 신실한 사람입니다.

둘째, 예수님의 말씀입니다. 마태복음 23장 12절에는 예수님의 분명한 약속이 언급되어 있습니다.

"누구든지 자기를 높이는 자는 낮아지고 누구든지 자기를 낮추는 자는 높아지리라"(마 23:12).

다윗이 교만해졌을 때 하나님께서 어떤 일을 행하셨습니까? 하나님께서는 다윗을 치셨습니다. 오늘날의 여러분이 있기까지 하나님의 은혜를 비롯해 부모님과 많은 사람들의 수고와 헌신이 뒷받침되었다는 사실을 꼭 기억하십시오. 우리는 이름 모를 수많은 사람들에게 빚을 지고 살아왔습니다. 그저 나 혼자, 내가 잘나서 이렇게 잘된 것이라 생각해서는 안 됩니다. 이는 아주 위험한 교만입니다. 하나님께서 이런 교만을 언제 치실지 모릅니다.

"그런즉 선 줄로 생각하는 자는 넘어질까 조심하라"(고전 10:12).

성경은 이렇게 경고하고 있습니다. 큰일을 성취했을 때나 사람들의 인정을 받은 때일수록 우리 뒤에서 묵묵히 돕고 섬겨 준 수많은 사람들을 기억해야 합니다. 그렇게 이름도 없이 빛도 없이 곁에서 함께해 준 사람들에게 감사하고 겸손하게 주님께 영광을 돌릴 때 하나님께서는 우리를 기억하시고, 더 높여 주십니다. 그러나 스스로 높이는 자는 하나님께서 반드시 낮추십니다.

셋째, 느부갓네살 왕의 사례입니다. 성경에서 교만 때문에 패망한 대표적인 인물이 바벨론 대제국의 황제인 느부갓네살 왕입니다. 그가 어느 날 다음과 같이 말한 후에 자신의 동상을 세워 모든 백성에게 그 앞에 절을 하라고 명령합니다.

"이 큰 바벨론은 내가 능력과 권세로 건설하여 나의 도성으로 삼고 이것으로 내 위엄의 영광을 나타낸 것이 아니냐 하였더니"(단 4:30).

하나님께서는 스스로 높이는 자를 반드시 낮추시는 분입니다. 하나님 앞에서 너무나 교만했던 느부갓네살 왕은 그 후에 정신 이상을 일으켜 7년 동안이나 풀밭을 기어 다니며 들짐승처럼 생활하는 비참한 심판을 받았습니다.

넷째, 히스기야 왕의 사례입니다. 열왕기하 20장에는 하나님께서 교만한 히스기야 왕을 낮추신 사례가 나옵니다. 어마어마한 재산을 가졌던 히스기야 왕에게 어떤 일이 일어났습니까? 바벨론의 친선 사절단이 도착했을 때 히스기야 왕은 자기가 가진 귀한 보물과 보석들을 자랑하기 시작합니다.

"히스기야가 사자들의 말을 듣고 자기 보물고의 금은과 향품과 보배로운 기름과 그의 군기고와 창고의 모든 것을 다 사자들에게 보였는데 이렇게 휘황찬란한 재산을 바벨론 사절단에게 모두 공개했으니 그 말로가 어떻게 되었을까요? 그들이 바벨론으로 돌아가 느부갓네살 왕에게 뭐라고 보고했을까요? 분명 "저 조그만 나라 이스라엘에 가니 창고가 온갖 금은보화로 가득 차 있었습니다. 저희가 그것을 취하러 가야 합니다!"라고 했을 것입니다. 결국 바벨론 왕은 군대를 보내 유다를 치고 왕궁의 금은보화를 다 빼앗아 갑니다. 교만한 자의 최후가 참으로 비참하기 이를 데 없습니다. 하나님께서는 이처럼 반드시 교만한 자를 치십니다.

교만의 어리석음을 범한 사람들

대학을 졸업하고 유수한 대기업에 입사한 사람이 있었습니다. 그는 열심히 일을 하여 상사에게 능력을 인정받고, 마침내 사장에게 큰 공로패까지 받게 되었습니다. 그러자 '내가 이렇게 훌륭하구나. 나처럼 출중한 직원이 어디 있겠어?' 하는 교만한 생각이 들었습니다. 집에 돌아와 어머니에게 공로패를 드리며 "어머니, 오늘 우리 회사전 직원이 모인 곳에서 제가 이 공로패를 받았습니다. 어머니, 대기업에 다닌 사람들 중에서 저만큼 출중한 직원이 과연 몇 명이나 될까요?"라고 말했습니다. 아들이 교만한 생각을 하는구나 싶었던 어머니는 "아마 네가 생각하는 숫자보다 한 명이 적을 거다."라고 말했습니다. 이 지혜로운 어머니는 교만의 위험성을 잘 알았기에 그렇게 말했던 겁니다. 그래서 "그런 말을 하는 걸 보니 아직 너는 그리 출중한 것 같지 않다. 다른 회사에 너보다 뛰어난 직원들이 많을 거야."라는 말을 간접적으로 돌려서 말한 것입니다. 참으로 훌륭한 어머니입니다.

세계적인 극작가 버나드 쇼(George Bernard Shaw, 1856-1950)는 자기가 그 누구보다 커피를 맛있게 끓인다고 자랑했습니다. 그러자 목사님 한 분이 그에게 편지를 보내왔습니다. "쇼 선생님, 당신의 커피 끓이는 솜씨가 그렇게 좋다고 하던데, 저에게도 그 방법을 가르쳐 주십시오. 저도 한번 마셔 보고 싶습니다." 그래서 버나드 쇼는 답장을 써서 자기만의 독특한 커피 블렌딩 비법을 목사님에게 가르쳐 주었습니다. 거기까지는 좋았습니다.

그런데 버나드 쇼가 답장에 "목사님, 당신이 나에게 커피 끓이는 방법을 가르쳐 달라고 부탁했기에 가르쳐 드리긴 합니다만, 사실 당신은 제가 너무 유명한 사람이라서 제 친필 서명을 받으려고 이런 수법을 쓰신 것 아니신지요? 당신이 원하는 것이 진심으로 커피를 맛있게 끓이는 방법이기를 바랍니다!"라고 덧붙였습니다.

서양에서는 유명인의 친필 서명 한 장이 30년 정도의 세월이 흐른 뒤에는 엄청나게 비싼 가격으로 매매됩니다. 버나드 쇼가 그렇게 교만한 생각을 담아 답장을 써 보내자 목사님이 다음과 같이 회신했습니다. "쇼 선생님, 대단히 감사합니다. 가르쳐 주신 대로 해보니 커피가 정말 맛있었습니다. 그런데 당신의 이름이 얼마나 유명한지 모르겠지만, 그리고 당신에게 친필 서명이 얼마나 소중한지는 모르겠지만 저에게는 한 푼의 가치도 없으니 그대로 돌려드립니다."라고 적고는 버나드 쇼의 편지를 그대로 돌려보냈습니다. 이 일로 버나드 쇼가 크게 창피를 당한 건 두말할 필요가 없습니다. 교만한 자는 결국 낮아지기 마련입니다.

대령 진급을 몹시 염원하는 중령이 있었습니다. 드디어 대령으로 진급하는 날, 그는 너무도 자랑스럽고 벅찬 마음에 한껏 상기되어 있었습니다. 그때 누군가가 방문을 열고 들어왔습니다. 이등병이었습니다. 그가 무슨 말을 하려고 하자 중령은 급히 전화할 곳이 있다며 잠시 기다리라고 했습니다. 그러고는 돌아서서 전화를 걸어 "장군님, 저를 부르신다고요? 네, 감사합니다. 제가 곧 장군님께 가겠습니다!" 그런 다음 "다른 네 분의 장군님이 저를 부르신다고요? 알겠습니다. 당장 가겠습니다!"라고 큰 소리로 통화를 했습니다. 그러고 나서 이등병에게 "그래, 자네는 무슨 일로 왔나?" 하고 물었습니다. 그러자 그가 대답하기를 "대령님, 대령님 사무실의 전화가 불통이라고 해서 전화를 연결해 드리려고 왔습니다."라고 했습니다. 사병 앞에서 자기가 대령이 되었다는 사실을 뽐내려고 연결도 안 된 전화통을 붙잡고 장군들과 통화하는 것처럼 연기했던 겁니다. 사병은 바로 통신 장비를 다루는 부서에서 온 사람이었습니다. 중령이 얼마나 창피했겠습니까? 교만한 자는 하나님께서 반드시 낮추신다는 사실을 기억하시기 바랍니다.

겸손한 자를
높이시는 하나님

하나님께서는 자기를 죽기까지 낮추신 예수님을 가장 높여 주셨습니다. 온 세계 열방이 그분을 주로 시인하며 섬기고 찬양합니다. 오늘 이 시간에도 우리는 예수님을 찬미하고 그분께 우리 자신을 바치리라 고백합니다. 그런 존재이신 예수님께서는 친히 제자들의 발을 씻겨 줄 정도로 겸손하셨습니다. 하나님의 아들이신 예수님께서 스승으로서, 구주로서, 친구이자 주님으로서 제자들의 발을 씻겨 주셨는데, 우리가 그렇게 하지 못할 이유가 어디 있을까요?

어떤 사람이 총장을 만나기 위해 대학교를 방문했습니다. 때마침 허름한 노동복을 입은 사람이 강의실 건물 벽을 깨끗하게 닦고 있기에 그에게 다가가 "제가 총장님을 만나러 왔는데 어디로 가면 될까요?"라고 물었습니다. 그러자 그 사람이 "저쪽 건물로 들어가셔서 2층으로 가면 총장실이 있는데, 12시쯤 가면 총장님을 만날 수 있을 겁니다!"라고 가르쳐 주었습니다. 그래서 12시에 맞춰 총장실로 찾아갔더니 깨끗한 정장 차림의 한 의젓한 신사가 그를 맞아 주었는데, 자세히 보니 조금 전 건물 벽을 닦던 사람이었습니다. 너무도 감동한 그는 그다음 날 "총장님께서 청소복을 입고 청소부처럼 일할 수 있는 대학이라면 얼마든지 도와주어야겠다는 생각이 들었습니다."라는 편지와 함께 대학 기부금으로 5만 불짜리 수표를 보내왔습니다. 하나님께서는 이와 같은 방법으로 겸손한 사람을 더욱 높여 주십니다.

부커 워싱턴(Booker T. Washington, 1856-1915)은 미국의 유명한 교

육자입니다. 그는 흑인 가운데 가장 훌륭한 교육자로 평가받으며, 많은 교훈과 귀감을 보여 준 사람입니다. 그가 어느 대학의 총장이 되었을 때 일입니다. 총장으로 부임하자마자 그는 잠시 학교 주변 마을을 돌아보며 산책을 했습니다. 그 마을은 부자 백인들만 사는 곳이었습니다. 때마침 부잣집 부인 한 사람이 흑인이 지나가는 것을 보고는 자기 집 정원의 낙엽을 쓸어 주면 5달러를 주겠다고 말했습니다. 그러자 부커 워싱턴은 대학 총장이라는 자기 신분을 드러내지 않고 "어디서부터 쓸까요?"라고 겸손하게 물었습니다. 그 부인이 시키는 대로 낙엽을 다 쓸고 나자 이번에는 나무 장작을 패 달라고 부탁했습니다. 그래서 그는 장작도 열심히 패 주었습니다.

얼마 후, 대학교에서 새로운 총장 취임식을 하면서 마을 사람들을 모두 초청했습니다. 부커 워싱턴에게 일을 시켰던 그 부인도 총장 취임식에 참석했습니다. 마을 사람들이 총장과 차례차례 악수를 하는데, 부인이 총장의 얼굴을 자세히 보니 자신이 일을 시켰던 바로 그 흑인이었습니다. 너무도 놀란 부인은 떠듬떠듬 사과하기 시작했습니다. "총장님, 죄송합니다. 총장님인지 정말 몰랐습니다." 그러자 부커 워싱턴은 이렇게 말했습니다. "아닙니다. 저는 산책하는 것을 아주 좋아합니다만 운동하는 것도 좋아합니다. 마침 운동이 필요하던 참에 부인께서 저에게 낙엽을 쓸어 달라고 하셔서 열심히 쓸어 드린 것입니다. 조금도 염려하실 것 없습니다. 앞으로도 또 부탁하시면 해 드리겠습니다." 이 일이 있은 후, 부커 워싱턴의 일화가 온 마을에 전해졌고, 이 훌륭한 흑인 총장은 더 큰 존경과 추앙을 받게 되었습니다.

이처럼 하나님께서는 자기를 낮추는 자를 더욱 높여 주십니다. 여러분이 스스로를 낮추면 낮출수록, 겸손하면 겸손할수록, 하나님께서 여러분을 높이실 것입니다. 그러나 우리가 교만해져서 하나님과 이웃을 최우선으로 여기지 않고, 나의 잘남과 노력을 통해 스스로 선 줄로 생각한다면 그때는 넘어질 수 있으니 조심해야 합니다. 이 말씀은 하나님의 경고입니다. 자신이 훌륭한 일을 했다면 자기 입으로 스스로를 칭찬하고 자랑해서는 안 됩니다.

"타인이 너를 칭찬하게 하고 네 입으로는 하지 말며 외인이 너를 칭찬하게 하고 네 입술로는 하지 말지니라"(잠 27:2).

우리는 하나님을 믿는 사람입니다. 우리가 누리는 축복은 모두 하나님께로부터 온 것입니다. 좋은 일이 있을 때, 그 일로 내가 인정받을 때, 그때까지 나를 길러 주신 부모님과 학문을 가르쳐 주신 선생님들과 나를 도와준 수많은 동역자들과 나를 위해 섬기고 희생해 준 이름 모를 수많은 사람들이 있음을 기억해야 합니다. 그 영광을 다른 사람들과 하나님께 돌릴 때, 하나님께서는 우리에게 더 큰 은총을 베풀어 주실 것입니다. 하나님을 사랑하고 겸손히 이웃을 섬김으로써 여러분의 삶에 놀라운 축복이 나타나기를 바랍니다.

사랑은 무례히 행하지 않습니다

"무례히 행하지 아니하며" 고전 13:5

사랑은 무례히 행하지 않습니다. 사랑은 예의 바르고 공손합니다. 그렇다면 '무례하다'에는 어떤 뜻이 담겨 있을까요? 무례하다는 것은 행동에만 국한되지 않습니다. 말과 행동, 태도가 모두 무례할 수 있습니다.

성경을 연구하면서 저 나름대로 '무례하다'라는 말을 정의해 보았습니다. '무례'는 다른 사람의 기분과 감정, 형편을 전혀 고려하지 않는 것입니다. 상대방이 어떻게 느끼고 생각하는지, 내가 이 말을 하고 이런 행동을 할 때 상대방이 마음에 상처를 받지 않을지, 불편함을 느끼지 않을지 일체 상관하지 않고 오로지 자기 마음 내키는 대로 행동하는 것입니다. 다른 사람이 뭐라고 하든 말든 나 좋을 대로, 내 성질과 기분에 따라 예의 없이 행동하고 말하는 것 모두가 무례입니다.

NIV(New International Version) 영어 성경에는 본문 말씀이 "love is not rude"로 되어 있습니다. '루드(rude)'는 '부드러운 데가 없고 사려 깊지 않으며 막무가내인 사람'을 가리킬 때 쓰는 단어입니다.

사람들이
무례한 이유

예로부터 우리나라는 '동방예의지국'이라 불렸습니다. 물론 오늘날에도 어른을 공경할 줄 알고, 예를 지키려고 노력하는 모습들이 여전히 남아 있습니다. 하지만 세월이 흐름에 따라 "우리나라가 정말 동방예의지국이었나?" 하는 생각이 들 정도로 무례한 일들을 자주 겪습니다. 다른 사람을 전혀 배려하지 않고, 피해를 주거나 불편하고 짜증 나게 하는 일들이 비일비재합니다.

가만히 생각해 보면 환경적인 이유도 있는 것 같습니다. 우리나라는 땅은 좁고 인구는 많습니다. 오늘날에는 저출산이 심각한 문제지만 예전에는 산아 제한을 할 정도로 인구 밀도가 높았습니다. 이런 환경이다 보니 사람들의 심성이 차분하지 못하고 타인에 대한 배려가 부족한 게 아닌가 싶습니다.

어쩌면 우리는 어렸을 적부터 다른 사람들에게 무례히 행하는 연습을 해 왔을지도 모릅니다. 중·고등학교 때부터 먼 곳까지 통학하면서 만원 버스와 만원 지하철에서 사람들에게 시달리다 보면 서로 밀치고 당기는 무례함이 자연스럽게 몸에 배입니다. 다른 사람을 배려하고 예의를 차리면서는 정상적으로 통학할 수 없는 환경입니다.

직장인들도 마찬가지입니다. 출퇴근 시간은 콩나물시루처럼 사람들로 빽빽한 대중교통을 이용해야 하는데, 지옥이 따로 없습니다. 그러나 우리 그리스도인들은 다른 사람들이 아무리 무례하게 행동하더라도 하나님의 자녀답게, 예수 그리스도를 대표하는 사람답게 행동했으면 좋겠습니다. 이 거칠고 각박한 세상을 넉넉하고 따뜻한 가슴으로 살아가면 좋겠습니다.

우리의 무례한 모습들

우리가 살아가면서 자주 마주하는 무례함에는 어떤 것들이 있을까요? 우선 요즘은 교통 문화에서 무례함이 두드러지게 나타납니다. 남에게 피해를 입히고도 조금도 미안해하지 않는 사람들이 많습니다. 급하게 차선 변경을 하거나 갑자기 중간으로 끼어들 때 양해를 구하는 일도 드뭅니다. 차가 너무 많다 보니 교통 규범을 착실히 준수하며 자기 차례를 기다려서는 도저히 제시간에 목적지까지 갈 수 없습니다. 이 골목 저 골목에서 나온 차들이 서로 먼저 가려고 하다 보니, 차가 막히는 상황에서는 얼굴에 철판을 깔고서라도 무조건 끼어들기를 감행해야 합니다. 처음에는 '왜 저렇게 위험하게 운전을 하나?'라고 생각했는데 가만 보니 우리나라 교통 상황이 그럴 수밖에 없습니다.

그렇다면 이런 상황에서도 되도록 무례를 범하지 않는 방법을 강구해야 하지 않을까요? 가장 먼저 할 수 있는 일은 다른 운전자들에게 손을 흔들어 미안함과 고마움을 표시하는 것입니다. 그럴 때 상대방은 화난 마음이 풀어지고, 속상함이 줄어듭니다.

같은 상황에서 그리스도인들은 어떻게 해야 할까요? 교통 문화와 시민 의식이 엉망이라고 불평만 해서 문제가 해결될까요? 자기가 끼어들 때는 손을 흔들어 반드시 양해를 구해야 합니다. 다른 사람이 끼어들려고 하면 조금 속도를 늦추어 상대를 배려해 주면 됩니다. 이 것이 그리스도인의 당연한 도리입니다. 아무리 힘든 상황이라 해도 그리스도인은 그리스도인답게 처신해야 합니다.

학생들 중에는 형이나 언니의 옷이 마음에 들어 몰래 입고 외출 하는 경우가 많습니다. 혹은 형제자매의 가방이나 신발, 테니스 라켓 등을 허락도 구하지 않고 사용하기도 합니다. 이것은 무례한 행동입 니다. 남의 물건을 사용할 때는 최소한 허락을 받거나 이야기를 해야 합니다. 아무리 가까운 사이라 해도 말입니다. 요즘은 중학생만 되어 도 체격이 좋아 엄마, 아빠 옷을 입고 외출하는 학생들도 있습니다. 가족이라서 배려하지 않아도 되는 것은 아닙니다. 언제 어디서든 상 대방의 심정을 헤아리고 배려할 줄 알아야 합니다. 그것이 바로 사랑 입니다.

그렇다면 옷이나 가방을 소유한 사람은 어떻게 해야 합니까? 다 른 사람에게 흔쾌히 빌려줄 수 있어야 합니다. 자칫하면 가족 간의 이러한 예의들은 가까운 사이라는 이유로 무시될 수 있습니다.

무례하지 않기 위해서는 최소한으로라도 교양 있게 행동해야 합 니다. 언젠가 미국에서 어느 교포 할머니가 속옷 바람으로 커다란 대로 앞에 서서 어린 손자의 바지를 벗기고 소변을 누이는 모습을 본 적이 있습니다. 이는 다른 사람들을 전혀 생각하지 않은, 너무도 무례한 행동입니다. 침이나 가래도 다른 사람들이 보지 않는 곳에서 휴지에 뱉어 버리는 것이 예의입니다. 담배꽁초를 아무 데나 함부로 버리지 않고, 공공장소에서 흡연을 삼가는 것도 예의입니다. 그리스도인은 예수 그리스도를 대표하는 사람들이요, 예수 그리스도의 모습을 닮아 가고 드러내는 사람들이므로 다른 사람들보다 조금 더 교양 있게 행하고 예의를 갖추어야 합니다.

언어 사용에서도 예의가 있어야 합니다. 우리는 대개 윗사람에게는 공손하게 말합니다. 그러나 나이가 적거나 직위가 낮은 사람에게는 종종 무례하게 말합니다. 특히 군대에서는 상관들의 언어폭력이 난무합니다. 언어 정화가 각별히 요구되는 곳이 군대입니다. 상대방에게 말을 함부로 할 때 상대방은 인격에 큰 손상을 입습니다. 그 사람의 인격과 가치가 떨어집니다. 권위가 있고, 지위가 있고, 명예가 있는 사람인데 아름답고 순화된 언어를 쓴다면, 그 사람은 말을 함부로 하는 사람보다 훨씬 더 존경받을 것입니다. 말을 함부로 해도 아무도 시비 걸지 못하는 높은 지위에 있는 사람이 정중하게 예의를 지켜서 말한다면 얼마나 존경을 받을까요?

가정에서 자녀들을 대할 때도 마찬가지입니다. 내 자녀라는 이유로, 어리다는 이유로 자녀들의 인격과 감정을 짓밟기가 쉽습니다. 자녀에게도 절대로 무례해서는 안 됩니다. 자녀에게는 부모에게 존댓말을 쓰도록 가르쳐야 하고, 부부 간에도 공손한 언어생활을 사용하여 자녀들에게 귀감이 되어야 합니다.

대화할 때 상대방이 말을 다 끝내지도 않았는데 중간에서 말을 딱 끊어 버리는 사람도 있습니다. 심지어는 "그걸 말이라고 하느냐? 말도 안 되는 소리 하지 마!"라며 윽박지르기도 합니다. 상대방의 말을 존중하지 않는 것은 사랑이 없기 때문입니다.

자동차 안에서 음악을 크게 틀어 놓고 창문을 연 채로 운전하는 젊은이들도 많습니다. 이것은 참으로 무례한 행동입니다. 다른 운전자들을 전혀 생각하지 않는 행동입니다. 공공장소에서는 조용하고 낮은 목소리로 말하는 것이 예의입니다. 또 다른 공간에 들어가기 전에는 반드시 노크부터 해야 합니다. 그래야 안에서 진행되고 있는 일과 이야기의 흐름을 끊지 않습니다. 급히 안으로 들어가야 한다면 쪽지에 사정을 적어 건네주면 됩니다. 만약 심각한 문제로 찾아온 사람이 방에서 상담을 받고 있다면, 이런 배려와 예의를 갖춘 태도가 반드시 필요할 것입니다.

사랑은 언제나 다른 사람을 먼저 생각해 줍니다. 내가 이 말을 했을 때, 이 행동을 했을 때, 이와 같은 사실을 밝혔을 때 저 사람의 기분이 어떨지, 저 사람이 어떤 영향을 받을지 등을 생각하는 것이 사랑합니다. 거창한 구제 사업을 해야만 사랑을 베푸는 것이 아닙니다. 사랑은 아주 작고 사소한 데서 시작됩니다.

"그러므로 무엇이든지 남에게 대접을 받고자 하는 대로 너희도 남을 대접하라"(마 7:12).

내가 만약 어떤 사람에게 이렇게 행동했을 때 그가 어떻게 느낄 것인지 상대방의 심정과 기분을 생각해 보고 행동하라는 뜻입니다. 말이 함부로 나오려고 할 때는 상대방이 하나님의 형상을 입은 귀한 존재라는 사실을 기억하십시오. 그래야 상대방을 예수님 대하듯 정중하고 공손하고 예의 바르게 대할 수 있을 것입니다.

사랑은 이기적이지 않습니다

"자기의 유익을 구하지 아니하며" 고전 13:5

미국의 유명한 심리학자이자 상담자였던 칼 메닝거(Karl A. Menninger)는 수년 동안 많은 사람들의 다양한 정신 문제를 연구했습니다. 노년이 된 그는 그동안의 연구를 종결지으며 "인간의 모든 문제의 밑바탕에는 이기심이라는 것이 깔려 있다."라는 말을 했습니다. 저는 그 말에 전적으로 동의합니다. 가정 문제, 사회 문제, 교회 문제 및 국가와 세계의 모든 문제의 근본에는 '이기심'이 도사리고 있지 않은 경우가 없기 때문입니다.

그런데 성경에서는 '자기의 유익을 구하지 않는 것'이 사랑이라고 말합니다. 이기적인 속성을 가진 인간이 자기 유익을 추구하지 않기란 정말 쉽지 않은 일입니다. 그러나 사랑은 자신의 유익을 구하지 않는 것, 즉 다른 사람의 유익을 구하는 것입니다.

다른 사람의 유익을 구하는 사랑의 모습

사랑은 추상적인 것이 아닙니다. 아주 거창하지도 않습니다. 물론 보통 사람들이 행하기 어려운 숭고하고 희생적인 사랑도 있지만, 일반적인 사람이라면 누구든 행할 수 있는 사랑의 표현은 아주 많습니다.

제가 미국에 있을 때입니다. 교인들에게 종이 한 장을 나눠 주면서 "당신은 사랑을 느낄 때가 언제인가요?"라는 질문에 답을 해보라고 한 적이 있습니다. 나중에 종이를 다 걷어 살펴보았더니 "누군가 나를 이해해 줄 때", "나에게 따뜻한 한마디 말을 해 줄 때", "내 마음에 공감해 줄 때" 등의 내용이 적혀 있었습니다.

다른 사람을 이해해 주는 데는 큰돈이 들지 않습니다. 전화 한 통, 따뜻한 말 한마디를 하는 것은 그리 어려운 일이 아닙니다. 우리는 상대방을 위해 기꺼이 이런 일들을 할 수 있습니다. 아주 작은 관심과 애정, 이것이 바로 사랑의 표현입니다.

언젠가 결혼식장에서 신랑, 신부가 부모님께 인사를 하며 장미 한 송이씩을 전해 드리는 모습을 보았습니다. 물론 30년 가까운 세월 동안 애지중지 길러 주신 사랑은 장미 한 송이 값과는 비교가 되지 않습니다. 그러나 그 꽃 한 송이에 사랑과 감사의 마음이 담겨 있기에 스무 송이, 백 송이의 꽃다발이 아니더라도 사랑과 감사의 마음이 전해지는 것입니다.

가끔 부모님들의 이야기를 들어 보면, 자녀들이 타지에서 학교나 직장을 다니다가 오랜만에 집에 오면 아주 행복하다고 합니다. 친구들과만 시간을 보내지 않고, 부모님과 함께하며 이런저런 이야기를 나눌 때 사랑이 느껴진다고 합니다. 곁에 함께 있어 주는 것, 시간과 마음을 함께 나누는 것은 아주 작은 일입니다. 돈도 들지 않습니다. "요즘 어떻게 지내? 잘 지내니?"라는 메시지 한 통 보내는 것만으로도 상대방은 따스한 사랑을 느낄 수 있습니다.

사랑을 표현하는 일은 생각보다 간단하고 쉬운 일입니다. 그런데도 우리가 일상생활에서조차 사랑을 잘 표현하지 못하는 이유는 무엇일까요? 앞에서도 말했듯이 우리가 너무나 자기중심적이기 때문입니다. 전화 한 통 하거나 엽서 한 장, 문자 메시지 한 통 보내는 것이 쉬운 것 같지만 나 자신의 편안함을 위주로 살아갈 때는 결코 쉽게 할 수 있는 일이 아닙니다.

결국 신앙생활이란 궁극적으로 자기를 내려놓고, 하나님과 이웃에 초점을 맞춰 생각하고 행하는 삶입니다. 엄마가 목마른 자녀에게 물 한 컵을 가져다주는 것, 피곤해서 쉬고 싶지만 배고픈 자녀를 위해 힘써서 샌드위치를 만들어 주는 것, 이것이 사랑입니다. 내가 하고 싶지 않을 때에도, 상황이 여의치 않을 때라 해도 자녀를 위해, 남편과 아내를 위해 작은 수고를 하는 것이 바로 사랑입니다. 사랑하기에 나의 유익이 아닌 상대의 유익을 먼저 생각합니다.

오래전 제가 볼티모어에 있을 때 미국 사람들과 중국 유학생들이 함께 성경을 공부하는 모임이 있었습니다. 중국 유학생들 중에는 공산당 간부들과 당원들도 있었습니다. 한번은 중국 유학생 중 한 명이 뉴욕에서 짐을 싣고 볼티모어까지 와야 하는 상황이 생겼습니다. 그러자 성경 공부를 인도하는 미국 사람이 자기 트럭으로 실어다 주겠다고 했습니다. 그는 하루 연차를 내어 그 먼 거리를 운전해서 뉴욕까지 짐을 실어다 주었습니다. 중국 유학생은 그를 이해할 수가 없었습니다. 자기를 잘 알지도 못하는데 어떻게 그런 번거롭고 힘든 일을 해 줄 수 있느냐는 것이었습니다. 미국 사람은 그냥 도와주고 싶어서 그랬다고 대답했지만, 그것만으로는 설명이 부족했습니다. 미국 사람이 "사실 제가 예수님을 믿는 그리스도인이잖아요. 저는 하나님을 사랑합니다. 하나님의 사랑을 생각하면, 제가 당신을 하루 도와주는 것은 마땅한 일입니다. 그리스도인들은 다른 사람을 돕는 일을 좋아합니다. 마땅히 그렇게 해야 하고요."라고 설명했습니다. 결국 그 중국 유학생은 예수님을 믿고 영접하게 되었습니다. 이렇게 자기의 유익을 구하지 않고 이웃의 유익을 위해 행하며 사는 것, 이것이 그리스도인의 사랑입니다.

이웃이나 공동체 지체가 몸이 아파 누워 있을 때, 밥을 못 먹는다는 소리를 듣고 죽 한 그릇을 사 가서 먹여 주는 것도 사랑입니다. 낙심과 좌절에 빠져 있는 친구를 위해 케이크 한 조각을 사 들고 가서 함께 시간을 보내는 것도 사랑입니다. 별것 아니라고 생각할 수도 있지만, 아프고 상심한 사람에게는 이러한 작은 행위가 무엇보다도 크고 따스한 사랑으로 느껴집니다. 사랑은 이처럼 간단합니다. 아주 작은 행위에서부터 사랑하기를 훈련한다면 언젠가는 손양원 목사님 같은 위대하고 희생적인 사랑을 할 수 있게 됩니다.

많은 사람들이 자기 자신의 위대함을 드러내고 싶어 합니다. 그러나 진정으로 위대한 사람은 자기 스스로 과시하지 않고, 자기가 만나는 사람들을 가치 있고 아름다운 시선으로 바라보며 세워 줍니다.

훌륭한 사업가는 어떤 사람일까요? 이윤 추구에 집착하기보다는 사람들에게 꼭 필요한 물건을 생산해서 조금이라도 서민들의 삶을 편안하고 유익하게 만드는 데 초점을 맞추는 사람입니다. 기업에서 미리 시장 조사를 하는 것도 그런 이유에서입니다. 소비자를 생각해서 그들의 필요와 호불호를 고려해 물건을 만들어 내면 대부분 성공합니다. 물론 돈을 벌기 위해 시장 조사를 엄격히 하고 제품을 정성 들여 만드는 사업가도 있지만, 소비자를 사랑하고 소중히 여기는 마음에서부터 이런 작업들을 해 나갈 때 성공은 자연스럽고 당연한 결과로 나타날 것입니다. 언제 어디서든 다른 사람의 유익을 추구하는 것이 바로 사랑입니다.

교회의 각 부서에서 봉사와 헌신을 하는 성도들에게서 이런 사랑의 태도를 찾아볼 수 있습니다. 교인들은 예배 후에 교회 식당에 가서 국수 한 그릇씩 먹고 나오면 그만이지만, 식당에서 봉사하시는 분들은 그 국수를 만드느라 얼마나 수고하는지 모릅니다. 또 수십 개에서 수백 개에 이르는 그릇들을 설거지합니다. 다른 사람을 섬기는 사람들, 이들이 바로 '사랑하며' 사는 사람들입니다. 예수님께서도 우리를 죄에서 구원하시기 위해, 우리가 주님 안에서 자유롭고 충만하게 살 수 있도록 자기 자신을 완전히 내어 주신 것입니다.

"인자가 온 것은 섬김을 받으려 함이 아니라 도리어 섬기려 하고 자기 목숨을 많은 사람의 대속물로 주려 함이니라"(막 10:45).

사랑을 가진 자는 자기의 유익을 구하지 않습니다. 훌륭한 교수는 자기의 지식을 자랑하는 사람이 아니라 학생들이 쉽게 알아듣고 배울 수 있도록 효과적으로 전달할 줄 아는 사람입니다. 좋은 목사는 성도들의 유익을 생각해 하나님의 진리를 쉽게 풀어 주는 설교를 합니다. 위대한 통치자는 자기 권력만을 지키려고 하기보다는 국민들이 보다 안전하고 행복하게 살 수 있도록 끊임없이 그들의 필요와 소망을 묻고 찾아서 해결해 줍니다.

언제나 다른 사람의 유익을 구하는 사람들은 절대로 불행할 수 없습니다. 하나님을 위해 살고 이웃을 위해 헌신하며 사는 사람들 중에 불행한 사람은 단 한 명도 없습니다. 반대로 늘 자기 자신만 생각하고 자기 유익만을 추구하며 사는 사람들 중에는 불행한 사람이 아주 많습니다.

앞 장에서 언급한 부커 워싱턴이라는 흑인 교육가를 기억하시나요? 그의 자서전에 이런 이야기가 있습니다. 부커가 학생 시절에 경험한 일입니다. 하루는 그가 한쪽 어깨에는 무거운 책가방을, 다른 한쪽에는 무거운 옷 가방을 메고 뉴욕의 기차역을 향해 걸어가고 있었습니다. 마침 세찬 비가 내렸습니다. 그는 비를 다 맞으며 질퍽한 길을 걸어야 했습니다. 그때 백인 청년 한 사람이 가방을 들어 주겠다며 다가왔습니다. 일반적으로 백인 젊은이들은 흑인 젊은이들을 별로 좋아하지 않습니다. 또 뉴욕이라는 도시는 어떤가요? 눈 감으면 코 베어 간다는 곳으로 알려져 있을 정도로 위험이 가득한 곳입니다. 그렇다 보니 가방을 들어 주겠다며 접근하는 그 백인이 의심스러울 수밖에 없었습니다. 그런데 그 사람의 얼굴을 자세히 보니 아주 선하고 친절한 미소가 담겨 있었습니다. 그래서 가방 하나를 맡기고 함께 비를 맞으며 오랜 친구처럼 기차역까지 걸어갔다고 합니다.

부커는 그 젊은 백인의 정체를 자서전 마지막 부분에서 밝힙니다. 그는 바로 루스벨트 대통령이었습니다. 물론 그 당시 루스벨트는 대통령으로 당선되기 훨씬 전입니다. 빗속에서 무거운 짐을 가득 들고 가는 흑인에게 다가와 도움을 준 젊은 루스벨트, 그렇게 다른 사람의 유익을 추구해 온 그가 훗날 미국의 대통령이 된 것은 그리 놀랄 일이 아닙니다. 어쩌면 당연한 일일지 모릅니다. 그에게는 '사랑'의 마음이 있었습니다. 사랑은 이렇게 나 자신의 유익보다 내 가족, 내 교회, 내 동료, 내 이웃의 유익을 생각하며 작은 일부터 행하는 것입니다.

사도 바울은 로마 시민이었고 훌륭한 선생에게서 많은 지식을 배운 지성인이었으며 바리새인 중에 바리새인이었습니다. 그랬던 사도 바울은 훗날 다른 사람들에게 복음을 전하기 위해 자신을 다 내려놓고 모든 사람을 섬기는 종이 되었습니다. 예수 그리스도를 사랑했고, 주님을 알지 못하는 불쌍한 사람들의 영혼을 사랑했기에, 그들의 유익을 위해 한평생을 바칠 수 있었습니다.

우리가 잘 아는 인도의 테레사(Teresa, 1910 –1997) 수녀도 다른 사람의 유익을 위해 살았던 사랑의 사람이었습니다. 그녀는 남부러울 것 없는 귀족 집안에서 태어나 유복하고 안정적으로 살 수 있었습니다. 그러나 가난하고 병든 자들을 위해 자신의 온 생을 바쳤습니다. 그녀 안에 그들에 대한 깊은 사랑이 있었기 때문입니다.

다른 사람의 유익을 구하는 행복한 인생

모든 사람은 다 행복하게 살고 싶어 합니다. 행복하게 사는 데에는 여러 가지 방법이 있습니다만, 나로 인해 행복해하는 사람이 많을 때 우리는 진정한 행복을 느낄 수 있습니다. 내가 누군가에게 도움이 되고 격려가 된다고 생각해 보십시오. 그들의 얼굴을 바라볼 때 우리

는 행복해집니다. 집안에서도 남편이 아내를 행복하게 해 주면, 환하
게 웃는 아내 얼굴을 바라보는 남편도 덩달아 행복한 것입니다. 그럴
때 온 가정이 화목하고 행복해집니다. 여러분 또한 하나님 안에서 일
평생 다른 이들의 유익을 구하며 행복한 사람들에게 둘러싸여 진정
으로 행복한 인생을 사시기를 소망합니다.

사랑은 성내지 않습니다

"성내지 아니하며" 고전 13:5

　　저는 "(사랑은) 성내지 아니하며" 이 말씀
이 잘 이해되지 않았습니다. 어떻게 사람이 화를 내지 않을 수 있을까
요? 원문 성경에는 '파록수노(paroxuno)'라는 헬라어가 사용되었습니
다. '파록수노'는 '화를 내지 않는다'는 뜻이 아닙니다. 저는 '파록수노'
의 분명한 의미를 파악하기 위해 여러 영어 성경을 찾아보았습니다.

　　킹 제임스 영어 성경에는 "Love is not easily provoked"라고 번
역되어 있습니다. 이는 '누가 나를 화나게 해도 나는 좀처럼 화를 잘
내지 않는다.'라는 뜻입니다. 어떤 번역본에는 "Love is not irritable",
즉 '사랑은 짜증을 잘 내지 않는다.'로 되어 있습니다. 또 다른 번역본
에는 "Love is not touchy"라고 기록되어 있습니다. 저는 이 마지막
번역이 가장 잘된 경우라고 생각합니다. '터치(touchy)'란 조금만 건드
려도 화를 내고 신경질 내는 것을 말합니다, 자기 비위를 조금 건드
렸다고 해서 그때마다 성질을 내고 분을 뿜어내는 것은 사랑이 아닙
니다. 마음에 사랑이 있다면 다른 사람이 자극을 해도 좀처럼 화를
내지 않습니다.

　　우리나라는 땅이 좁고 인구가 많다 보니 곳곳에서 짜증 내고 분
을 참지 못하는 사람들을 자주 봅니다. 길거리에서 싸우는 사람들도

수시로 목격합니다. 어떤 사람은 조금만 건드려도 벌컥 화를 내고 고함을 지릅니다. 혹시 여러분도 사소한 일에 성을 내는 사람은 아닌가요? 아니면 누군가에게 말 한번 잘못 붙였다가 그 사람이 짜증을 내고 소리 지르는 바람에 당황한 적은 없었나요? 이렇게 우리가 분을 잘 내는 것은 우리의 성격이 나빠서가 아닙니다. 근본적으로 사랑이 부족해서입니다. 사랑은 쉽게 성내지 않습니다.

그리스도인들이 화를 잘 내지 않는 이유

많은 사람들이 서로 다투고 화를 내며 살아가는 이 세상에서도 '사랑을 알고 행하는 사람들'은 정반대의 삶을 살아갑니다. 그리스도인은 화를 잘 내지 않습니다. 그 이유로는 네 가지가 있습니다.

첫째, 예수 그리스도의 사랑을 체험한 사람들은 가슴속에 하나님의 사랑이 있습니다. 사랑의 본질상 그리스도인들은 분을 잘 내지 않을 수밖에 없습니다. 사랑은 온유하고 무례히 행하지 않으며 오래 참기까지 합니다. 하나님의 사람들은 참는 훈련이 잘 되어 있습니다. 우리 주님도 죽기까지 고난을 참으셨습니다.

하나님의 사랑에는 우리가 상상할 수 없을 정도로 어마어마한 대가가 치러졌습니다. 바로 예수 그리스도의 핏값입니다. 세상을 창조하신 주님은 자신의 피조물인 인간에게 온갖 멸시와 모욕을 당하셨습니다. 인간은 창조주 하나님의 아들이신 예수님의 뺨을 때렸고, 침을 뱉으며 채찍질을 했습니다. 그리고 마침내는 십자가에 못 박아 죽였습니다. 예수님은 십자가 위에서 아버지이신 하나님께 아픈 마음을 호소하셨습니다.

"나의 하나님, 나의 하나님, 어찌하여 나를 버리셨나이까"(마 27:46).

그러면서도 우리 주님은 자신을 십자가에 못 박아 죽이는 이들을 용서하시는 최고 경지의 사랑을 보여 주셨습니다. 이것이 바로 사랑의 본질입니다.

"아버지 저들을 사하여 주옵소서 자기들이 하는 것을 알지 못함이니이다"(눅 23:34).

살다 보면 언제 어디서나 우리를 괴롭고 속상하게 하는 사람을 만납니다. 학교, 군대, 직장, 교회 등 어디서든 그런 사람은 존재합니다. 그러나 하나님의 깊고 크신 사랑을 체험한 우리 그리스도인들은 예수님께서 보여 주신 사랑의 본을 따라야 합니다. 사랑의 본질은 오래 참고 온유하며 무례히 행치 않습니다. 자기 자신만을 생각하지 않고 쉽게 화내지 않습니다. 하나님의 사랑이 가슴속에 심긴 사람은 쉽게 화를 내지 않습니다. 사도 바울은 이렇게 말했습니다.

"이제는 너희가 이 모든 것을 벗어 버리라 곧 분함과 노여움과 악의와 비방과 너희 입의 부끄러운 말이라"(골 3:8).

우리가 쉽게 화를 내고 매사에 짜증스러워하는 것은 가슴속에 하나님의 사랑이 부족하기 때문입니다.

둘째, 화를 냈을 때 엄청난 결과가 따라오기 때문입니다. 폭탄이 터지는 것은 한순간입니다. 그러나 그 결과는 어떤가요? 수많은 사상자가 나고 건물이 파괴됩니다. 이와 마찬가지로 자신은 잠깐 벌컥 화를 냈다가 잊어버릴 수 있지만, 주위 사람들은 두고두고 기억나서 기분이 상하거나 마음에 상처를 안고 지내야 합니다. 사랑은 자기 자신보다 상대방을 먼저 생각합니다. 내가 화를 냈을 때 상대방의 기분이 어떠할지, 또 나를 어떻게 볼지, 서로의 관계가 어떻게 될지를 먼저 생각할 수 있어야 합니다.

셋째, 참고 인내할 수 있습니다. 세상에 화를 낼 줄 모르는 사람은 없습니다. 화를 못 내는 것이 아니라 안 내는 것입니다. 화가 나는 상황, 화를 내도 전혀 이상할 것이 없는 상황에서도 온유한 그리스도인은 이를 참고 인내할 수 있습니다. 그것이 사랑이기 때문입니다.

넷째, 쉽게 화를 내는 사람은 어디에서도 환영받지 못합니다. 걸핏하면 화를 내는 사람과 가까이 지내고 싶은 사람은 없습니다. 말 한마디 잘못 했다가 된통 당하기 일쑤이기 때문입니다. 그런 사람 곁에서는 눈치를 봐야 하고 긴장해야 합니다. 그러니 자연스레 피하게 됩니다. 쉽게 화를 내다가 직장까지 잃는 사람도 있습니다.

화가 난다는 것은 누구에게서나 볼 수 있는 자연스러운 감정입니다. 화 자체는 악한 것이 아닙니다. 오래 참으시는 하나님조차도 악한 것을 보셨을 때 가차 없이 분노하셨습니다. 그러나 우리는 이 말씀을 기억해야 합니다.

"분을 내어도 죄를 짓지 말며 해가 지도록 분을 품지 말고"(엡 4:26).

이는 화가 났다고 해서 상대방의 마음을 상하게 하는 말을 쏟아 내어 문제를 더 복잡하게 만드는 일을 삼가라는 권면의 말씀입니다. 그렇다면 어떻게 해야 화가 날 때 그 감정을 잘 다스리고, 적절하게 대처할 수 있을까요?

첫째, 화가 난 상태를 인정하십시오. 화가 났으면 그 상태를 인정하고 주위 사람들에게도 화가 났다는 사실을 알려 주는 것이 자신과 상대방에게 좋습니다.

둘째, 참으십시오. 한순간만 참으면 하루 종일 행복할 수 있습니다. 쓸데없이 화를 내서 하루가 아니라 일생을 망칠 수도 있습니다. 한순간을 못 참았기 때문입니다. 분이 치밀 때는 "주여, 저에게 참을 수 있는 힘을 주옵소서!"라고 기도하십시오. 그리고 고린도전서 13장

4절 "사랑은 오래 참고"라는 말씀을 되새기십시오.

셋째, 밖으로 나가 산책을 하거나 심호흡을 하십시오. 산책하며 걷는 행위는 감정을 진정시키고 생각을 전환할 수 있는 시간과 기회를 열어 줍니다. 심호흡도 마찬가지입니다. 크게 숨을 들이마셨다 내쉬기를 두세 번 반복하는 동안 걷잡을 수 없는 감정이 진정될 것입니다.

넷째, 화를 낸 후의 결과를 생각하십시오. 지혜로운 사람은 지금 이 순간뿐만 아니라 나중 일도 함께 생각합니다. 말 한마디를 해도 내가 이 말을 해서 나중에 어떻게 될 것인지, 혹은 상대방이 어떻게 느낄 것인지를 먼저 생각합니다. 인생이 얼마나 짧은지를 생각해 보십시오. 굳이 나의 분노를 터뜨려 가족의 기분을 상하게 하고, 직장 동료의 마음에 상처를 줘야 할까요? 인생은 사랑만 하고 살기에도 너무나 짧습니다.

다섯째, 주기도문을 암송하십시오. "하늘에 계신 우리 아버지여 이름이 거룩히 여김을 받으시오며 나라가 임하시오며 뜻이 하늘에서 이루어진 것 같이 땅에서도 이루어지이다 오늘 우리에게 일용할 양식을 주시옵고 우리가 우리에게 죄 지은 자를 사하여 준 것 같이 우리의 죄를 사하여 주시옵고…"라고 주기도문을 외우다 보면 대개는 분노가 가라앉습니다.

여섯째, 하나님의 도움을 구하는 기도를 하십시오. 이렇게 기도해

보시기 바랍니다. "주님, 저는 제 능력만으로는 도저히 분을 다스리지 못합니다. 주님, 저를 도와주셔서 이 분노를 이겨 낼 힘을 주시옵소서." 그럴 때 하나님께서는 여러분을 변화시켜 주십니다. 누가 건드려도 웬만해서는 "허허허!" 하고 웃어넘길 수 있습니다. 무엇보다도 여러분의 가슴속에 하나님의 사랑이 풍성해지기를 바랍니다. 이로 인해 이 짧은 인생을 기쁨으로 사시기를 축복합니다.

사랑은 악한 것을 생각하지 않습니다

"악한 것을 생각하지 아니하며" 고전 13:5

아주 오래전에 읽었던 신문 기사입니다. 정신 이상 증세를 지닌 운전기사가 택시를 몰고 광장으로 질주해 많은 사람이 다쳤습니다. 신문을 비롯한 여러 뉴스 보도 매체들은 "어떻게 정신 이상자에게 운전 면허증을 발급해 운전대를 잡게 할 수 있느냐?"라며 심하게 질책했습니다. 이 사건 전에도 비슷한 일이 있었습니다. 그때는 어린이 두 명이 숨지는 불상사까지 일어났고, 자동차 폭주를 감행했던 젊은이는 사형 선고를 받았습니다.

두 가해자에게는 공통점이 있었습니다. 두 사람 모두 세상에 대한 분노가 컸고, 평소에 '세상에 복수하고 나도 죽어야겠다!'는 생각을 갖고 있었습니다. 그래서 불특정 다수를 향해 차를 몰았던 것입니다. 그들은 자신에게 고통을 가한 냉정한 세상을 원망하며 가슴 깊이 한을 품고 있었습니다. 그들에게는 버림받고 외면당한 쓰라린 상처와 아픔이 있었습니다.

사형 선고를 받은 그 젊은이는 도시에 와서 꿈을 펼쳐 보려고 발버둥을 쳤지만 세상이 자신을 냉대했다고 말했습니다. 자신에게 한 번도 기회를 주지 않고 천대하며 멸시한 세상에 대한 분노가 쌓이고 쌓여 결국 그토록 끔찍한 범행을 저지른 것입니다.

우리 민족은 어떤가요? 5천 년의 유구한 역사 가운데 주권을 잃어버렸던 치욕스런 오점이 있습니다. 일제 강점기는 우리 민족 최대의 상처이자 치욕입니다. 그때 받았던 몸과 마음의 상처는 오랜 세월이 지난 지금까지도 아물지 않았습니다. 강제 징용과 징집, 위안부 문제의 한가운데 있었던 우리 국민들에 대한 배상 문제와 진상 규명이 철저하게 이루어지지 않았을 뿐만 아니라 개인적으로도 국가적으로도 공식적인 사과를 받지 못했기 때문입니다. 앞으로 한일 관계에서 해결해야 할 과제가 너무나 많습니다. 감정적으로 생각해 보면 우리는 어쩌면 일본을 영원히 용서할 수 없을 것 같기도 합니다.

우리 민족의 아픔은 이것만이 아닙니다. 우리는 6.25 전쟁이라는 엄청난 비극을 겪었습니다. 동족 간의 전쟁으로 수많은 사상자를 내고 천만 가족에게 이산의 아픔을 안겼습니다. 우리 민족이 그간 받은 고통과 상처의 골은 이루 말할 수 없이 깊고 선명합니다. 이러한 민족적인 상처와 아픔을 생각할 때마다 너무나 안타까워 가슴이 찢어집니다. 우리 민족이 겪은 갖은 수난으로 인해 가슴에 한을 품고 살아가는 사람들이 얼마나 많은지 모릅니다.

모든 사람은 각자 저마다의 아픈 사연을 안고 살아갑니다. 목회를 하는 동안 결혼한 지 2년도 안 된 아내가 남편을 배반하고 떠나는 바람에 남겨진 남편이 방황하고 번민하는 모습을 지켜본 적이 있습니다. 많은 아내들이 남편의 외도 때문에 고통받고 눈물 흘리는 모습도 여러 차례 지켜보았습니다. 그들은 평생 동안 견딜 수 없는 분노, 배신감, 실망, 죄의식, 자책감 등의 온갖 고통스러운 감정들을 다 겪어 내야 합니다. 이처럼 인간의 삶 속에는 허다한 아픔과 고통들이 있습니다.

사랑이 부족한 나머지 사람들은 이처럼 매일 서로에게 상처를 주면서 살아갑니다. 상대방의 가슴에 한을 심어 주며 사는 것이 죄로 가득한 우리 인생입니다. 그런데 성경은 "(사랑은) 악한 것을 생각하지 아니하며"라고 말씀합니다. 이 말씀이 과연 어떤 뜻일까요?

| '악한 것'의 | 의미

먼저 '악한 것'이 구체적으로 무엇을 의미하는지 살펴보도록 합시다. 쉽게 생각하면 '악한 것'이란 나쁜 것, 잘못된 것을 말합니다. 어떤 영어 성경은 '다른 사람이 나에게 상처를 준 것' 혹은 '나에게 해를 끼친 것', '나를 아주 괴롭히는 것'이라고 기록합니다. 즉, 우리 가슴속의 쓰라린 부분을 말하는 것입니다. 우리말 가운데 '쓴 뿌리'라는 표현이 있는데, 바로 그 말이 '악한 것'에 해당됩니다.

성경에서 '악한 것'은 '부스럼(헌데)' 같은 상처나 천대받고 멸시받는 것, 가치를 짓밟히는 것을 뜻하기도 합니다. 성경에 기록된 모든 뜻을 종합해 볼 때 '악한 것'이란 '상대방의 말 한마디나 행동으로 인해 내적 혹은 외적으로 상처를 받은 것'이라고 정의할 수 있습니다.

누군가가 나를 밀거나 넘어뜨려 상처를 입힐 수 있습니다. 오래도록 남아 있는 그 흉터를 볼 때마다 나에게 상처를 입힌 사람을 원망합니다. 또 가해자의 잘못으로 교통사고를 당해 신체적 고통을 겪거나 불구가 된 사람도 있습니다. 이런 경우는 평생 가해자를 원망하며 살 수밖에 없습니다. 친구나 동료 간에, 혹은 부부나 가족 간에도 서로의 마음에 상처를 줍니다. 사업상의 문제나 기타 여러 가지 문제를 일으켜 나에게 경제적 손실을 입힌 사람도 우리는 쉽게 용서하기 힘듭니다. 이렇게 우리 가슴에 깊은 상처로 남아 수시로 견딜 수 없게 만드는 그 아픔이 바로 '악한 것'입니다.

'생각하지 아니하며'의 의미

'생각하다'는 헬라어로 '로기조마이(logizomai)'라고 합니다. 이 단어는 '생각하다'라는 뜻 이외에도 여러 가지 의미를 지니고 있습니다.

첫째, '세어 보다'라는 뜻을 지니고 있습니다. '악한 것을 생각하지 않는다'라는 것은 누군가가 자신에게 준 상처를 하나하나 헤아리지 않는다는 뜻입니다. 받은 상처를 기억하는 사람은 "네가 나한테 그 말을 열 번이나 했다!"라는 식으로 말합니다. 대개 상대방에게 상처를 줄 만한 말을 한 당사자는 자신이 한 말을 기억하지 못하는 반면, 상처받은 사람은 그 말을 평생 잊지 못합니다. 너무도 아프기 때문입니다. 우리가 아무 생각 없이 말하고 행동할 때 그로 인해 깊은 상처를 받는 사람들이 있다는 사실을 기억하십시오.

둘째, '계산하다'라는 뜻을 지닙니다. "나는 두 번밖에 안 그랬는데 당신은 왜 다섯 번씩이나 그러느냐?"라고 항의하는 사람들이 있습니다. 그들은 자신이 상처받은 일을 전부 계산하고 일일이 헤아린 것입니다.

셋째, '기록해 놓다'라는 뜻을 지닙니다. 고통스러운 일들을 기록해 놓은 사람은 그 일들을 잊지 못해 심한 마음고생을 하며 살아갑니다.

넷째, '장부에 올려놓다'라는 뜻을 지닙니다. 이것은 마치 '어제는 100원 벌었고, 오늘은 300원 손해 봤다.' 하는 식으로 누군가의 이름만 들어도 그 사람에 대한 부정적인 기록 장부가 좌르륵 기억나는 것입니다.

다섯째, '늘 생각하다'라는 뜻을 지닙니다. 어느 한 사건이나 사람을 두고두고 곱씹어 가며 생각하는 것입니다. '저 사람은 왜 나를 싫어하지? 왜 날 괴롭혔지? 어떻게 그럴 수가 있지? 내가 그에게 얼마나 잘해 줬는데!'라는 생각을 계속하며 한이 맺힐 만큼 곱씹는 것입니다.

그러나 하나님께서는 "(사랑은) 악한 것을 생각하지 아니하며"라고 말씀하셨습니다. 누군가 나에게 저지른 악행이나 내게 입힌 상처 등을 일일이 기록해 두지 않는 것, 가슴속에 담아두지 않는 것, 그 즉시 없애 버리는 것이 사랑입니다. 상처받았던 일들을 기록해 두면 그만큼 우리의 인생은 어지럽고 혼란스러워집니다.

제게 상담을 받으러 왔던 한 자매가 생각납니다. 30대 중반의 나이에 10년째 정신과 의사의 도움을 받으며 살아가는 자매였습니다.

그분의 살아온 이야기를 듣고 나니 정말 정신과 의사의 도움을 받지 않고는 도저히 정상적으로 살 수 없을 것 같았습니다. 살아오면서 사람들에게 받은 상처가 너무나 컸고 그 상처들을 생생하고 정확하게 마음에 기록해 두고 있었습니다. 그 기억이 하나하나 튀어나올 때마다 자매는 눈물을 흘렸고, 괴로워서 몸부림을 쳤습니다.

우리가 만약 살아오면서 받은 상처들을 일일이 기록하고 전부 기억하며 곱씹는다면 절대로 멀쩡한 인생을 살아갈 수 없을 것입니다. 하나님께서는 우리에게 '망각'을 선물로 주셨습니다. 망각의 은혜를 주신 하나님께 우리는 진심으로 감사해야 합니다. 잊을 수 있는 것, 잊어버리고 살 수 있는 것이 얼마나 감사한 일인지 모릅니다.

사랑은 악한 일을 기록해 놓지 않습니다. 사랑은 악한 일을 장부에 적어 두지 않습니다. 사랑은 악한 것을 곱씹으며 생각하지 않습니다. 사람은 일생 동안 많은 상처를 받으며 살아갑니다. 아마 그 많은 상처를 전부 기억하고 되새긴다면 그때마다 괴로워서 견딜 수가 없을 것입니다. 그 사람만 생각하면 피가 거꾸로 솟을 정도의 일들이 많기 때문입니다. 더구나 우리가 사랑하는 사람들, 즉 배우자, 자녀, 부모님, 형제, 친구 등에게 입힌 상처나 혹은 내가 받은 상처를 일일이 생각하고 되새긴다면 우리의 인생은 비극으로 치닫게 될 것입니다.

"사랑은 허다한 죄를 덮느니라"(벧전 4:8).

악한 것을 생각하지 않고 사랑할 때 우리는 진정한 평화와 행복을 누릴 수 있습니다. 만약 여러분이 그다지 큰 상처를 받지 않고 평탄하게 살아왔다면, 이는 하나님의 은혜가 대단히 컸기 때문입니다. 또 상처를 받았음에도 불구하고 여러분이 큰 상흔 없이 오늘도 하나님을 찬양하고 감사하며 살아가고 있다면, 하나님의 크신 은혜가 부어진 덕분임을 기억하십시오.

우리는 많은 상처를 받으며 살아갑니다. 또한 자기도 모르게 다른 사람들에게 상처를 입히며 살아갑니다. 내가 다른 사람에게 입힌 상처는 잘 기억나지 않지만 내가 받은 상처는 두고두고 생생하게 떠오릅니다. 참으로 신기한 일입니다. 만약 아픈 기억이 떠오른다면 그때마다 '혹시 내가 누군가에게 이런 상처를 입힌 적은 없었나?' 하고 생각해 보십시오. 그러면 다른 사람을 용서하는 일이 조금은 수월해질 것입니다.

상처는 기억하면 기억할수록 더욱 깊어집니다. 하나님께서는 우리가 상처를 곱씹으며 과거에 파묻혀 고통 속에서 허우적거리며 사는 것을 원치 않으십니다. 하나님께서는 우리가 상처에서 자유롭게 해방되기를 원하십니다. 다른 사람의 잘못을 덮어 주고 용서하기를 바라십니다. 주님 안에서 아픈 과거는 다 털어 버리고 자유와 평안을 누리기를 원하십니다.

하나님께서는 우리의 죄를 기억하지 않으십니다. 그분은 우리의 죄를 기억하지 않겠다고 약속하셨습니다. 만약 하나님께서 우리가 지은 죄, 잘못한 일들을 일일이 기억하시고 기록하셔서 심판 날에 이를 계산하자고 말씀하시면 우리는 어떻게 될까요? 그러나 우리 주 예수 그리스도께서 십자가에서 피 흘려 돌아가심으로 인해 하나님께서는 우리의 과거, 현재, 미래의 모든 죄악을 완전히 잊으셨습니다.

우리는 그리스도의 피로 인해 눈과 같이 희게 되었습니다.

하나님의 무조건적인 사랑과 은혜 덕분에 우리는 오늘도 하나님께 나아가 찬양하고 예배를 드릴 수 있습니다. 이 은혜를 체험한 우리도 주님의 사랑을 본받아 나에게 상처 준 사람, 손해 입힌 사람, 나의 명예를 실추시킨 사람을 용서해 주어야 합니다. 그들의 잘못을 완전히 잊으십시오. 다시는 생각하지 마십시오. 그리하여 모든 고통과 상처에서 자유롭게 해방되시기 바랍니다. 여러분 마음속에 아직 아물지 않은 깊은 상처가 있다면 성령님께 내어 드리십시오. 성령님께서 흔적도 없이 깨끗하게 치유하시고 회복시키실 것입니다.

사랑은 불의를 기뻐하지 않습니다

"불의를 기뻐하지 아니하며" 고전 13:6

저는 어렸을 때부터 고린도전서 13장 말씀을 좋아해서 즐겨 읽고 암송했습니다. 그런데 13장 말씀 중 6절이 가장 이해하기 어려웠습니다.

"불의를 기뻐하지 아니하며 진리와 함께 기뻐하고"(고전 13:6).

이 말씀은 구체적이지 않고 다소 추상적이기 때문에 이해하는 데 어려움이 있었습니다. 하나님과 이웃을 사랑하는 사람들, 즉 가슴속에 사랑이 있는 사람은 불의한 것을 기뻐하지 않습니다. '불의(不義)'는 우리 마음이나 삶에서 여러 모양으로 표현됩니다. 이 모든 불의한 문제를 해결할 수 있는 것은 오직 '사랑'뿐입니다.

'불의'의 구체적 의미

'불의하다'는 '똑바르지 않다', '곧지 않다', '구부러지다', '의롭지 못하다', '옳지 못하다'라는 뜻입니다. 성경에는 '불의함'의 구체적인 의미와 사례가 나와 있습니다. 먼저 예수님께서 '불의하다'라고 말씀하신 경우들을 중심으로 그 의미를 살펴보겠습니다.

첫째, 자기 마음대로 사는 것입니다. 누가복음 13장에서 예수님은 넓은 길과 좁은 길에 대해 말씀하십니다. 예수님께서는 넓은 길을 가는 사람들을 향해 이렇게 외치셨습니다.

지옥을 향해 질주하는 사람들, 넓은 길을 걸어가는 사람들, 아무렇지 않게 세상의 길을 가는 사람들, 즉 하나님을 알지 못하고 자기 마음대로 사는 사람들을 향해 예수님께서는 '불의하다'라고 말씀하십니다. 하나님께서 마련하신 구원의 길을 끝까지 마다하는 사람들은 결국 영원한 멸망의 길로 갈 수밖에 없습니다.

하나님을 사랑하고 이웃을 섬기는 사람은 결코 멸망의 길로 갈 수가 없습니다. 그러나 주일마다 교회에 출석하고 예배를 드리면서도 마음 깊은 곳에서부터 예수 그리스도를 자신의 영원한 생명의 길로 선택하지 않았다면 여전히 불의한 길로 가고 있는 것입니다. 예수 그리스도를 우리 삶의 중심으로 모셔야 합니다. 하나님을 사랑하고 그분을 우리 삶의 주인이자 주권자로 모실 때 우리는 불의에서 떠날 수 있습니다.

둘째, 정직하지 않은 생활을 하는 것입니다. 누가복음 16장 1-8절에는 불의한 청지기 이야기가 나옵니다. 불의한 청지기는 주인에게 손해를 입힙니다. 이를 오늘날에 비유하자면 불의한 직장인, 불의한 정치인, 불의한 기업인에 해당할 것입니다.

국회의원이나 장관, 대통령은 국민들을 대표해 나라의 살림을 맡은 사람들입니다. 나라 살림은 국민들의 세금으로 운영됩니다. 국고인 세금을 국민을 위해서 제대로 사용하지 않고 자기 마음대로 쓴다면 그것은 명백하게 불의한 일입니다.

만약 여러분이 볼펜 하나라도 회사 물품을 집에 가져와서 사용한다면, 그것은 회사에 해를 끼치는 불의한 행위입니다. 자신이 일한 대가로 받는 월급 외에 회사 물건을 집에 가져다 놓아서는 안 됩니다. 어떤 때는 별 생각 없이 이런저런 물건을 가져오기도 할 것입니다. 나의 유익을 구하고자 하는 마음이 아니라 해도 자신이 일하는 곳의 물건을 가져오는 것은 주인의 소유를 축내고 손해를 입히는 행위이므로 주의해야 합니다. 하나님께서는 이런 행동을 하는 사람을 불의하다고 말씀하십니다.

우리 그리스도인들은 하나님을 사랑하고 의(義)를 추구합니다. 그러므로 우리가 일하는 곳의 주인들에게 절대로 손해를 입혀서는 안 됩니다. 물건뿐만이 아닙니다. 시간이나 명예도 마찬가지입니다.

여러분이 현재 몸담고 있는 회사의 사장을 욕하고 비난한다면, 이는 그의 명예를 훼손시키는 행위입니다. 사장으로부터 월급을 받으면서 그의 명예를 손상시키는 것은 예수님을 믿는 사람으로서 바람직하지 않습니다. 주님을 믿지 않는 사람이라 해도 그것은 엄연히 불의한 일입니다.

만약 여러분이 여덟 시간의 노동에 해당하는 대가를 받고 있다면, 그 시간 동안 열심히 일하는 것이 정당합니다. 월급은 여덟 시간 치를 받으면서 실제로 일은 대여섯 시간밖에 하지 않는다면 이는 하나님 앞에서 불의한 일입니다. 한 사람 한 사람의 국민이 불의한 생활을 하고 불의한 습관이 쌓인다면 사회가 어려워지고 더 나아가 나라의 경제가 혼란스러워질 수밖에 없습니다.

셋째, 정직하지 않은 방법으로 돈을 버는 것입니다. 누가복음 16장에는 '불의한 재물'이라는 표현이 여러 번 나옵니다. 이는 정직하지 못한 방법으로 번 돈을 뜻합니다.

하나님을 믿는 사람들은 의를 좋아합니다. 정의와 공의로움을 추구하고 정직하려고 애씁니다. 옳지 않은 방법으로 사업을 하고, 정직하지 않은 방식으로 돈을 버는 것은 하나님 앞에서 불의를 행하는 일입니다. 물질적으로 넉넉하지 않다 하더라도 하나님께서 우리에게 주신 힘과 지혜와 건강과 시간을 최대한 활용하여 주님 앞에서 떳떳하고 당당하게 일할 수 있어야 합니다. 하나님 앞에서 의로운 사업가가 되는 것이 세상의 성공과 부요함보다 훨씬 중요합니다. 이것이 하나님을 사랑하는 사람들이 마땅히 걸어가야 할 길입니다.

넷째, 하나님과 사람을 두려워하지 않는 것입니다. 누가복음 18장에는 불의한 재판관 이야기가 나옵니다. 불의한 재판관은 하나님도 사람도 두려워하지 않습니다. 하나님을 믿지 않으니 이 세상에서 두려운 존재가 하나도 없습니다.

저는 우리나라에 하나님의 공의가 강물같이 흘러넘치기를 간절히 소망합니다. 가진 게 없고 권력을 갖지 못한 평범한 사람들은 법의 혜택을 누리지 못하고 억울한 일을 당하는 것이 다반사입니다. 사회적 약자들은 자기 목소리를 내지도 못할뿐더러 자기 목소리를 낸다 해도 아무도 귀 기울여 들어주지 않습니다.

국민을 위해서 일하는 위정자들은 언제나 공정해야 합니다. 공평하고 공의로워야 합니다. 하나님을 두려워하고 국민들을 존중해야 합니다. 그리하여 국민들의 마음속에 '이 나라에서는 법이 우리의 억울함을 풀어 준다.'라는 정부와 사법부에 대한 신뢰가 있어야 합니다. 그렇지 않으면 국민들의 가슴에 억울함과 슬픔, 분노와 한이 가득할 것입니다. 특별히 법조계에서 일하는 그리스도인은 다른 사람보다 더욱 의를 구하는 삶을 살아가야 합니다.

"오직 정의를 물 같이, 공의를 마르지 않는 강 같이 흐르게 할지어다"
(암 5:24).

이 말씀처럼 되기 위해서는 하나님을 사랑하고 이웃을 섬기는 '사랑의 마음'이 있어야 합니다. 사랑은 불의를 기뻐하지 않으며 불의를 행하지 않는 마음입니다.

다섯째, 하나님께 영광을 돌리지 않고 자기의 영광만 구하는 것입니다. 예수님은 자신의 영광을 추구하지 않고, 오직 아버지 하나님의 영광만을 구했습니다. 그분 안에는 불의가 조금도 없었습니다.

"스스로 말하는 자는 자기 영광만 구하되 보내신 이의 영광을 구하는 자는 참되니 그 속에 불의가 없느니라"(요 7:18).

이 세상에 우리를 보내신 분이 누구인가요? 오늘날까지 우리를 지키시고 살리시고 또 신앙을 갖게 해 주신 분이 바로 여호와 하나님이십니다. 그러하기 때문에 우리는 먹든지 마시든지 무엇을 하든지 언제나 하나님의 영광을 위해서 살아야 합니다. 자랑스러운 일, 기쁘고 감사한 일이 있으면 가장 먼저 하나님의 이름을 높여 드리고 주님을 찬양하시기 바랍니다. 큰 권세와 명예를 얻었을 때, 능력과 재능을 인정받았을 때, 일이 형통하게 잘 풀릴 때, 오직 여호와 하나님께 영광 돌리기를 바랍니다.

우리나라 운동선수 중에는 예수님을 믿는 그리스도인이 많습니다. 경기에서 이긴 후에 무릎을 꿇고 하나님께 감사 기도를 드리는 선수도 있습니다. 운동선수뿐만 아니라 엔지니어, 과학자, 방송인, 음악인, 사업가 등 어느 영역에서 어떤 일을 하든지 그리스도인은 하나님의 이름을 높여 드려야 합니다. 주님의 영광을 가로채거나 자기를 내세우지 않아야 합니다. 불의한 사람처럼 하나님의 영광을 자기가 독차지하지 않고 오직 주님께 영광을 돌리는 의로운 자녀가 되기를 간절히 바랍니다.

여섯째, 윤리와 도덕을 상실하는 것입니다. 사도행전 1장 18절은 가

롯 유다를 '불의한 사람'이라고 말씀합니다. 불의한 삯으로 밭을 샀기 때문입니다. 그는 윤리와 도덕성이 결여된 사람이었습니다. 몇 푼의 돈에 눈이 어두워져 스승이신 예수님을 팔았습니다. 자신의 영리를 위해서라면 자기의 선생이나 선배, 동료, 심지어 자기 부모까지 배신할 수 있는 사람이 바로 불의한 사람입니다.

선생님을 스승으로 모시고, 윗사람을 어른으로 대할 줄 아는 윤리와 도덕성이 있어야 합니다. 그것이 의로운 삶입니다. 자신의 이익을 위해 근거 없이 사건을 조작하거나 타인을 비방해서도 안 됩니다. 물론 정의를 위해서 힘써 싸워야 할 때도 있습니다. 그러나 정의로운 일은 정의롭게, 하나님의 방법으로 해야 합니다. 불의한 방법으로 정의를 이루려는 것은 그리스도인의 방법이 아닙니다.

일곱째, 물질 만능주의입니다. 돈만 있으면 무엇이든 할 수 있다는 생각은 아주 위험합니다. 이는 하나님의 방식과는 완전히 다른, 불의한 생각입니다. 사도행전 8장에는 사마리아인 마술사 시몬의 이야기가 나옵니다. 그는 사람의 눈을 속이는 마술로 돈을 벌었습니다. 그런데 베드로가 나타나 예수님의 이름으로 더 큰 이적을 행했습니다. 그것이 성령의 능력으로 된 일임을 알게 된 시몬은 베드로에게 많은 돈을 줄 테니 성령의 능력을 받게 해 달라고 부탁합니다. 마술사 시몬은 돈이면 무엇이든지 살 수 있다고 믿었습니다. 성령의 능력을 돈으로 사려 한 것입니다. '돈이면 다 된다. 돈이 최고다!'라고 생각하는 사고방식은 아주 불의합니다.

지금은 자본주의 시대이기 때문에 수단과 방법 가리지 않고 돈을 많이 버는 것이 최고라고 생각하는 사람이 많습니다. 그러나 하나님께서는 수단과 방법을 가리지 않고 돈을 벌고, 하나님의 능력마저 돈으로 사려 했던 시몬을 보고 '불의한 자'라고 말씀하셨습니다.

사도 바울은 로마서 1장에서 모든 불의한 것들을 나열했습니다.

"곧 모든 불의, 추악, 탐욕, 악의가 가득한 자요 시기, 살인, 분쟁, 사기, 악독이 가득한 자요 수군수군하는 자요 비방하는 자요 하나님께서 미워하시는 자요 능욕하는 자요 교만한 자요 자랑하는 자요 악을 도모하는 자요 부모를 거역하는 자요 우매한 자요 배약하는 자요 무정한 자요 무자비한 자라"(롬 1:29-31).

불의에서 떠나는 길

사랑은 불의를 기뻐하지 않습니다. 우리는 어떻게 해야 불의에서 완전히 떠날 수 있을까요? 이제 불의에서 떠날 수 있는 세 가지 방법을 살펴보겠습니다.

첫째, 예수 그리스도를 구주로 믿어야 합니다. 예수 그리스도를 믿고 하나님의 영원한 생명의 길, 좁은 길로 걸어가야 합니다. 예수님을 믿으면 하나님의 사랑을 깨닫게 됩니다. 예수님을 알게 되면 우리를 향한 하나님의 사랑을 이해하게 됩니다. 그러므로 예수님을 믿는 길은 의로운 길이요, 예수님을 믿지 않는 길은 불의한 길입니다.

둘째, 그 무엇보다도 하나님의 사랑을 구해야 합니다. 사랑이 있으면 모든 불의한 것들을 싫어하게 됩니다. 사랑으로 가득 찬 사람의 삶 속에서는 자연스레 하나님의 의가 나타납니다.

셋째, 마음에서 불의한 것이 발견되면 그 즉시 죄를 자백하고 깨끗해져야 합니다. 예수님을 믿고 하나님을 사랑하는 그리스도인들의 마음속에도 불의가 나타날 때가 있습니다. 하나님에 대한 사랑과 이웃에 대한 헌신이 식어 갈 때, 불의한 모습이 여기저기서 조금씩 나타날 때, 죄를 짓고 싶은 마음이 들거나 악행에 대한 감각이 무뎌질 때, 그때마다 지체하지 말고 즉시 하나님 앞에서 죄를 고백하며 예수님의 보혈을 통해 불의해진 영혼을 깨끗하게 만들어야 합니다. 그래야만 불의에서 떠날 수 있습니다.

"만일 우리가 우리 죄를 자백하면 그는 미쁘시고 의로우사 우리 죄를 사하시며 우리를 모든 불의에서 깨끗하게 하실 것이요"(요일 1:9).

사랑은 불의를 기뻐하지 않습니다. 진리와 함께 기뻐합니다. 사랑으로 불의를 극복하고 하나님의 의를 드러내는 삶을 살기를 간절히 바랍니다.

사랑은 진리와 함께 기뻐합니다

"진리와 함께 기뻐하고" 고전 13:6

혹시 『한국인의 의식구조』라는 책을 아
시나요? 오래전에 읽었던 이 책이 저에게는 아주 인상적이었습니다.
'한국인의 의식구조'를 분석한 내용이 주를 이루었는데, 저자인 이규
태는 '한국인들 사이에는 불신의 골이 너무 깊다.'라는 진단을 내렸
습니다. 저도 이 결론에 공감하며 읽었습니다.

우리 사회는 예나 지금이나 불신이 팽배합니다. 예전 안기부에서
간첩단 사건의 전모를 발표하면, 일부에서는 선거철을 맞이해 정부
에서 사안을 조작한 것이 아니냐는 설이 돌기도 했습니다. 저는 당시
'이렇게까지 불신이 심하다니!' 하고 생각하며 깜짝 놀랐습니다. 증거
물로 사진까지 제시했지만 그것조차 조작일 수 있다며 불신하는 사
람들이 있었습니다. 이는 우리나라 현대사에 조작 사건들이 워낙 많
았기 때문인지도 모릅니다.

저자는 한국 사람의 두드러지는 속성 중 '겉과 속이 다른 모습'이
있다고 지적합니다. 또 자기 과시와 허풍, 허세가 지나치고 대부분의
영역에서 정직하지 않으며, 열등감이 많고 무엇이든 숨기고 은폐하려
는 성향이 강하다고 말했습니다. 또한 '호칭 인플레'가 심하다는 내용
도 있었습니다. 음식점이나 상점에 들어갈 때마다 종종 "사장님, 어서

오십시오!" 혹은 "사모님, 어서 오세요!"라는 소리를 듣습니다. 저자는 사람들이 '사장님' 혹은 '사모님' 소리를 듣기 좋아하기 때문에 그런 현상이 나타난다고 말합니다. 또한 저자는 거짓을 진실처럼, 부정한 것을 옳은 것처럼, 불법적인 것을 합법적인 것처럼 보이려 드는 경향이 한국인의 의식과 삶 속에 강하게 작용한다고 분석했습니다.

사람들이 모인 사회는 이처럼 불의하고 추악합니다. 온갖 부정부패와 허례허식이 판을 칩니다. 그러나 성경은 하나님과 이웃에 대한 사랑을 가진 그리스도인들은 불의를 기뻐하지 않고, 진리와 함께 기뻐한다고 말씀합니다. 모든 사람들이 진리를 짓밟고, 불의와 손을 잡고 산다 할지라도 우리 그리스도인은 진리를 사랑하고, 진리가 우리 삶의 중심이 되게 해야 합니다.

"내가 거룩하니 너희도 거룩할지어다"(레 11:45).

하나님께서는 영이시기 때문에 눈으로 볼 수 없고 손으로 만질 수도 없고 몸으로 느낄 수도 없습니다. 그러나 완전히 거룩하시고 사랑과 진리의 본체이신 하나님의 모습은 이 세상에서 진리를 추구하는 그리스도인들의 삶을 통해 가시적으로 분명하게 나타나십니다.

세상에서 말하는 진리

진리란 과연 무엇일까요? 이 질문은 예수님께서 붙잡히시던 그때에 로마 총독 빌라도가 예수님을 향해 던진 질문입니다. 예수님께서는 이렇게 대답하셨습니다.

"내가 이를 위하여 태어났으며 이를 위하여 세상에 왔나니 곧 진리에 대하여 증언하려 함이로라 무릇 진리에 속한 자는 내 음성을 듣느니라 하신대"(요 18:37).

'진리(眞理)'의 사전적 의미는 '정확한 것', '사실인 것', '옳은 것', '합법적인 것', '진실한 것', '속임이 없는 것', '거짓이 없는 것', '오류가 없는 것' 등입니다. 그러나 이 세상에는 거짓이 판을 치고 있습니다. 얼마나 사람들의 불신이 심하면 '진짜'를 강조하며 '순(純)' 참기름을 팔까요? 교회 중에도 순복음 교회가 있습니다. 하도 가짜가 많으니 '순' 자를 붙인 것입니다.

"동일성이 있으면 그것은 진리다!"라는 철학 이론이 있습니다. 말과 사실이 부합하면 진리라는 '대응설(correspondence theory)'입니다. 제가 "지금 밖에는 비가 오고 있습니다!"라고 말했는데, 진짜 밖에 비가 오고 있다면 그 말은 진리가 됩니다. 어떤 철학자들은 "일관성이 있으면 진리다!"라고 주장합니다. 어떤 사실이나 이론이 어디서나 성립하면 그것이 바로 진리라는 '정합설(coherence theory)'입니다. 중국에서도, 아프리카에서도, 한국에서도, 미국에서도 언제 어디서든 성립하는 이론이나 사실이라면 그것이 곧 진리라는 것입니다.

또 다른 철학자는 언제 어디서나 효과가 입증되고 성공적이고 유익이 되는 것은 다 진리라는 '실용설(pragmatic theory)'을 주장합니다.

그래서 진리를 소유한 사람들은 어디를 가든지 다 잘되고 성공한다
고 말합니다.

성경에서 말하는 진리

성경에서는 진리에 대해 이렇게 정의하고 있습니다.

첫째, 하나님입니다. 하나님은 이 세상에서 유일하고도 완전한 진
리이십니다. 성경은 진리의 본체이자 본질이신 하나님에 대하여 이렇
게 설명합니다.

"그는 반석이시니 그가 하신 일이 완전하고 그의 모든 길이 정의롭고
진실하고 거짓이 없으신 하나님이시니 공의로우시고 바르시도다"(신
32:4).

"이러므로 땅에서 자기를 위하여 복을 구하는 자는 진리의 하나님을
향하여 복을 구할 것이요 땅에서 맹세하는 자는 진리의 하나님으로
맹세하리니"(사 65:16).

둘째, 예수님입니다. 예수님께서는 제자들에게 스스로가 곧 진리
라고 말씀하셨습니다.

"내가 곧 길이요 진리요 생명이니 나로 말미암지 않고는 아버지께로 올 자가 없느니라"(요 14:6).

셋째, 성령님입니다. 진리는 반드시 성령님을 통해 나타납니다. 진리는 성령의 열매입니다. 하나님의 속성이 진리요, 예수님이 진리요, 성령님이 진리이십니다. 우리의 행동과 마음속에 진리가 나타나는 것은 성령님이 역사하신 결과입니다.

"그러나 진리의 성령이 오시면 그가 너희를 모든 진리 가운데로 인도하시리니 그가 스스로 말하지 않고 오직 들은 것을 말하며 장래 일을 너희에게 알리시리라"(요 16:13).

혹시 여러분의 삶에 거짓, 허풍, 허세, 자기 과시 같은 과장과 허위의 모습이 나타난다면, 이는 성령님을 거역했기 때문입니다. 하나님께서는 그분의 진리가 이 땅 곳곳에서 드러나기를 원하십니다. 이를 위해 우리를 선택하고 부르셨습니다.

"주께서는 중심이 진실함을 원하시오니 내게 지혜를 은밀히 가르치시리이다"(시 51:6).

하나님께서는 우리 영혼의 중심에 진실함이 자리 잡기를 원하십니다. 여러분이 세상 그 무엇보다 하나님과 사람들과 진리를 가슴 깊이 사랑할 때, 진리를 말하고 진실된 행동을 할 수 있습니다.

넷째, 하나님의 말씀입니다. 하나님의 말씀이 곧 진리입니다. 하나님의 말씀만이 우리를 거룩하게 할 수 있습니다.

"그들을 진리로 거룩하게 하옵소서 아버지의 말씀은 진리니이다"(요 17:17).

십계명에서도 "네 이웃에 대하여 거짓 증거하지 말라"(출 20:16)고 말씀합니다. '진리'는 그리스도인의 삶의 기준이 되는 계명입니다. 우리 삶에서는 진실을 숨기거나 하나님과 사람을 속이는 일이 없어야 합니다. 완전한 진리이신 하나님의 말씀으로 인해 우리의 삶이 더욱 거룩해지기를 소망합니다.

진리의 능력

진리가 우리에게 끼치는 몇 가지 영향을 살펴보겠습니다.

첫째, 우리를 자유롭게 합니다. 진리는 우리를 죄와 죄로 가득한 성품에서 자유롭게 만들어 줍니다. 진실을 있는 그대로 정직하게 말할 때 비로소 진정한 자유가 있습니다. 저는 교인들과 상담할 때 "있는 그대로 말씀하십시오."라는 조언을 자주 건넵니다. 그러면 "목사님, 이 사실을 있는 그대로 말했다간 큰일 납니다. 문제가 복잡해집니다. 정말 이것만은 그대로 말할 수가 없습니다!"라고 펄쩍 뛰곤 합니다. 그래도 저는 이렇게 이야기합니다. "아닙니다. 있는 그대로 말씀하세요. 말하지 않아도 그게 사실입니다. 금덩어리는 진흙 속에 감추어 놓아도, 보자기로 싸 놓아도 금덩어리입니다. 사실은 감출 수 없으니 있는 그대로 말하는 것이 가장 좋습니다." 이런 조언을 한 후에는 꼭 그 일의 결과를 지켜보았습니다. 진실을 있는 그대로 이야기했을 때 그 결과가 나쁜 적은 한 번도 없었습니다.

어린아이들이 부모나 형제자매를 속였을 때는 그 마음에 평안이 없고, 성격이 점점 거칠고 예민해집니다. 그러나 아무리 큰 잘못을 저질렀다 해도, 부모님께 크게 혼난다 해도, 아무것도 속이거나 숨기지 않고 있는 그대로의 진실을 말한다면 마음속에 진정한 자유로움과 평안함이 있습니다. 부모 역시 자녀를 따끔하게 훈계하면서도 자녀를 위해 기도하게 됩니다. 그러면 아이도 진실이 주는 자유를 경험하며 점점 성숙한 인격을 갖게 됩니다.

진리는 언제나 우리를 해방시켜 줍니다. 우리의 인격을 더욱 성숙하게 만듭니다. 사랑은 진리를 기뻐합니다.

둘째, 우리를 거룩하게 변화시켜 줍니다.

"그들을 진리로 거룩하게 하옵소서 아버지의 말씀은 진리니이다"(요 17:17).

사실을 사실대로 고백함으로 인해 사람들에게 배척당하고, 수치와 부끄러움을 당한다 해도 괜찮습니다. 그런 아픔을 겪으면서 우리는 점점 더 예수님을 닮아 가고 거룩해집니다. 더욱 성숙한 그리스도 인이 되어 갑니다.

셋째, 우리를 깨끗하게 합니다. 진리에 기꺼이 순종하고 진실에 더 욱 가까이 다가가는 삶을 살 때 우리의 영혼이 깨끗해지고 더욱 주 님을 닮아 갑니다.

"너희가 진리를 순종함으로 너희 영혼을 깨끗하게 하여 거짓이 없이 형 제를 사랑하기에 이르렀으니 마음으로 뜨겁게 서로 사랑하라"(벧전 1:22).

진리에 대한 우리의 태도

사랑은 진리와 함께 기뻐합니다. 하나님을 믿지 않는 사람이 하는 말이라도, 그것이 진실이고 확실한 사실이라면 그것을 기뻐해야 합니 다. 진리가 언제 어디서 나타나든 진실에 대해서는 기뻐해야 합니다. 진리를 기뻐하는 사람은 진리를 신뢰합니다. 진리가 우리 가운데 나 타나기를 기도합니다. 다른 사람들에게 진리를 알리고 싶어 하며, 언 제 어디서든 진리가 크게 드러나기를 원합니다. 또 진리를 보배처럼 귀하게 여깁니다. 진리를 기뻐하고 사랑하며 영원히 지켜 내려면 진 리에 대해 깊이 묵상해야 합니다.

"인자와 진리가 네게서 떠나지 말게 하고 그것을 네 목에 매며 네 마어디를 가든지 '진리'라는 목걸이를 하고 다니라는 말씀입니다. 즉, 진리와 하나 되어 살아가라는 뜻입니다. 진리를 마음에 새겨 놓을 때, 그 말씀은 우리의 인격과 말과 행동과 태도를 주장할 것입니다.

우리는 진리를 먹고 마셔야 합니다. 진리로 호흡해야 합니다. 그것이 그리스도인의 의무입니다. 성경은 '진리'가 우리 그리스도인들이 영적 전쟁을 할 때 입어야 할 갑옷이라고 말씀합니다.

"그런즉 서서 진리로 너희 허리 띠를 띠고 의의 호심경을 붙이고"(엡 6:14).

진리를 목에 매고 가슴에 새길 뿐만 아니라 아예 그것을 입고 나아가라는 말씀입니다. 이것이 우리 그리스도인들의 특권이자 의무입니다. 진리로 예배를 드리고, 진리로 절기를 지키고, 진리로 하나님을 섬겨야 합니다. 하나님 앞에서 늘 진실해야 합니다. 진리가 우리 삶을 통째로 주관하게 해야 합니다. 사랑은 항상 진리편입니다.

언젠가 '목회자와 진리'에 대해 쓴 글을 보고 가슴이 덜컹 내려앉았던 적이 있습니다. 그 글의 필자는 "목회자는 사랑 가운데 진리를 말하고 진리를 가르치며 그 자신이 진리로 인정받아야 한다."라고 주장했습니다. 모든 성도들 앞에서 목회자는 진실과 진리의 화신(化身)으로 설 수 있어야 한다는 말이었습니다. 그 글을 읽으며 저는 "하나님이여, 저로 진리의 상징이 되게 하여 주옵소서."라고 간절히 기도했습니다.

사탄은 그 속에 진리가 없으므로 진리를 말하지 못하고 거짓을 말합니다. 진리를 거부하고 진리를 말하지 않으며 진리를 떠나 있는 사람은 하나님께서도 '악한 자'라고 말씀하십니다.

악한 사람과 선한 사람의 차이가 무엇인가요? 진리가 그 가슴속에 있는가, 진실이 그의 삶을 주관하고 있는가입니다. 하나님께서는 진리와 진실의 유무를 통해 악한 자와 선한 자를 구별하십니다.

지금은 진실을 찾기도, 구별하기도 어려운 시대입니다. 거짓이 만연한 세상입니다. 그러나 하나님만은 변함없이 참된 진리이십니다. 우리 구주 예수 그리스도만이 완전한 진리이십니다. 우리 삶을 주관하시는 성령님은 언제나 우리 편이며 진리의 영이십니다. 하나님의 자녀는 언제나 진리의 말씀을 기뻐하며 진리의 편에 서 있습니다.

진리를 찾아보기 힘든 이 땅에서 하나님은 우리의 가슴에 사랑을 심어 주셨습니다. 그 사랑이 이 땅에 진리를 일으키는 위대한 원동력이 되기를 바랍니다. 보다 정직하고 신실한 삶으로, 불의와 부정이 떠나가는 사회로, 하나님의 공의와 정의가 세워지는 이 나라를 위해 하나님께서 부르실 때에 우리 그리스도인들이 기꺼이 그 부르심에 응답하며, 진리로 무장하여 나아가기를 간절히 바랍니다.

사랑은 모든 것을 견딥니다

"모든 것을 참으며 모든 것을 믿으며 모든 것을 바라며 모든 것을 견디느니라" 고전 13:7

이 세상에서 가장 강력한 힘은 무엇일까요? 돈일까요? 권력일까요? 아니면 핵폭탄일까요? 이 물음에 대한 답을 곰곰이 생각하는 동안 유명한 위인들의 전기가 떠올랐습니다. 우리가 잘 알고 있는 몇몇 위인들의 생애를 자세히 살펴보면 공통점 한 가지를 발견할 수 있습니다. 바로 그들 배후에 있던 '위대한 어머니의 사랑'입니다.

많이 배우지 못했어도, 가진 것이 많지 않았어도 어머니가 가진 사랑의 힘은 세상 그 어떤 것보다도 강하고 위대했습니다. 어떤 상황에서도, 감당하기 힘든 고난과 역경 가운데서도 자녀를 사랑으로 길러 낸 힘이 있었습니다. 그 사랑의 힘으로 자녀를 양육하여 위대한 인물로 만들었던 것입니다.

이번 장에서는 고린도전서 13장 7절 말씀을 중심으로 사랑에 대한 네 가지 속성을 알아보려고 합니다. 7절에는 '모든 것'이라는 단어가 반복됩니다.

진정으로 사랑은 모든 것을 참고, 모든 것을 믿고, 모든 것을 바라고, 모든 것을 견딥니다. 하나님의 사랑이 그렇습니다. 예수 그리스도의 은혜가 그렇습니다. 또한 어머니의 사랑이 이와 같습니다.

인생을 살아가는 데는 여러 가지 힘이 필요하지만, 그중 가장 필수적이고 강력한 것이 '사랑의 힘'입니다. 이제 성경에 나타난 사랑의 네 가지 속성을 하나씩 살펴보겠습니다.

모든 것을 참는 사랑

사랑이 있으면 무엇이든 참아 낼 수 있습니다. 사랑의 힘은 모든 것을 참을 수 있게 할 정도로 강하고 위대합니다. 사람들은 종종 "참을성이 부족하다."라는 말을 하는데, 엄밀히 말하면 부족한 것은 인내가 아니라 사랑입니다. 모든 것을 참는 사랑의 대표적인 예가 '어머니의 사랑'입니다. 어머니는 언제든 어떤 일이든 잘 참아 냅니다.

킹 제임스 영어 성경에서는 이 구절을 "bears all things"라고 표현하고 있고, 또 다른 영어 성경에서는 "covers all things"라고 번역하고 있습니다. 사랑은 모든 것을 가슴에 품어 주고 감싸 줍니다. 사랑에는 아주 넓은 가슴이 있습니다.

'참다'를 뜻하는 헬라어 단어의 명사형은 '스테게(stege)'로, '지붕'이라는 의미를 가지고 있습니다. 지붕은 집에 있는 모든 것을 덮습니다. 이렇게 사랑에는 모든 것을 완전히 덮는다는 의미가 있습니다. 고린도전서 9장 12절 말씀의 '스테게'는 '고통을 당해 주다'라는 의미로 쓰였습니다. 사랑은 상대방을 위해 오래도록 참으며 고통을 감당해 준다는 뜻입니다.

사랑은 끝까지 참습니다. 참는 데 한계가 없습니다. 이런 사랑을 품고 있는 사람과 만나면 마음이 편안합니다. 무엇이든 받아 주고 포용해 주며 너그러이 참아 주기 때문입니다. 혹시 다른 사람들이 당신 앞에서 크게 긴장하며 말을 조심한다면, 당신의 포용력이 부족해서일 수 있습니다. 누군가가 당신의 마음에 들지 않는 말을 했을 때, 인정하기 싫어하고 거부하지 않나요?

저는 오랫동안 목회를 하면서 훌륭한 인격을 갖춘 사람들을 참 많이 만났습니다. 그들에게는 모두 한결같은 포용력이 있었습니다. 끝까지 참는 사랑은 모든 것을 넉넉히 감당합니다. 하나님께서 우주와 온 만물을 안아 주시는 것처럼 사랑은 언제 어디서나 모든 것을 감싸 줍니다.

한때 그리스도인들은 '세계를 품은 그리스도인(World Christian)'이라는 표현을 많이 사용했습니다. 기독교적 사랑을 잘 담아 낸 표현입니다. 온 우주를 품으신 하나님, 그 하나님을 믿는 우리 그리스도인들은 넓은 가슴으로 온 세상 사람들을 포용할 수 있어야 합니다. 사람을 만나는 것이 갈수록 귀찮고 번거롭게 느껴진다면, 하나님의 사랑으로 다른 사람들을 품을 수 있도록 기도하십시오. 그리하여 나와 다른 배경을 가진 사람, 나와 다르게 살아왔고 다른 생각과 가치관을 가진 사람도 넓은 아량과 자비로 대할 수 있기를, 그들을 감싸 안아 줄 수 있기를 바랍니다.

살다 보면 거부감이 드는 사람들을 종종 만납니다. 다른 사람을 배려하지 않거나 무례한 사람, 함부로 말을 하는 사람 등을 만납니다. 고린도전서 13장을 읽어 보십시오. 사랑은 오래 참는다고 말씀합니다. 이는 우리 주위에 속 썩이는 사람들이 많다는 말입니다. 사랑은 온유하다는 말씀은 무슨 뜻일까요? 우리 주위에 온유하지 못하고 불친절한 사람이 너무 많다는 뜻입니다. 투기하는 자가 되지 말라는 말씀 역시 세상에 나보다 똑똑하고 훌륭한 사람들이 얼마든지 많다는 뜻입니다. 이런 사람들에 대해서도 우리는 거부감을 가질 수 있습니다.

자랑하지 말라는 말씀은 거만하고 교만한 사람들이 우리 주위에 많다는 뜻입니다. 무례하고 이기적으로 행하는 사람들은 또 얼마나 많나요? 화를 잘 내고 다른 사람의 실수나 잘못을 일일이 지적하며 따지는 사람도 많습니다. 진리 대신 거짓을 도모하며 불의를 행하는 사람도 참으로 많습니다. 그래서 성경에서는 사랑은 "자랑하지 아니하며 교만하지 아니하며 무례히 행하지 아니하며 자기의 유익을 구하지 아니하며 성내지 아니하며 악한 것을 생각하지 아니하며"라고 말씀하는 것입니다.

이런 다양한 종류의 사람들이 있기 때문에 자연스럽게 우리 마음이 좁아집니다. 그래서 성경은 다른 무엇보다도 '사랑'을 품으라고 말합니다. 어떤 은사보다도 사랑의 은사를 구하라고 말합니다. 사랑이 있는 사람은 모든 것을 견디며 포용합니다. 그리고 적극적으로 모든 것을 참아 낼 수 있습니다. 사랑은 온갖 종류의 사람들을 모두 품어 줄 수 있습니다.

여러분은 다른 사람을 포용하는 사람인가요? 아니면 거부하고 배척하는 사람인가요? 하나님께서 여러분의 마음에 사랑의 포용력을 허락하여 주시기를 바랍니다. 그리하여 수많은 사람들을 품고 감싸 안으며 살아가는 그리스도인이 되기를 진심으로 소망합니다.

사랑은 모든 것을 믿어 줍니다. 상황이 어떻든 상대방을 끝까지 믿어 주려고 애쓰는 것이 사랑입니다. 보디발의 집에서 가정 총무로 있던 요셉의 이야기가 이러한 사랑에 대한 적절한 예입니다.

보디발의 아내는 집에 아무도 없을 때를 틈타 요셉을 유혹했습니다. 이때 요셉은 "절대 안 됩니다. 주인님이 저를 믿고 집의 모든 소유를 맡겼는데, 그렇게 저를 신임하는 분을 배반할 수는 없습니다. 그것은 하나님께 죄를 범하는 일입니다."라며 단호하게 거절했습니다. 그래도 여인이 계속해서 유혹하며 급기야는 요셉의 옷을 붙잡고 동침을 요구하자, 요셉은 자기 옷을 버려두고 도망가 버립니다. 만약 그때 요셉이 도망가지 않고 그 여인의 유혹에 넘어갔다면 어떻게 되었을까요? 애굽의 총리가 되지는 못했을 것입니다.

사람은 누군가에게서 신임을 얻을 때 용기가 생기고 책임 있게 일을 해 나가며 성공적인 삶을 살 수 있습니다. 우리 자녀들을 대할 때도 동일한 원리가 적용됩니다. 특히 대학 입시 결과에 대해 부모들이 신중하게 반응해야 합니다. 물론 합격하면 자녀도 부모도 기쁘고 좋지만, 합격하지 못했다 해도 부모는 자녀를 믿고 그들을 향한 하나님의 뜻이 있음을 확신시켜 주며 희망을 품을 수 있도록 도와주어야 합니다. 그래야 자녀가 좌절하지 않고 다시 일어설 수 있습니다. 혹 자녀가 대학 입시에 두세 번 떨어진다 해도 부모는 끊임없이 용기를 북돋워 주어야 합니다. "하나님께서는 이 세상에 반드시 필요하기 때문에 너를 태어나게 하신 것이다. 혹 공부를 잘할 수 있는 능력이 네게 없다 하더라도 염려하지 말고 주님을 의뢰하여라. 주께서 길을 열어 주실 것이다. 나도 너를 믿는다."라고 끝까지 자녀를 신뢰해 줄 때 자녀는 절망하지 않고 앞으로 나아갈 힘을 얻게 됩니다. 사랑은 믿는 도끼에 발등이 찍히더라도 믿어 주고, 믿으려 애를 쓰는 것입니다.

힘든 상황에서는 다른 누구보다 가족의 신뢰가 가장 큰 힘이 됩니다. 가족의 신뢰가 가장 절실하게 필요합니다. 다른 사람 모두가 비난하고 손가락질한다 해도 가족만큼은 그를 인정하고 믿어야 합니다. 판단력이 부족해서가 아닙니다. 그것이 사랑이기 때문입니다.

어떤 상황에서든 포기하지 않고 믿어 주는 것이 사랑입니다. 그런 사랑을 체험한 사람은 훌륭하게 변화하고 성숙해져 갑니다. 하나님의 사랑도 그렇습니다. 하나님은 우리가 신뢰받고 사랑받을 만한 존재라서 우리를 믿고 사랑하시는 것이 아닙니다. 우리의 보잘것없고 형편없는 모습에도 하나님께서는 우리를 돌보시고 사랑하십니다.

여러분은 다른 사람을 믿어 주는 편인가요? 아니면 의심하는 편인가요? 혹여 의심이 들더라도 신뢰해 주려고 노력하는 것이 사랑입니다. 여러분이 끝까지 모든 것을 믿어 주는 사랑의 사람이 되기를 간절히 바랍니다.

가슴에 사랑이 있는 사람은 언제나 다른 이들을 향한 희망과 소망을 품습니다. 사랑은 절망하지 않습니다. 어떤 성경에서는 "(사랑은) 모든 것을 바라며"라는 구절을 "(사랑은) 언제나 희망을 표현하며"라고 번역했습니다. "사랑에는 무한한 희망이 있다"라고 번역한 성경도 있습니다. 이는 어떤 어려움을 당하더라도 사랑은 희망을 제시하며 밝은 미래를 향해 나아간다는 의미입니다.

사람들이 방황하는 이유는 절망 때문입니다. 아무리 둘러봐도 희망이 없고, 더 나아질 것 같은 소망이 없으니 좌절하는 것입니다. 그래서 성경은 믿음과 소망과 사랑은 항상 있어야 하고, 또 있을 것이며, 그중에 제일은 사랑이라고 말씀합니다.

자녀가 어떤 문제를 일으킨다고 해도 부모는 아이를 포기하지 않습니다. 사랑하기 때문에 절망하지 않고 희망을 품습니다. 아직 예수님을 믿지 않는 남편이라고 해도 아내가 비관하지 않습니다. 그를 사랑하기 때문에, 언젠가는 반드시 남편이 주님께로 올 것이라 믿고 희망을 갖습니다. "여보, 당신은 언젠가 꼭 예수님을 믿게 될 거예요. 저는 당신이 주님께로 돌아올 것을 확신해요. 그것은 시간문제일 뿐이에요."라고 말하며 소망을 품습니다. 사랑이 있기 때문입니다. 이런 말을 들으면 남편의 마음이 조금씩 움직일 수밖에 없습니다.

사랑이 있는 가슴에는 늘 희망이 있습니다. 여러분은 희망을 안고 사는 사람인가요? 아니면 절망을 표출하며 살아가는 사람인가요?

하나님은 우리에게 사랑을 주셨습니다. 그리고 이 땅에는 절망 속에서 방황하며 살아가는 사람이 너무나 많습니다. 그들에게 희망을 제시하고, 소망을 전해 줄 사람이 필요합니다. 하나님의 사랑을 가슴에 담은 여러분이 이 귀한 희망의 통로가 되기를 바랍니다.

모든 것을 견디는 사랑

'모든 것을 견딘다'는 끝까지 끈질기게 버틴다는 의미입니다. '작심삼일(作心三日)'이라는 말이 있습니다. 마음먹은 일이 사흘을 가지 못한다는 뜻입니다. 그러나 사랑만은 끝까지 갑니다. 마지막에는 결국 사랑이 승리합니다. 모두가 포기해도 사랑은 포기하지 않습니다.

우리 주위에는 우리를 괴롭히고 상처 입히고 절망을 던져 주는 사람들이 많습니다. 이 모든 것을 참아 낼 수 있는 힘은 어디에서 올까요? 그 힘은 결국 사랑에 있습니다.

사랑은 무엇이든 해낼 수 있는 유일한 힘이며, 어떤 사람이든 감당해 낼 수 있는 유일한 능력입니다. 모든 것에는 한계가 있지만 사랑에는 한계가 없습니다. 사랑은 모든 것을 참고 모든 것을 믿고 모든 것을 바라고 모든 것을 끝까지 견딥니다. 사랑만이 인생의 모든 문제를 감당해 낼 수 있습니다. 하나님께서 우리에게 일생을 사는 동안 모든 것을 감당하고 이겨 낼 수 있는 사랑을 부어 주시기를 기도합니다.

사랑은 영원합니다

"사랑은 언제까지나 떨어지지 아니하되 예언도 폐하고 방언도 그치고 지식도 폐하리라 우리는 부분적으로 알고 부분적으로 예언하니 온전한 것이 올 때에는 부분적으로 하던 것이 폐하리라 내가 어렸을 때에는 말하는 것이 어린 아이와 같고 깨닫는 것이 어린 아이와 같고 생각하는 것이 어린 아이와 같다가 장성한 사람이 되어서는 어린 아이의 일을 버렸노라 우리가 지금은 거울로 보는 것 같이 희미하나 그 때에는 얼굴과 얼굴을 대하여 볼 것이요 지금은 내가 부분적으로 아나 그 때에는 주께서 나를 아신 것 같이 내가 온전히 알리라 그런즉 믿음, 소망, 사랑, 이 세 가지는 항상 있을 것인데 그 중의 제일은 사랑이라"

고전 13:8-13

우리는 지금까지 고린도전서 13장을 통해 사랑의 속성과 중요성에 대해 살펴보았습니다. 그리고 사랑을 간절히 소원하는 마음을 갖게 되었습니다. 이번 장에서는 그 사랑의 '영원성'에 대해 생각해 보려고 합니다.

사랑의 영원성

"사랑은 언제까지나 떨어지지 아니하되"라는 구절을 영어 성경은 "love never fails"로 번역합니다. 'fail'에 해당하는 헬라어는 '핍토(pipto)'입니다. '핍토'는 '걸어 다니다가 쓰러지다', '물건이 서 있다가 넘어지다'라는 뜻을 지닙니다. 그렇다면 "사랑은 언제까지나 떨어지지 아니하되"라는 구절은 "사랑은 언제든지 서 있으며 절대로 넘어지는 법이 없으되"로 바꾸어 쓸 수 있습니다. 사랑에는 실패가 없다는 뜻입니다. 사랑은 절대로 실패하지 않습니다.

고린도전서 13장 1-3절에서는 여러 가지 영적 은사를 언급합니다. 그리스도인들이라면 누구든지 사모하는 은사, 즉 사랑의 방언과 천사의 말을 하는 은사, 예언하는 은사와 모든 비밀과 지식을 아는 지식의 은사, 산을 옮길 만한 믿음의 은사와 구제의 은사, 내 몸을 불사르게 내어 주는 순교의 은사 등이 나옵니다. 이 모든 은사를 한참 동안 사용하다 보면 그 능력이 다할 때가 있고, 때로는 필요하지 않은 순간도 있을 것입니다. 그러나 사랑만큼은 영원합니다. 이것이 바로 사도 바울이 고린도전서 13장을 통해 전하고자 하는 바입니다.

여러분은 언젠가는 불필요해지고 사라질 가치를 추구할 것인가요? 아니면 영원한 사랑을 소원하며 사랑의 근본이신 하나님을 향해 나아갈 것인가요? 사랑은 모든 것을 이길 수 있고, 모든 것을 견디며 우리를 성숙하게 합니다. 세상의 모든 것이 다 사라져도 사랑만은 끝까지 남습니다. 사랑이신 하나님께서 영원하시기 때문입니다.

세상의 모든 것은 부분적이요, 일시적입니다. 세상에서 가장 가치 있고 영원한 것이 사랑인데도 대부분의 사람들은 사랑보다는 겉으로 드러나는 은사를 더욱 사모합니다.

"사랑은 언제까지나 떨어지지 아니하되 예언도 폐하고 방언도 그치고 지식도 폐하리라"(고전 13:8).

고린도 교회에 문제가 끊이지 않았던 이유는 성령의 은사가 부족해서가 아니었습니다. 고린도 교회 교인들만큼 은사가 다양하고 많았던 사람들은 없었습니다. 그들은 지식의 은사, 예언의 은사, 방언의 은사, 병 고치는 은사, 행정의 은사 등 아주 탁월하고 놀라운 은사를 많이 받은 사람들이었습니다. 그러나 그들에게는 가장 중요한 단 한 가지가 없었습니다. 바로 사랑입니다.

예언도 결국 사라지는 때가 있습니다. 예언의 은사를 받아 권위 있는 예언자가 되면 얼마나 좋을까요? 특히 유대 사람들은 자기 자녀가 하나님의 말씀을 전하는 예언자가 되는 것이 최대 소망이라고 할 정도로 예언의 은사를 사모했습니다. 그런데 사도 바울은 그런 예언자가 되는 것보다도 사랑이 풍성한 사람이 되는 것이 더 중요하다고 이야기합니다. 예언도 다 성취되고 나면 더 이상 필요치 않습니다. 예언도 부분적인 것이요, 불완전한 것입니다. 언젠가는 불필요한 때가 오기 때문입니다.

방언의 은사도 그렇습니다. 우리나라 교인들 중에는 방언의 은사를 받은 사람이 많습니다. 방언의 은사도 대단히 귀하지만 이 역시 불완전합니다. 언젠가는 필요하지 않은 때가 오기 마련입니다. 세계 각국의 언어를 통달하고 구사하는 은사도 마찬가지입니다. 모든 것은 일시적이고 부분적이고 불완전합니다.

저는 모르는 분야에 대한 호기심이 강합니다. 어떤 사람을 만났을 때, 상대방이 제가 모르는 영역에 대한 얘기를 하면 귀가 번쩍 뜨여서 바로바로 메모를 하기도 합니다. 알고 싶고 배우고 싶은 것이 참으로 많습니다. 새 책이 나왔다고 하면 당장 사서 읽고 싶습니다. 한번은 마술사들의 묘기를 바로 옆에서 지켜볼 기회가 있었습니다. 그날 저는 크게 실망했습니다. 어떻게 사람의 눈을 속이는지 알게 되니 마술이라는 것도 별것 아니라는 생각이 들었습니다. 한 그리스도인 마술사는 "제가 이제부터 하는 것은 무슨 특별한 재주나 능력으로 하는 것이 아닙니다. 누구든지 저처럼 할 수 있습니다. 그저 15년만 훈련하면 됩니다. 그러면 여러분도 할 수 있습니다. 그러니 이상하게 생각하지 마십시오."라는 말을 했습니다. 다른 지식도 마찬가지입니다. 알고 나면 그리 대단치 않습니다.

그러나 사랑만은 영원합니다. 그 사랑은 오직 하나님께로부터 오는 것입니다. 여러분에게 사랑이 필요하다면 하나님 앞으로 나아가야 합니다. 남편과 아내의 사랑도 식을 때가 있고, 부모의 사랑도 흔들릴 때가 있습니다. 영원히 없어지지 않는 사랑의 근원이신 하나님께서는 그분에게 나아오는 자녀들에게 영원히 사라지지 않는 사랑을 부어 주십니다.

사랑의 온전함

성경은 사랑 외에는 모든 것이 불완전하다고 말씀합니다. 사도 바울은 이러한 사랑의 온전함을 짝으로 대비하며 설명합니다.

첫째, '부분적인 것과 온전한 것'입니다. 우리가 무엇을 안다고 하여도 그것은 그저 어느 한 부분에 지나지 않습니다. 대개 박사라고 하면 모든 것을 다 아는 사람이라고 생각하기 쉽습니다. 그러나 박사는 어떤 한 분야를 연구하고 논문을 써서 학위를 받은 사람일 뿐입니다. 제가 아는 한 사람은 군화 뒤축을 연구해서 박사 학위를 받았습니다. 그는 그저 군화 뒤축에 대해서만 잘 아는 사람입니다.

"우리는 부분적으로 알고 부분적으로 예언하니 온전한 것이 올 때에
는 부분적으로 하던 것이 폐하리라"(고전 13:9-10).

우리의 지식은 부분적일 뿐만 아니라 예언도 부분적입니다. 예언
의 은사를 받았다 해서 모든 것을 알고 미래를 전부 내다볼 수 있을
까요? 그렇지 않습니다. 하나님께서 알려 주라고 명하신 작은 부분
만을 아는 것입니다. 모든 것이 부분적입니다. 전체를 포괄할 수 있
는 '온전한 것'이 나타날 때 이 부분적인 것들은 다 없어지고 맙니다.
　따라서 전체를 포괄할 수 있는 온전한 것을 원해야지, 부분적이
고 일시적인 것을 추구하느라 온 삶을 쏟아부어서는 안 됩니다. 여기
서 '온전한 것'이란 바로 사랑입니다. 여러분이 하나님의 완전하신 사
랑을 이해하고 그 사랑을 체험한다면, 이를 통해 가슴속이 사랑으
로 가득 채워진다면 비록 세상에서 아무것도 소유하지 못했을지라
도 당신은 참으로 복 있는 사람입니다. 가장 귀한 축복을 받은 인생
입니다. 다시 한번 강조합니다. 사랑은 세상 그 무엇보다 중요하며 우
리 모두가 추구해야 할 삶의 최고 목표입니다.

　둘째, '어린아이와 장성한 사람'입니다. 어린아이들은 자주 다툽니
다. 먼저 장난감을 차지하려고 싸우고, 남의 것을 빼앗기 위해 싸우
고, 돌려주지 않으려고 또 싸웁니다. 자기 것을 나누지도 않으려 합
니다. 어린아이들의 이런 행동은 당연하고 정상적인 것입니다. 아이
들에게는 사랑의 훈련이 되어 있지 않기 때문입니다.

그런데 어른이 되어서도 여전히 아이처럼 행동하는 사람이 있습니다. 그들은 가정이나 직장 및 사회에서 많은 문제를 일으킵니다. 육체적으로는 어른이 되었지만 '사랑의 영역'에서는 아직 아이이기 때문입니다. 장성한 사람이라면 언제나 약한 사람을 돌보고, 주변을 더 나은 방향으로 발전시켜야 마땅합니다. 어른임에도 불구하고 다른 사람에게 덕은커녕 피해를 끼치거나 문제를 일으키는 것은 사랑이 부족하기 때문입니다.

이 땅에 사는 동안 진정한 어른으로 성숙하게 살아가려면, 즉 다른 사람에게 도움을 주며 살기 위해서는 예언의 은사, 방언의 은사, 지식의 은사, 구제의 은사, 순교의 은사를 받는 것보다 사랑의 은사가 꼭 필요합니다. 사랑만이 영원하기 때문입니다.

불완전한 것은 완전한 것이 나타나면 더 이상 필요하지 않게 됩니다. 어떤 은사든 사랑과 하나가 될 때라야 그 능력을 제대로 발휘할 수 있으며 더욱 빛을 발할 것입니다. 그러므로 우리는 날마다 하나님께 사랑을 구해야 합니다. 사랑만이 영원불변한 가치입니다.

셋째, '거울로 보는 것과 얼굴과 얼굴을 대하여 보는 것'입니다. 옛날 거울은 쇠를 닦아서 만들었습니다. 그 거울은 아무리 자세히 들여다보아도 물체의 상이 희미하게 보일 뿐입니다. 세상의 모든 것은 이와 같이 옛날 거울을 보는 것처럼 분명하게 보이지 않습니다. 그러나 영원하고도 완전한 사랑을 갖고 보면 모든 것이 다 환하고 선명하게 보입니다.

“우리가 지금은 거울로 보는 것 같이 희미하나 그 때에는 얼굴과 얼굴을 대하여 볼 것이요 지금은 내가 부분적으로 아나 그 때에는 주께서 나를 아신 것 같이 내가 온전히 알리라”(고전 13:12).

12절의 ‘그 때’라는 단어에 대해 학자들 간의 의견이 분분합니다. 부분적이었던 모든 예언과 지식이 신약 성경에서 완성되었다는 점에 초점을 두는 사람들은 ‘그 때’가 성경의 계시가 완성되는 때를 말한다고 주장합니다. 반면 또 다른 사람들은 ‘주께서 다시 오시는 때’라고 해석합니다. 주께서 오실 때는 모든 것이 다 밝혀지기 때문입니다. 두 가지 해석 모두 그럴듯합니다. 저 개인적으로는 여기서 ‘부분적인 것’에 대비되는 ‘완전한 것’이 사랑이라고 생각합니다. 고린도전서 13장의 문맥상 이 부분은 성경이나 종말에 대한 이야기가 아닙니다. 13장은 엄연한 사랑 장입니다. 따라서 이 부분 역시 사랑에 초점을 맞추어 생각하면 됩니다.

지금은 모든 것이 다 부분적이지만 온전한 것, 즉 하나님의 영원한 사랑이 우리에게 나타날 때, 우리는 모든 것을 다 환하게 알 수 있고, 느끼게 되며, 모든 것이 다 완성될 것입니다.

우리는 매일 하나님께 사랑을 구해야 합니다. 특히 남자들, 형제들이 더욱 사랑을 구해야 합니다.

여자보다는 남자에게 사랑이 부족합니다. 모든 사람이 다 그런 것은 아니지만, 보통 남자아이는 장난감 총과 칼을 갖고 놀거나 몸싸움을 하는 등 공격적인 놀이를 합니다. 반면 여자아이는 소꿉놀이를 하거나 인형을 갖고 놉니다. 인형 옷을 갈아입혀 주고 우유도 먹여 주는 시늉을 하고, 어부바도 해 줍니다. 아무래도 남자보다는 여자가 어린 시절부터 이런 놀이를 통해 사랑을 자연스럽게 표현하면서 자랍니다. 그래서 여자의 마음에는 남자보다 더 넓고 깊고 큰 사랑이 있는 것 같습니다. 그에 비해 남자들은 사랑에 관심이 덜합니다.

그러나 간절히 사랑을 추구하십시오. 세상 모든 것이 다 사라진다 해도 사랑만은 끝까지 남습니다. 사랑은 영원합니다. 사랑은 언제나 필요합니다. 주님 곁으로 가는 그 시간까지 하나님의 사랑을 체험하고, 그 사랑을 표현하고 행하며 살 수 있기를 간구해야 합니다.

믿음이 있어야 합니다

"그런즉 믿음, 소망, 사랑, 이 세 가지는 항상 있을 것인데 그 중의 제일은 사랑이라" 고전 13:13

하나님께서 우리를 본향으로 부르시는 그날까지 이 땅에서 거룩하게 살려면 우리에게 무엇이 필요할까요? 바로 믿음, 소망, 사랑, 이 세 가지입니다. 이번 장에서는 그 첫 번째인 '믿음'에 대해 생각해 보려고 합니다.

믿음이 중요한 이유

첫째, 믿음은 인간의 첫째 되는 의무이며 책임입니다. 히브리서 11장 6절에는 믿음이 없이는 하나님을 기쁘시게 할 수 없다고 기록되어 있습니다. 하나님을 진실로 믿는 것보다 하나님을 더 기쁘시게 하는 일은 없습니다. 요한복음 6장 29절에서 예수님께서도 "하나님께서 보내신 이를 믿는 것이 하나님의 일이니라 하시니"라고 말씀하셨습니다.

둘째, 믿음은 참사랑을 꽃피울 수 있는 뿌리입니다. 믿음은 뿌리요, 사랑은 열매입니다. 언제나 있어야 하는 세 가지 중 첫 번째가 믿음입니다. 믿음이 없이는 참된 사랑이 있을 수 없습니다. 물론 이기적인 사랑은 믿음이 없이 존재할 수 있지만, 자기를 완전히 내려놓게 되는 온전한 사랑은 하나님께로 향한 믿음 안에서만 가능합니다. 우리에게 이 믿음이 있다면 참으로 감사한 일입니다. 우리에게 사랑의 꽃이 피어날 가능성이 있기 때문입니다.

셋째, 믿음은 그리스도인의 정체성이자 특권입니다. 그리스도인은 회개하고 회심한 사람들입니다. 그러나 세상 사람들이 그리스도인을 가리켜 '회개한 자' 혹은 '회심한 자'라고 부르지 않습니다. 그리스도인에게는 천국에 대한 소망이 있으며, 하나님의 사랑으로 인하여 삶 속에서 이웃을 사랑하는 모습이 있습니다. 그러나 그리스도인을 '소망하는 자' 혹은 '사랑하는 자'라고 칭하지 않습니다. 또는 '기도하는 자'나 '찬송하는 자'라고 일컫지도 않습니다.

"믿는 사람이 다 함께 있어"(행 2:44).

"믿고 주께로 나아오는 자가 더 많으니"(행 5:14).

"믿는 자에게 본이 되어"(딤전 4:12).

사람들은 그리스도인을 '믿는 자'라고 부릅니다. 믿음이 제일 중요하기 때문입니다. 성경에서도 그리스도인을 '믿는 자', '믿는 사람'이라고 칭합니다.

‘믿음(pistis)’이라는 단어가 성경에서는 여러 가지 의미로 사용됩니다. 이를 종합해 보면 다섯 가지로 정리할 수 있습니다.

첫째, 구원의 믿음입니다. "그 아들을 믿는 자는 영생을 얻었고"(요 5:24)에서 보듯이 영생을 얻는 믿음입니다. 믿음이 있으면 구원받은 사람입니다.

둘째, 믿음의 은사입니다. "산을 옮길 만한 믿음"(고전 13:2), 강한 믿음, 큰 믿음을 은사로 받은 것입니다.

셋째, 신실함(faithfulness)입니다. 하나님을 신실하신 분이라고 하지 않습니까? 같은 단어입니다.

"오 신실하신 주 내 아버지여
늘 함께 계시니 두렴 없네
그 사랑 변찮고 날 지키시며
어제나 오늘이 한결 같네"(새찬송가 393장).

사람의 사랑은 언제든 변할 수 있습니다. 그러나 우리를 향한 하나님의 사랑은 영원히 변치 않습니다. 하나님의 신실하심, 그것이 가장 믿을 만한 것입니다. 예수 믿는 사람의 가장 큰 특징 중 하나는 성실한 것입니다. 믿음이란 단어는 성실성을 의미합니다.

넷째, 교리(belief, doctrine)라는 뜻입니다. 우리가 믿는 교리(믿음의 도리) 역시 '믿음'이라는 단어로 쓰이기도 합니다. 전할 수 있고 전수받을 수 있는 믿음의 내용입니다(유 1:3). 가장 잘 알려진 사도신경과 같은 교리를 믿음(pistis)이라고 합니다.

"다만 우리를 박해하던 자가 전에 멸하려던 그 믿음을 지금 전한다 함을 듣고"(갈 1:23).

다섯째, 의지할 수 있는(reliable) 것입니다. 가장 일반적으로 쓰는 믿음의 뜻입니다. 하나님은 참으로 신실하신 분, 믿을 수 있는 분, 우리가 피신하여 쉼을 얻을 수 있는 분입니다. 그런 하나님을 믿는 우리도 다른 사람에게 신뢰받는 존재, 고단하고 수고로운 사람들에게 피난처가 되는 존재로 살아가야 합니다. 신뢰할 만하다(trustworthy)는 뜻도 있습니다. 예수님은 우리가 힘들고 고단할 때 찾아가 쉼을 얻을 수 있는 분입니다. '믿음'이라는 히브리어 단어의 원래 뜻도 이렇습니다.

인간이 죄인인 것, 예수 그리스도께서 십자가에 달려 돌아가셔서 우리 죄를 완전히 씻어 주신 것, 부활하신 주님이 우리를 다시 데리러 오신다는 것, 언제 어떻게 죽음을 맞이한다 해도 영원한 생명이 나에게 있다는 사실을 알고 믿으며 사는 것, 이것이 그리스도인의 믿음입니다. 이런 믿음이 있을 때 우리는 세상 풍파에 흔들리지 않을 수 있으며, 주님을 알지 못하는 사람들에게 선한 영향력을 끼치며 살아갈 수 있습니다.

믿음의 대상

첫째, 하나님입니다. 우리는 하나님을 믿습니다. 사망에서 생명으로 옮겨진 자는 반드시 하나님을 믿습니다.

"너희는 마음에 근심하지 말라 하나님을 믿으니 또 나를 믿으라"(요 14:1).

"내가 진실로 진실로 너희에게 이르노니 내 말을 듣고 또 나 보내신 이를 믿는 자는 영생을 얻었고 심판에 이르지 아니하나니 사망에서 생명으로 옮겼느니라"(요 5:24).

하나님은 온 만물의 창조주이시자 우주의 주관자이시며, 우리 삶의 주권자이자 모든 일을 계획하고 이루어 나가시는 분입니다. 우리는 하나님을 배반할지 몰라도 하나님은 무한한 사랑과 자비와 한없는 신실함으로 우리를 대하십니다. 우리는 이런 하나님을 믿습니다.

둘째, 예수님입니다. 우리는 예수님을 믿습니다. 더 구체적으로 말하면 예수님의 죽으심과 부활하심을 믿습니다.

"우리가 예수께서 죽으셨다가 다시 살아나심을 믿을진대"(살전 4:14).

"네가 만일 네 입으로 예수를 주로 시인하며 또 하나님께서 그를 죽은 자 가운데서 살리신 것을 네 마음에 믿으면 구원을 받으리라"(롬 10:9).

또한 예수님께서 나의 주인이 되시고, 구주가 되심을 믿는 것입니다. 요한복음 11장 26-27절에서 "무릇 살아서 나를 믿는 자는 영원히 죽지 아니하리니 이것을 네가 믿느냐"라는 예수님의 물음에 마르다는 "주여 그러하외다 주는 그리스도시요 세상에 오시는 하나님의 아들이신 줄 내가 믿나이다"라고 대답합니다.

어떤 사람이 예수님을 믿는 사람인지 아닌지를 알 수 있는 방법은 무엇일까요? "당신은 예수 그리스도가 하나님의 아들이시고 당신의 죄를 구속해 주신 메시야라는 사실을 믿습니까?"라고 질문해 보면 됩니다. 세례의 유무나 사랑과 인내 같은 성품의 유무는 구원의 결정적 요소가 아닙니다. 예수님을 우리의 구주로 고백하는 것이야말로 진정한 믿음입니다.

셋째, 성경 말씀입니다. 우리는 하나님의 말씀을 믿습니다. 예수님이 그리스도이시며, 살아 계신 하나님의 아들이시며, 우리의 구주라는 사실을 믿는 사람은 반드시 성경 말씀을 믿습니다.

성경 말씀을 믿지 않으면서 예수님을 믿을 수는 없습니다. 그런데 간혹 그런 목사나 신학자가 있습니다. 또한 그런 주장을 펼치는 책도 있습니다. 그러나 예수 그리스도를 진실로 믿는 사람은 반드시 하나님의 말씀을 믿습니다. 하나님의 말씀을 믿는 사람은 성경에 기록된 예수님을 믿습니다.

| 믿음의
| 결과

첫째, 영원한 생명을 얻습니다. 로마서 10장 9절에서는 “입으로 예수를 주로 시인하며 또 하나님께서 그를 죽은 자 가운데서 살리신 것을 네 마음에 믿으면 구원을 받으리라”고 말씀합니다. 즉, 마음으로 믿어 의에 이르고 입으로 시인하여 구원에 이른다는 것입니다(롬 10:10). 나의 연약함과 부족함에도 불구하고 나를 구원하신 예수 그리스도, 그 주님을 믿는 사람은 영원한 생명을 얻습니다.

하나님의 영원한 자녀로 구원받는 데는 어려울 것이 하나도 없습니다. 그의 아들이신 예수님께서 가장 어렵고 고통스러운 일을 다 치르셨기 때문입니다. 우리는 예수 그리스도를 구주로 믿고 하나님이 우리 아버지이심을 믿으면 됩니다. 주저하지 마십시오. 망설이지 마십시오. 우리 주 예수 그리스도를 믿으십시오. 이 믿음에서 출발할 때, 이 믿음의 뿌리에서부터 사랑의 열매가 나타납니다.

둘째, 순종하고 싶은 마음이 생깁니다. 우리에게 진정한 믿음이 있을 때 하나님 말씀에 순종할 수 있습니다.

"그로 말미암아 우리가 은혜와 사도의 직분을 받아 그의 이름을 위하여 모든 이방인 중에서 믿어 순종하게 하나니"(롬 1:5).

예전에는 실수나 잘못을 하면 마음이 불안해지고 죄책감이 많이 들었습니다. 그러나 요즘은 이전보다 조금 덜합니다. 하나님께서 제 마음을 아신다고 생각하니 그렇습니다. 제 마음에 믿음이 있고 순종하고 싶은 마음이 있는데, 죄로 물든 본성 때문에 순종이 안 될 때가 있습니다. 그것을 하나님이 다 아십니다. 그래서 우리가 날마다 기도해야 합니다. 우리의 연약함을 고백하고, 주님의 크신 용서를 구해야 합니다. 자비와 사랑의 하나님이 우리의 모든 것을 알고 이해해 주신다는 사실을 깨달을 때, 순종하고 싶은 마음이 저절로 생깁니다.

셋째, 의로운 행동을 합니다. 예수님을 믿는 사람의 행동은 어딘가 다릅니다. 행함이 없는 믿음은 진짜가 아니기 때문입니다.

"이와 같이 행함이 없는 믿음은 그 자체가 죽은 것이라"(약 2:17).

사람마다 시간차는 있겠지만, 예수님을 믿고 영적으로 거듭나면 분명히 이전과는 다른 변화된 모습이 나타날 것입니다. 처음에는 잘 드러나지 않지만 시간이 한참 흐른 후에 돌이켜 보면 분명 변화된 모습들이 있을 것입니다.

넷째, 덕스러운 인격이 나타납니다. 예수님을 믿는 사람들 중에 덕스럽고 멋있는 사람들이 많아서 얼마나 감사하고 좋은지 모릅니다. 믿음이 있으면 자연히 덕스러워집니다.

"그러므로 너희가 더욱 힘써 너희 믿음에 덕을, 덕에 지식을, 지식에 절제를, 절제에 인내를, 인내에 경건을, 경건에 형제 우애를, 형제 우애에 사랑을 더하라"(벧후 1:5-7).

이 말씀의 가장 근본이자 기초가 되는 것이 '믿음'입니다.

다섯째, 세상을 이길 수 있는 힘을 갖게 됩니다. 세상의 유혹에 대항해 영적으로 승리하는 방법은 오직 하나님께서 주시는 힘을 의지하여 믿음으로 나아가는 것뿐입니다.

"무릇 하나님께로부터 난 자마다 세상을 이기느니라 세상을 이기는 승리는 이것이니 우리의 믿음이니라"(요일 5:4).

성령께서 역사하시는 것을 믿을 때, 하나님께서 함께하신다는 사실을 믿을 때, 결국에는 주님을 의지해 이겨 내리라는 것을 믿을 때 우리는 반드시 승리할 수 있습니다. 그러나 이런 승리를 체험하더라도 우리에게는 자랑할 것이 아무것도 없습니다. 왜냐하면 우리의 힘과 능력으로 승리한 것이 아니라 하나님께서 우리의 믿음대로 행해 주신 것이기 때문입니다.

여섯째, 삶의 기쁨을 누립니다. 주님을 믿는 사람의 가슴에는 말할 수 없는 기쁨과 영광스러운 즐거움이 있습니다. 또 자신감이 생깁니다. 믿음으로 인해 인생이 살 만한 것이 됩니다.

"예수를 너희가 보지 못하였으나 사랑하는도다 이제도 보지 못하나 믿고 말할 수 없는 영광스러운 즐거움으로 기뻐하니"(벧전 1:8).

일곱째, 신앙의 지속성이 생깁니다. 마태복음 24장 13절은 "끝까지 견디는 자는 구원을 얻으리라"고 말씀합니다. 저는 이 말씀을 처음 읽고 제가 끝까지 견디지 못하면 어쩌나 하는 걱정을 했습니다. 그러나 지금은 걱정하지 않습니다. 왜냐하면 끝까지 견디는 것은 내가 노력해서 되는 일이 아니라 성령께서 내 안에 계시면 가능한 일이기 때문입니다. 믿는 자는 끝까지 견뎌 내어 신앙을 지킬 수 있습니다.

여덟째, 기도의 응답을 받습니다. 예수님께서는 구하는 것을 받으려면 믿음이 있어야 한다고 여러 차례 강조하셨습니다.

"너희가 기도할 때에 무엇이든지 믿고 구하는 것은 다 받으리라 하시
니라"(마 21:22).

백부장의 하인을 고치실 때도 "가라 네 믿은 대로 될지어다"(마
8:13)라고 말씀하셨고, 혈루증에 걸린 여인을 고치실 때 역시 "딸아
안심하라 네 믿음이 너를 구원하였다"(마 9:22)라고 말씀하셨습니다.

인간은 누구나 다 연약하고 부족합니다. 그러나 우리에게는 부족
하지 않은 하나님이 계십니다. 아주 작은 믿음으로나마 하나님을 믿
게 하시고, 예수 그리스도를 구주로 믿고 고백하게 해 주심에 감사
해야 합니다. 우리는 이제 견고한 믿음에 뿌리를 내리고 아름다운
사랑의 열매를 맺어 나가면 됩니다. 사랑은 모든 것을 믿습니다.

소망도 있어야 합니다

"그런즉 믿음, 소망, 사랑, 이 세 가지는 항상 있을 것인데 그 중의 제일은 사랑이라" 고전 13:13

　　이번 장에서는 이 땅에서 아름답고 보람되게 살아가는 데 필요한 세 가지 요소 중 '소망'에 대해 살펴보겠습니다. 참으로 감사한 것은 우리 그리스도인들의 특징 중 하나가 언제나 희망적이라는 것입니다.

　주님을 믿지 않는 사람들이 가득한 세상에서 '소망'이라는 단어는 자주 사용되지 않습니다. 그리스도인들은 '소망'이라는 단어를 자주 쓰지만, 일반 사람들에게는 '희망'이라는 단어가 더 익숙합니다. 희망이란 현재보다 나은 삶이 우리를 기다리고 있다는 기대감입니다. 고린도전서 13장 7절에는 "(사랑은) 모든 것을 바라며"라고 기록되어 있습니다. 이는 모든 일에 소망을 품는다는 뜻입니다.

　여러분은 미래에 대한 희망을 안고 살아가나요? '언젠가는 하나님께서 나의 모든 문제를 해결해 주실 것이다. 언젠가는 나의 자녀들이 주님 품으로 돌아올 것이다. 언젠가는 나의 남편이 예수님을 믿게 될 것이다. 언젠가는 이 사업이 잘 풀릴 것이다. 언젠가는 나의 질병이 깨끗이 나음을 받게 될 것이다. 언젠가는 형편이 훨씬 더 나아질 것이다. 그날이 곧 올 것이다.'라는 소망을 품고 살아가나요?

　조금 더 나은 삶에 대한 기대감, 이것이 희망입니다. 고린도전서

13장 7절은 "사랑은 모든 것을 참으며 모든 것을 믿으며 모든 것을 바라며 모든 것을 견디느니라"고 말씀합니다. 이는 사랑의 특징 중하나인 '소망'에 대한 표현입니다. 다른 사람과의 관계에서도 '저 사람은 변할 거야. 저 사람은 좋아질 수 있어. 저 사람은 괜찮아질 거야. 지금은 문제가 있지만 하나님의 은혜가 임하는 그날이 반드시 올거야.'라는 희망적인 생각을 가져야 합니다. 그렇지 않고 문제를 지닌그 사람을 인간적인 마음에서 포기해 버린다면, 그 사람은 곧 쓰러지고 말 것입니다.

저는 목회를 하다 보니 각양각색의 사람들을 많이 만납니다. 그중희망을 잃은 후에 삶이 완전히 망가져 버린 사람들도 많이 보았습니다. 비교적 건강하던 사람이 갑작스러운 말기 암 진단을 받고 6개월정도밖에 살 수 없다는 의사의 말을 들었습니다. 그 후로는 가슴속에 절망을 담고 하루하루 살다 보니 서서히 생명의 기운이 사그라져갔습니다. 의사의 말 한마디가 그 사람의 인생을 완전히 무너뜨려 버린 것입니다. 희망이란 지금 당장은 보이지 않는, 저 앞의 먼 곳을 내다보는 것입니다. 사람은 희망 없이는 단 하루의 삶도 지탱할 수 없습니다. 사도 바울은 다음과 같이 말했습니다.

"우리가 소망으로 구원을 얻었으매 보이는 소망이 소망이 아니니 보는것을 누가 바라리요 만일 우리가 보지 못하는 것을 바라면 참음으로기다릴지니라"(롬 8:24-25).

소망은 지금 현재, 이 자리에서는 잘 보이지 않습니다. 소망은 아직 오지 않은 것을 바라는 것이기 때문에 '믿음'을 전제로 합니다. 그래서 믿음이 있는 사람에게 소망이 있고, 그 소망에서 사랑이 꽃피는 것입니다. 물론 바라는 대로 이루어지는 결과도 중요하지만, 소망을 품고 힘겨움을 극복하며 앞으로 나아가는 그 여정이 훨씬 더 중요합니다. 그때가 진정한 행복을 누리는 기간이기도 합니다.

고린도전서 13장 10절은 "온전한 것이 올 때에는 부분적으로 하던 것이 폐하리라"고 말씀합니다. 아직은 모든 것이 부분적이고 불완전합니다. 그러나 이 모든 것이 완전한 것으로 대치될 때가 올 것입니다. 이것을 바라고 믿고 기다리는 것이 바로 '소망'입니다. 11절에도 소망이 나타나 있습니다.

"내가 어렸을 때에는 말하는 것이 어린 아이와 같고 깨닫는 것이 어린 아이와 같고 생각하는 것이 어린 아이와 같다가 장성한 사람이 되어서는 어린 아이의 일을 버렸노라"(고전 13:11).

지금 당장은 아이처럼 미성숙하지만 언젠가는 장성한 어른처럼 될 날이 있다는 뜻입니다. 그때까지는 참고 격려하고 기다려 주어야 합니다. 특히 부모들이 인내하지 못하고, 참고 기다리지 못하고, 소망을 품지 못한 채 자녀를 닦달하는 경우가 많습니다. "너는 어떻게 열일곱 살이나 되어서도 그 모양이냐?"라고 채근합니다. 이제 겨우 열일곱 살이니 그렇습니다. 지금 당장은 부족하고 모자라 보입니다. 그렇더라도 "하나님께서 너를 훌륭한 사람으로 만들어 주실 것을 믿고 기도한단다. 너를 향한 하나님의 뜻을 믿고 기다린단다."라고 말해 주며 부모가 소망을 표현할 때, 아이들은 격려를 받고 용기를 얻습니다. 그 아이들이 장성한 자로 일어서게 될 날이 머지않아 오게 될 것입니다. 고린도전서 13장 12절의 앞부분을 보십시오.

지금은 분명하지도 또렷하지도 않지만 언젠가는 얼굴과 얼굴을 마주 대하고 보는 것처럼 분명해질 때가 온다는 말씀입니다. 그때를 바라보는 자세, 그때를 기다리는 태도, 이것이 우리 그리스도인들의 특징입니다. 희망의 사람들, 끝까지 희망을 안고 사는 사람들입니다.

여러분의 말 속에는 희망의 표현이 가득한가요? 아니면 상대방을 죽이는 비난과 절망의 표현이 가득한가요? '싹수가 노랗다.', '어째서 그 모양이냐?', '아무래도 안 되겠다.', '너 그럴 줄 알았다.' 등의 표현은 듣는 사람의 마음을 무겁게 만들 뿐만 아니라 깊은 상처와 절망감을 줍니다. 그리스도인은 하나님의 사람입니다. 예수님을 믿는 사람입니다. 모든 것이 가능하다고 믿고 모든 것을 바라고 견디는 사람입니다. 그러므로 우리 입술에는 언제 어디서 누구를 만나든지 소망의 언어가 담겨 있어야 합니다. 당신의 언어를 훈련하십시오. 다른 사람들이 당신을 희망적인 사람으로 기억할 수 있기를 바랍니다.

"지금은 내가 부분적으로 아나 그 때에는 주께서 나를 아신 것 같이 내가 온전히 알리라"(고전 13:12).

12절의 뒷부분을 보십시오. '지금은'과 '그 때에는'이라는 표현이 대조됩니다. 지금은 내가 아는 것이 부분적이고 불완전하지만 언젠가 그날이 오면, 나도 모든 것을 깨닫게 되고 다 이해하게 됩니다. 그렇게 되면 내 세계가 완전히 달라질 것입니다. 희망이 있어야 인내할 수도 있고, 열정도 생깁니다.

하나님의 사람은 믿음, 소망, 사랑의 사람이어야 합니다. 언제나 믿음이 굳건하고, 언제나 소망을 품고, 언제나 사랑을 품고 살아가야 합니다. 언젠가 다가올 그날을 기다리며, 낙심하지 말고 일어나 힘차게 전진하시기 바랍니다.

소망이 소중한 이유

첫째, 소망이 없으면 인간은 불행해집니다. 한 젊은 자매가 저를 찾아와 남편을 위해 기도해 달라는 부탁을 했습니다. 무슨 일이냐고 물었더니, 남편이 아직 서른다섯 살밖에 되지 않았는데 삶의 의욕이 전혀 없어서 집 안에서만 빈둥빈둥하며 허송세월 중이라는 것입니다. 얼마나 안타까운 일입니까? 겨우 서른다섯의 나이에 인생을 포기하다니 말도 안 됩니다.

우리에게는 하나님이 계십니다. 지금 환경이 여의치 않아 어려움을 겪을지라도 언젠가는 밝은 날이 오리라 믿고 주님께 새로운 희망을 부어 달라고 기도해야 합니다. 사람은 내일의 소망이 없으면 죽은 거나 같습니다. 희망이 없는 사람은 하루도 버티기 힘듭니다. 희망이 없는 사람보다 불행한 사람은 세상에 없습니다.

단테의 『신곡』 지옥 편에는 지옥 문 앞에 걸려 있는 간판이 나옵니다. 거기에 이런 글귀가 있습니다. "여기는 슬픔의 거리로 가는 입구, 여기는 영겁의 오뇌로 가는 입구, 여기는 멸망의 백성들을 위한 입구이다. 여기로 들어오는 자는 모든 희망을 버리라." 그렇습니다. 지옥은 희망이 없는 곳입니다. 미래가 없는 곳이 바로 지옥입니다. 하나님이 계신 곳에서는 인간이 절대로 희망이 없다는 말을 할 수 없습니다.

인생을 살아가는 일이 쉽지 않습니다. 성경에서도 모든 피조물이 처음부터 지금까지 함께 고통하고 신음한다고 말했습니다. 이 땅에서의 삶이 어렵다 할지라도 장차 모든 것이 회복될 날이 온다는 소망을 갖고 살아야 합니다. 이것이 그리스도인의 힘입니다. 여러분의 가슴에 희망이 없다면 오늘부터 "하나님, 저를 더 희망적인 사람으로 만들어 주옵소서. 성령께서 제 가슴을 채워 주셔서 주님 안에서 제가 더 적극적이고 긍정적인 희망의 사람으로 살아가도록 도와주시옵소서!"라고 간절히 기도하십시오.

비관적이고 절망에 차 있는 사람은 주위 사람들에게도 좋지 않은 영향을 끼칩니다. 그리스도인은 무엇이든, 어떤 상황이든 희망적인 시선으로 바라볼 수 있어야 합니다. 주님께 그런 능력을 부어 달라고 계속 기도하십시오.

우리나라에는 "하늘이 무너져도 솟아날 구멍이 있다."는 속담이 있습니다. 대단히 성경적인 말입니다. 희망이 있는 사람들은 움직이는 것부터 벌써 다릅니다. 자기가 해야 할 일이 무엇인가를 찾고, 열정으로 그 일에 임합니다.

독일의 나치 수용소에 갇혀 있다가 극적으로 살아 돌아온 사람 중에 빅터 프랭클(Viktor Frankl, 1905-1997)이라는 유명한 심리학자가 있습니다. 그가 쓴 한 저서에 이런 구절이 있습니다. "나치 수용소 안에서 희망이 없는 사람들은 한쪽 구석에 쭈그리고 앉아 서서히 죽어 갔다." 그 수용소 안에 들어간 것 자체를 죽음과 동일시하고, 살 수 있다는 희망을 포기했기 때문에 그들은 서서히 죽어 갔던 것입니다.

빅터 프랭클은 희망이 있으면 살 수 있다고 강조함으로써 희망의 심리학자가 되었습니다. 그렇습니다. 가장 사랑하는 사람이 세상을 떠났어도 소망을 가질 수 있습니다. 사도 바울의 말과 같이 우리는 소망 없는 자처럼 슬퍼하지 않을 수 있습니다. 슬퍼하되 우리에게는 소망이 있기 때문입니다. 이것이 예수님을 믿는 그리스도인의 특징이자 가장 큰 힘입니다.

둘째, 소망은 불행한 사람을 살려 냅니다. 불행한 사람을 고칠 수 있는 유일한 약은 '희망'입니다. 인생을 살아가다 보면 도저히 희망이라고는 찾아볼 수 없는 상황이 생깁니다. 저도 많은 사람들과 상담을 해 오면서 전혀 희망이 보이지 않는 경우를 만났습니다. 그럴 때는 솔직하게 모든 것이 다 끝났다고 말하고 싶은 강한 충동이 일어납니다. 그럴 때마다 저는 '내가 무엇이라고 하나님께서 창조하신 이 사람을 포기하는가? 한 인간이 다른 인간을 포기할 권리가 있는가? 하나님과 함께하면 모든 것이 가능하지 않은가?'라는 생각을 했습니다.

정말로 포기하고 싶은 마음이 들 때는 "저로서는 어쩔 수 없으니 하나님께 이 사람을 맡기겠습니다."라고 말하고 기도하십시오. 절대로 사람에 대해 포기하겠다는 말을 하지 마십시오. 절망을 해결하는 길은 소망뿐입니다. 소망 그 자체가 행복이고 생명입니다.

소망의
근거

첫째, 우리에게는 여호와 하나님이 계시기 때문입니다. 요엘 3장 16절은 "여호와께서 그의 백성의 피난처, 이스라엘 자손의 산성이 되시리로다"라고 하며, 하나님께서 그의 백성들의 소망이 되심을 강조하고 있습니다. 살아 계신 하나님이 우리 아버지이시고 우리는 영원한 하나님의 자녀가 되었기에 우리에게는 영원한 희망이 있습니다.

"그러나 무릇 여호와를 의지하며 여호와를 의뢰하는 그 사람은 복을 받을 것이라"(렘 17:7).

"주여 이제 내가 무엇을 바라리요 나의 소망은 주께 있나이다"(시 39:7).

우리 스스로는 어떻게 할 수 없다고 느끼고 절망할 때, 고개를 들어 하나님을 바라보십시오. 하나님께서 여러분을 소망으로 붙잡아 주십니다. "주님, 제가 무엇을 바라볼 수 있습니까? 주님, 제가 무엇을 기대하겠습니까? 주님만이 저의 소망이십니다!"라고 고백하십시오. 그 순간 여러분의 가슴에는 새로운 희망이, 주님이 부어 주시는 놀라운 소망이 생겨날 것입니다.

둘째, 우리 안에 예수 그리스도가 계시기 때문입니다. 우리가 예수 그리스도를 영접하는 순간, 예수님께서 우리 마음에 임재하십니다.

"이 비밀은 너희 안에 계신 그리스도시니 곧 영광의 소망이니라"(골 1:27).

그분이 우리와 함께 계시기 때문에 우리는 낙심할 필요가 없습니다. 사람이 자기 노력과 지혜와 능력으로만 살아가려고 하면 절망할 수밖에 없습니다. 모든 사람은 다 연약할 뿐만 아니라 어쩔 수 없는 한계가 있기 때문입니다.

그러나 날마다 주님과 함께 거닐고 그분을 의지하며 성령님을 붙잡고 나아간다면 절망할 시간이 없습니다. 예수님이 우리 안에 계시기 때문에 우리에게는 변치 않는 소망이 있습니다.

셋째, 우리에게 하나님의 말씀이 있기 때문입니다. 하나님께서는 성경을 통해 우리에게 수많은 약속을 하셨고, 그 약속을 신실하게 지키셨으며, 세상이 줄 수 없는 위로와 용기를 주셨습니다. 우리가 이런 하나님의 말씀을 신뢰하지 않을 때, 힘이 빠지고 절망이 슬며시 발을 들이미는 것입니다.

"내 영혼아 네가 어찌하여 낙심하며 어찌하여 내 속에서 불안해 하는가 너는 하나님께 소망을 두라"(시 43:5).

희망이 없는 사람의 말을 가만히 들어 보면 마지막으로 성경 말씀을 읽은 때가 수개월 전입니다. 기도를 하지 않은 지도 아주 오래되었습니다. 하나님의 말씀이 손에서 멀어지는 그 순간부터 우리는 절망스러운 상황이 닥쳐도 핑계 댈 수 없습니다. 절망이 찾아오고 한없이 낙심된다면 즉시 성경을 꺼내 말씀을 읽으십시오. 하나님의 말씀이 우리 안에 희망을 불어넣어 주실 것입니다.

넷째, 우리는 영광스러운 부활을 맞을 것이기 때문입니다. 우리의 시민권은 하늘에 있기에 언젠가는 우리의 낮은 몸이 영광의 몸으로 변화할 것입니다. 사랑하는 가족이 먼저 세상을 떠나더라도 우리는 소망 없는 자들처럼 슬퍼하지 않습니다.

희망이 없으면 인간은 죽습니다. 성경에서는 여러 가지 시험을 당하더라도 기뻐하라고 말씀합니다. 왜냐하면 이 세상의 삶이 전부가 아니기 때문입니다. 주님께서 다시 오실 때에 완전한 세계가 임할 것입니다. 우리에게는 그때에 대한 소망이 있기에 그날을 기대하고 기다리며 인내할 수 있습니다.

다섯째, 우리에게는 구원과 영원한 삶이 있기 때문입니다. 데살로니가전서 5장 8절에는 "구원의 소망의 투구"라는 표현이 나옵니다. 우리는 영원히 살 사람입니다. 하나님 아버지께서 준비하신 곳, 눈물도 슬픔도 없고, 질병도 죽음도 없는 그 영원한 나라에 가서 우리를 위해 십자가에서 돌아가신 예수님과 만나 영원히 살 것입니다. 그래서 우리에게는 소망이 있습니다.

우리는 소망을 갖고 여호와의 구원을 조용히 기다리면 됩니다. 이 소망은 우리 생의 마지막 끝 날까지 필요합니다. 희망이 사라질 때 인간은 생을 포기합니다. 그러나 영원한 삶이 우리를 기다리고 있기에 우리에게는 사라지지 않는 소망이 있습니다.

소망의
유익

첫째, 소망은 인생을 수월하고 즐겁게 만들어 줍니다. 인생을 산다는 것이 쉬운 일은 아닙니다. 사는 것이 쉽다고 말한 사람을 지금까지 단 한 명도 만나 보지 못했습니다. 사람은 모두가 고난과 시련을 겪으며 어렵게 살아갑니다. 신앙을 떠나서 생각해 보면, 살고 싶지 않을 때도 많습니다.

가끔 멍하니 사람들의 얼굴을 바라보거나 TV 화면에 나오는 모습을 보면 저도 모르게 슬퍼집니다. 언젠가 뉴스에 러시아 사람들이 길바닥에 우두커니 앉아서 지나가는 사람들을 바라보고 있는 모습이 방영되었는데, 그들의 얼굴에는 아무런 생동감이 없었습니다. 그저 목숨이 붙어 있으니까 살 수밖에 없다는 그런 표정이었습니다. 그들은 도대체 무엇 때문에 사는 것일까요? 어쩌면 그들에게는 인생을 사는 재미도 기쁨도 없을지 모릅니다. 그러나 소망이 있다면 인생에는 참된 쉼과 기쁨이 있게 됩니다.

우리 그리스도인에게는 하나님과 예수님이 있고, 진리이자 소망이 되는 하나님의 말씀이 있고, 하나님의 신실하신 약속이 있습니다. 또한 영원한 삶이 기다리고 있고 우리와 함께하시는 여호와 하나님의 영이 계시기에 어떤 어려움이 찾아와도 참고 견딜 수 있습니다. 미래에 대한 소망이 있으니 즐거움도 있는 것입니다. 소망이 사라지면 인간은 죽습니다.

둘째, 소망은 인생의 고통을 견딜 수 있게 해 줍니다. 지금은 고통스럽지만 이 고통이 지나면 지금보다 더 나은 날이 다가올 것이라는 희망이 있을 때, 우리는 고통을 참아 낼 수 있습니다. 고등학교 3학년 수험생들이 잠도 제대로 못 자고 쉬지도 못하며 열심히 공부하는 것은 1년 후에 펼쳐질 캠퍼스 생활을 소망하기 때문입니다. 대학에 입학해 자기 자신을 마음껏 표현하고 발전시킬 수 있을 것이라는 희망, 또 대학을 못 간다 하더라도 열심히 공부했기 때문에 공부하지 않은 사람보다는 더 나은 사람이 될 것이라는 희망이 있기 때문에 해방될 그날을 기다리며 고통을 참아 내는 것입니다.

환자도 마찬가지입니다. 아프고 고통스럽지만 고된 치료를 잘 받고 나면 건강이 회복될 것이라는 희망이 있기 때문에 참고 견딜 수 있습니다. 가난한 사람은 지금은 비록 힘들지만 열심히 일하면 조금 더 나은 생활을 할 수 있을 거라는 소망을 갖고 고된 하루하루를 버텨 냅니다.

어떤 사람이 "하나님께서는 이 세상의 모든 근심과 걱정을 치료해 주시기 위해 희망과 잠을 주셨다."라고 말했습니다. 그렇습니다. 밤새 푹 자고 나면 전날의 걱정, 근심, 피곤이 사라지고 다시 새로운 희망이 생깁니다. 하나님께서는 우리에게 쉼과 희망을 주심으로 다시 일어설 수 있게 하십니다.

셋째, 소망은 인간의 생명을 연장시켜 줍니다. '살아야겠다'라는 의욕과 '살 수 있다'라는 희망이 있을 때 우리의 생명은 연장됩니다. 저의 형님을 보며 이 사실을 실감했습니다.

50년 전쯤, 형님은 물에 빠져 떠내려가는 아이를 살리려고 물속으로 뛰어들었습니다. 다행히 아이는 살렸지만 형님은 병을 얻었습니다. 온몸에 열이 나더니 전신마비 증상이 나타난 것입니다. 의사는 열심히 치료했지만, 어느 날 더 이상 희망이 없다며 집으로 돌아가라고 했습니다. 그 말을 들은 형님은 그날부터 서서히 죽어 갔습니다. 희망이 사라지니 아무것도 소용이 없었습니다. 그때 형님의 모습이 얼마나 안되어 보였는지 모릅니다.

그러던 어느 날, 아는 사람이 찾아와서 부산 동래에 있는 외국인 의사에게 가 보자며 형님을 데리고 갔습니다. 그 의사가 형님을 보더니 "당신은 나을 수 있다. 낫는 것은 시간문제다."라고 말하지 않겠습니까? 저는 그때 형님의 얼굴을 보았습니다. 희망이 생기니 곧바로 얼굴에 생기가 돌았습니다. 그때 이후로 30여 년 동안 형님의 몸은 온전치 못했지만 아버지로서, 선생님으로서, 남편으로서, 할아버지로서, 교회 장로로서 풍성한 인생을 살다가 하나님 품에 안기셨습니다.

희망이 있는 사람과 희망이 없는 사람의 차이는 삶과 죽음의 차이입니다. 여러분의 가슴속에 언제나 희망이 있기를 간절히 바랍니다.

넷째, 소망은 사람을 성공으로 인도해 줍니다. 희망이 없이는 삶을 제대로 영위할 수 없습니다. 성공을 기대한다는 것은 더더욱 어렵습니다. 성공하는 사람들은 성공할 수 있다는 희망을 가진 자들입니다. 하나님 앞에서 희망을 가지고 100을 원해서 100을 향하여 가다가 50을 받는 것이, 30을 원해서 30을 얻는 것보다 낫습니다. 희망을 가지고 100을 원했을 때 50도 70도 성취할 수 있습니다. 10을 원한 사람은 100%를 다 얻는다 해도 10밖에 안 됩니다. 그래서 희망적인 사람만이 이 땅에서도 크게 성공할 수 있습니다. 희망을 포기하고 절망을 선택할 때 우리의 삶에는 실패가 찾아옵니다.

다섯째, 소망은 인간에게 용기와 의지를 줍니다. 소망은 눈으로 볼 수도, 손으로 만질 수도 없습니다. 소망은 언제나 우리 마음속에서 생겨납니다. 소망을 품는 데는 돈이 전혀 들지 않습니다. 대학 졸업장도 필요하지 않습니다. 엄청난 노동의 대가를 지불해야 하는 것도 아닙니다.

"여호와를 바라는 너희들아 강하고 담대하라"(시 31:24).

소망은 마음 상태입니다. 누구라도 가질 수 있습니다. 하나님께서는 원하는 사람들에게 영원한 소망을 주십니다. 이 소망은 용기와 의지를 불어넣어 주고, 마음을 굳세게 해 줍니다.

여섯째, 소망은 하나님을 찬양하는 마음을 갖게 해 줍니다. 소망을 품은 사람들은 하나님을 찬양할 수 있습니다. 돈이 적어도, 따뜻한 가족이 없어도, 건강을 잃었다 해도 여호와 하나님을 자기의 진정한 소망으로 삼는 사람은 하나님을 찬양할 수 있습니다.

"주 여호와여 주는 나의 소망이시요 내가 어릴 때부터 신뢰한 이시라 내가 모태에서부터 주를 의지하였으며 나의 어머니의 배에서부터 주께서 나를 택하셨사오니 나는 항상 주를 찬송하리이다"(시 71:5-6).

일생 동안 하나님을 찬양하면서 살면 얼마나 좋을까요? 그러기 위해서는 여호와 하나님을 유일한 소망으로 삼으시기 바랍니다.

일곱째, 소망은 우리를 깨끗하게 해 줍니다. 주님이 언제 오실지는 아무도 알 수 없습니다. 그러나 주님이 오시는 그날, 눈 깜짝할 사이에 우리는 예수 그리스도의 깨끗하고 완전하신 모습으로 변화되어 영광스러운 몸으로 죄와 눈물과 죽음이 없는 영원한 나라로 옮겨질 것입니다. 그래서 우리는 소망의 주님을 날마다 바라보며 우리 자신을 깨끗하게 만들어 갑니다. 이것이 소망을 가진 그리스도인의 모습입니다.

"주를 향하여 이 소망을 가진 자마다 그의 깨끗하심과 같이 자기를 예수를 믿는 사람들은 '죽는 그 순간에도' 희망이 있습니다. 폭풍이 몰아치는 들판에도 꽃은 피고, 지진이 난 땅에도 샘은 솟으며, 초토 속에서도 나무는 자랍니다. 우리 그리스도인은 슬픔의 순간에도 쓰러지지 않고 하나님을 의지하며 그분의 말씀을 붙들고 전진합니다. 주님이 주신 영원한 생명을 향해 전진하는 희망적인 사람들이 되어야 합니다. 여러분의 남은 생애를 소망으로 가득 채워 더욱 빛나고 행복한 삶을 사시기를 간절히 바랍니다.

그러나 사랑이 가장 위대합니다

"그런즉 믿음, 소망, 사랑, 이 세 가지는 항상 있을 것인데 그 중의 제일은 사랑이라" 고전 13:13

 고린도전서 13장을 살펴보았습니다. 이번 장에서는 전체를 복습하는 마음으로 사랑과 믿음과 소망의 전체적인 윤곽을 잡아 보려 합니다.

사도 바울이 고린도 교회 성도들을 위해 고린도전서 13장을 쓰게 된 배경이 있습니다. 고린도 교회만큼 성령의 은사가 많은 교회도 드물었습니다. 이 교회는 예언의 은사, 지식의 은사, 믿음의 은사, 구제의 은사, 병 고치는 은사, 방언의 은사, 섬기는 은사, 행정의 은사 등 여러 가지 영적 은사를 가지고 있었습니다. 아마도 이렇게까지 많은 은사를 가진 사람들이 모인 교회는 없을 것입니다.

이렇게 넘치는 은사를 받은 고린도 교회에 한 가지 문제가 있었습니다. 바로 사랑이 없었습니다. 사랑의 결핍 때문에 수많은 문제가 생겼습니다. 사랑은 없고 지식만 뛰어난 사람들이 모이니 한마음이 되지 못하고 "나는 바울파!", "나는 베드로파!", "나는 바나바파!", "나는 실라파!" 하며 여러 파당으로 나뉘어졌습니다. 또한 서로 시기하고 미워하고 싸우면서 복잡한 문제가 발생했습니다. 이 많은 문제 때문에 사도 바울이 고린도전서 13장을 편지로 써서 보낸 것입니다.

사도 바울은 우리가 어떤 대단한 능력을 가졌다 해도, 개인적으로 아주 훌륭하고 뛰어난 사람이라 해도 한 가지가 빠지면 우리의 지위와 지식과 은사가 아무 소용없다고 말합니다. 오히려 그런 것들이 다른 사람들에게 해를 끼치고 교회와 공동체 안에서 분쟁을 일으키는 요인이 된다는 것입니다. 그 한 가지란 바로 '사랑'입니다. 예언의 은사, 지식의 은사, 구제의 은사, 심지어 자기 몸을 불사르게 내주는 순교의 은사가 있다 할지라도 오직 사랑을 통해야만 그 본래의 목적대로 쓰일 수 있습니다.

하나님께서 우리에게 어떤 은사를 주셨을 때는 두 가지 목적을 위해서입니다. 첫째는 하나님의 영광을 위해서, 둘째는 교회를 위해서입니다. 자기 자신을 드러내기 위해 은사를 사용하게 되면 이 역시 아무 소용이 없습니다.

다른 그리스도인들에게 덕을 끼치지 못하는 방법으로 은사를 사용해도 마찬가지입니다. 우리에게 허락된 은사로 인하여 하나님의 영광이 드러나고 성도들이 은혜를 받고 교회가 세움을 입을 수 있어야 합니다.

"내가 사람의 방언과 천사의 말을 할지라도 사랑이 없으면 소리 나는 구리와 울리는 꽹과리가 되고 내가 예언하는 능력이 있어 모든 비밀과 모든 지식을 알고 또 산을 옮길 만한 모든 믿음이 있을지라도 사랑이 없으면 내가 아무 것도 아니요 내가 내게 있는 모든 것으로 구제하고 또 내 몸을 불사르게 내줄지라도 사랑이 없으면 내게 아무 유익이 없느니라"(고전 13:1-3).

여러분은 은사를 어떻게 사용하고 있나요? 자신의 은사를 교회를 위해 쓰고 있나요? 혹시 주일 아침에 예배만 잠깐 드리고 돌아가 버리지는 않나요? 주일 아침 예배 한 번 드리고 주중에는 교회와는 아무 상관없는 사람으로 사는 것은 잘못된 신앙입니다.

오래전부터 저희 교회에는 장애인들을 중점적으로 섬기는 '사랑부'라는 사역이 있습니다. 하루는 사랑부의 한 선생님이 제게 오셔서 "목사님, 저희 사랑부에는 남자 선생님이 오려고 하지를 않습니다."라는 말씀을 하셨습니다. 사랑부의 지체들은 몸이 불편하거나 정신이 온전하지 못하기 때문에 몸과 마음을 제대로 가누지 못합니다. 한 명에게 선생님 한 분이 필요합니다. 한 분이 여러 명을 돌볼 수 없기 때문입니다. 그런데 남자 선생님이 부족하답니다. 가끔은 힘이 필요한 일이 생기는데 남자 선생님이 없으니 여자 선생님들 여럿이서 고생을 해야 합니다. 이런 현상은 교회에 남자가 부족해서가 아니라 남자들의 가슴에 사랑이 부족하기 때문입니다. 신체적으로 정신적으로 장애가 있는 자녀들에게 봉사할 수 있는 기회가 마련되어 있는데도, 남자들은 자신의 사랑과 재능과 힘을 그 귀한 곳에 쓰려고 하지 않은 것입니다. 연약한 자들을 돌보는 이 사역은 지금도 계속되고 있습니다. 이들의 수가 더 많아져서 더 많은 섬김이 필요합니다. 지금은 주중에도 운영하는 사랑의 학교가 있고 복지법인이 세워져 세 개의 복지관을 운영하고 있습니다.

예수를 믿는 사람은 하나님과 이웃을 사랑하며 살기 때문에 누군 가에게 반드시 도움을 주며 사는 사람들입니다. 섬김은 그리스도인 의 특징이자 삶이 되어야 합니다. 무엇보다 사랑이 있어야 온전한 도 움이고 섬김이라는 것을 기억하십시오. 우리가 어떤 은사와 능력을 갖고 있다는 것만으로는 충분하지 않습니다. 거기에 사랑이 담겨져 있느냐가 중요합니다. 사랑이 없으면 각양 은사가 아무것도 아닙니 다. 하나님께서 여러분에게 주신 모든 은사를 총동원해서 사랑으로 섬기며 예수님과 같은 사랑을 전하는 삶을 살 수 있기를 바랍니다.

사랑의 본질
(13:4-7)

어떤 사람들은 '사랑'을 거창하고 대단한 것이라 생각합니다. 그리 고 대부분은 사랑의 행동이나 실천보다는 느낌과 감정을 떠올립니 다. 그러나 기독교에서 말하는 사랑의 본질은 감정이 아니라 애정을 담은 구체적인 행동이고 삶의 방식입니다.

우리 중에 사랑이 없는 사람은 한 사람도 없습니다. 예를 들어 상 대방을 배려해서 한 번이라도 참고 인내했다면 그것이 바로 사랑입 니다. 우리에게 고통과 상처를 주는 사람이 얼마나 많은가요? 그런 사람에 대해 한 번이라도 참아 주는 것, 그것이 사랑입니다. 특히 가 정에서는 가족끼리 참고 인내하는 태도가 절대적으로 꼭 필요합니 다. 가정은 천국의 모형이라고 일컫습니다. 가정 안에서 사랑의 훈련은 계속되어야 합니다.

친절을 베푸는 것도 사랑입니다. 처음 만나는 사람에게 밝은 얼굴로 인사하는 것도 친절한 사랑입니다. 그냥 지나치지 않고 가벼운 미소로 인사하는 것, 이것이 사랑입니다. 다른 사람에게 좋은 일이 생겼을 때 함께 기뻐하고 축하해 주는 것도 사랑입니다. 이웃에 새로운 사람들이 이사 오면 "아, 축하드립니다. 좋은 집에서 행복하게 사시기 바랍니다!"라고 먼저 인사를 건넵니다. 이것이 작지만 사랑의 구체적 행동입니다. 사촌이 땅을 사면 배가 아프다는 말이 있습니다. 이것은 사랑이 아닙니다. 사랑에는 질투가 없습니다. 남이 잘될 때 함께 기뻐해 주는 것이 사랑입니다.

나에게 다른 사람보다 더 훌륭한 무언가가 있을 때, 다른 사람의 기분과 상황을 고려해 자랑하고 싶은 마음을 참는 것도 사랑입니다. 사랑은 예수님만 할 수 있는 것이 아닙니다. 누구든 사랑을 할 수 있습니다. 사랑은 평범합니다. 사랑은 쉽고 간단합니다. 연습이 필요할 뿐입니다.

"사랑은 오래 참고 사랑은 온유하며 시기하지 아니하며 사랑은 자랑하지 아니하며 교만하지 아니하며 무례히 행하지 아니하며 자기의 유익을 구하지 아니하며 성내지 아니하며 악한 것을 생각하지 아니하며 불의를 기뻐하지 아니하며 진리와 함께 기뻐하고 모든 것을 참으며 모든 것을 믿으며 모든 것을 바라며 모든 것을 견디느니라"(고전 13:4-7).

타인에게 예의를 지키는 것이 사랑입니다. 우리는 하루에도 수십

번 사랑을 표현할 수 있습니다. 사람을 만날 때마다 사랑을 행동으로 표현하십시오. 미소를 건네고 다정한 말 한마디를 전하십시오. 격려와 위로를 베풀고 작은 친절을 행하십시오. 이것이 사랑입니다. 우리는 날마다 사랑을 실천하면서 살 수 있습니다.

다른 사람이 잘못했을 때 화내지 않고 참아 주고 용서해 주는 것도 사랑입니다. 잘못한 일들을 잊어 주는 것도 사랑입니다. 악을 싫어하고 선을 좋아하면 그것이 사랑입니다. 참아 주고 믿어 주고 희망적으로 생각해 주고, 모든 것을 품어 주는 것이 사랑입니다. 하나님께서 모든 사람의 가슴속에 이와 같은 사랑을 심어 주셨습니다. 우리 모두는 지속적으로 사랑의 훈련을 해야 합니다. 사랑은 행동입니다.

사랑의 영원성 (13:8)

이 세상의 모든 것들은 다 없어지고 사라집니다. 예언도 폐하고 방언도 그치고 지식도 끝이 납니다. 그러나 사랑만은 영원합니다. 사랑에는 절대로 실패가 없습니다. 언제 어디서 무엇을 하든 사랑으로 하게 되면 반드시 성공합니다.

"사랑은 언제까지나 떨어지지 아니하되 예언도 폐하고 방언도 그치고 지식도 폐하리라"(고전 13:8).

사람은 나이가 든다고 해서 성숙해지지 않습니다. 15세 청소년이라도 가슴속에 사랑이 있으면 성숙한 사람이고, 70세의 할아버지라도 가슴속에 사랑이 없으면 미숙한 사람입니다.

우리가 성숙하고 온전해질 날이 언제일까요? 작은 일에 사랑을 행하며 살아갈 때 그 속에 깊은 성숙함이 깃들게 됩니다. 다른 사람을 사랑하여 유익을 끼치고 친절을 베풀며 그들을 세워 주며 살아갈 때 우리는 점점 성숙해집니다. 즉, 우리 안에 계신 사랑의 예수님이 우리의 삶을 통해 더 많이 드러나신다면 우리는 진정으로 성숙해져 가고 있는 것입니다.

"우리는 부분적으로 알고 부분적으로 예언하니 온전한 것이 올 때에는 부분적으로 하던 것이 폐하리라 내가 어렸을 때에는 말하는 것이 어린 아이와 같고 깨닫는 것이 어린 아이와 같고 생각하는 것이 어린 아이와 같다가 장성한 사람이 되어서는 어린 아이의 일을 버렸노라 우리가 지금은 거울로 보는 것 같이 희미하나 그 때에는 얼굴과 얼굴을 대하여 볼 것이요 지금은 내가 부분적으로 아나 그 때에는 주께서 나를 아신 것 같이 내가 온전히 알리라"(고전 13:9-12).

사랑의 위대성
(13:13)

　세상을 살아갈 때 반드시 있어야 할 세 가지는 바로 믿음, 소망, 사랑입니다. '믿음'은 하나님을 신뢰하는 마음이며, 거기에서 나오는 능력입니다. 믿음은 신앙생활로 들어가는 첫 번째 문이요 시작입니다. 강력한 믿음이 있으면 우리는 이 땅에서도 많은 일을 성취할 수 있고, 위대한 사람으로 살아갈 수 있습니다.

　그리스도인에게는 하나님과 함께라면 무엇이든 할 수 있다는 강한 믿음이 필요합니다. 그랬던 성경 인물이 많이 있지 않습니까? 어린 다윗이 왕이 됩니다. 형들에 의해 팔려 간 요셉이 애굽의 국무총리가 되고, 포로로 잡혀간 다니엘이 세 명의 왕을 모신 총리가 되고, 느헤미야는 왕의 수석 비서관이 됩니다. 우리가 믿음으로 살다가 천국에 가면 그때는 믿음도 필요하지 않게 됩니다. 우리가 믿었던 것들이 전부 현실이 되기 때문입니다.

　동시에 우리에게는 '소망'이 있어야 합니다. 그래야만 하루하루를 밝게 살아갈 수 있습니다. 언제든지 하늘에 계신 주님을 바라보며 미래 지향적으로 살아야 합니다. 아무리 어려운 환경에 처해 있다 할지라도 하나님께서 내 삶의 주인으로 계시기에 밝은 앞날을 내다보는 희망적인 태도가 필요합니다. 하나님이 계시면 희망이 있습니다. 그러나 이 소망도 필요하지 않을 때가 반드시 옵니다. 바라고 기대하던 것들이 현실로 나타나는 그때가 되면 더 이상 소망이 필요하지 않습니다. 천국에서는 모든 희망이 현실이 되어 있기 때문입니다.

그러나 '사랑'은 영원합니다. 사랑만은 언제 어디서든 사라지지 않습니다. 믿음과 소망은 우리가 이 세상에서 살 때 꼭 있어야 하지만 저 천국에서는 모두 현실로 이루어졌기 때문에 불필요합니다. 그러나 사랑은 이 세상과 천국에서도 필요한 것이기 때문에 가장 위대한 것은 사랑입니다. 저는 이 책을 읽은 그리스도인들이 '사랑의 사람'으로 살아가기를 바랍니다. 무엇보다도 사랑을 추구하시기 바랍니다. 돈을 많이 버는 사람, 공부를 많이 해서 똑똑한 사람, 머리가 좋은 사람, 인기 있는 사람, 일을 잘하는 사람, 지위가 높은 사람이 되려고 애쓰기보다 하나님께서 주신 큰 사랑을 품고 그 사랑을 진실하게 행동으로 옮기며 일생을 살아가는 사람들이 되시기 바랍니다.

"그런즉 믿음, 소망, 사랑, 이 세 가지는 항상 있을 것인데 그 중의 제일은 사랑이라"(고전 13:13).

사랑의 사람이 되십시오. 사랑의 사람으로 살아가십시오. 사랑을 드러내며 사는 사람이 되십시오. 예수님처럼 사랑하며 사십시오. 여러분의 남은 생애에 하나님께는 영광이, 모든 사람에게는 유익이, 교회와 공동체에는 은혜가 되는 온전한 사랑이 가득하기를 바랍니다. 세상의 무엇보다도 가장 소중하고 영원한 사랑을 추구하며 사십시오. 이것이 여러분을 향한 저의 간절한 기도입니다.

2부

전도는 최고의 사랑이다

개인이 전도하는 방법

"그러므로 너희는 가서 모든 민족을 제자로 삼아 아버지와 아들과 성령의 이름으로 세례를 베풀고 내가 너희에게 분부한 모든 것을 가르쳐 지키게 하라 볼지어다 내가 세상 끝날까지 너희와 항상 함께 있으리라 하시니라" 마 28:19-20

이 세상에서 구원받는 것처럼 쉬운 일도 없습니다. 하나님께서 그의 아들 예수 그리스도를 통해 구원의 역사를 완벽하게 이루어 놓으셨습니다. 예수님께서 우리의 과거, 현재, 미래의 모든 죄와 허물을 전부 다 짊어지셨습니다. 우리가 구원받기 위해 해야만 하는 것은 없습니다. 우리는 하나님의 놀라운 사랑에 감사하며 놀라운 그분의 은혜를 전하며 살면 됩니다.

어느 아버지가 제게 고등학생인 자기 자녀에게 복음을 전해 달라고 부탁한 적이 있었습니다. 그분은 제가 직접 복음을 전해서 예수님을 믿고 집사 직분까지 받은 분입니다. 집사님이 저를 통해 예수님을 믿고 구원받았으니 아들까지 주님을 믿게 된다면 얼마나 기쁜 일일까요? 그러나 저는 이렇게 말씀드렸습니다. "집사님, 물론 제가 할 수도 있지만 아버지가 그 아들을 위해 한 달 정도 기도한 후에 아들에게 복음을 전하면 어떨까요? 아들의 육신의 생명뿐 아니라 영원한 생명까지도 얻게 해 준다면 하나님이 얼마나 기뻐하실까요? 제가 집사님께 복음 전하는 방법을 알려 드려도 되겠습니까?" 그러고는 전화상으로 복음 전하는 방법을 알려 드렸습니다.

집사님은 두 시간 동안 받아 적은 내용을 한 달 동안 연습하고 익

했습니다. 그러면서 하나님께 간절히 기도했습니다. 저는 그렇게 연습하고 기도한 후에 복음을 전했는데도 아들이 받아들이지 않는다면 그때 다시 전화를 달라고 했습니다.

두 달 후에 전화가 걸려 왔습니다. 집사님은 몹시 흥분해 있었습니다. "목사님, 제가 목사님께서 알려 주신 대로 했더니 저희 아들이 드디어 예수 그리스도를 자신의 구주로 영접했습니다!" 저는 그 아들이 세례 문답을 받게 되었을 때 "너 어떻게 예수님을 믿게 되었니?"라고 물었습니다. 아들은 아버지가 자신에게 전해 준 내용을 그대로 이야기했습니다. 그 이야기를 듣고 서는 "너는 참 축복받은 아이로구나. 보통 사람은 목사님이나 다른 사역자에게 복음을 듣고 구원받게 되는데 너는 아버지가 영원한 생명을 얻게 해 주셨으니 너희 아버지야말로 이 세상에서 둘도 없는 귀한 분이로구나. 얼마나 감사한 일이니!"라고 말해 주었습니다.

많은 성도들은 전도할 때 목사님이나 사역자를 의지하는 경향이 있습니다. 그러나 이제는 평신도가 앞장서서 말씀을 전하고 복음을 전파하는 사역을 해야 합니다. 목회자의 참된 기쁨은 설교하는 데 있지 않습니다. 주님을 믿지 않던 사람이 구원받았다는 이야기, 어떤 성도가 드디어 말씀을 깨달았다는 이야기 등이 진정으로 큰 기쁨이 됩니다. 이런 소식은 목회자에게 힘과 용기를 줍니다. 특히 목사나 사역자가 아닌 평신도를 통해 복음을 전해 듣고 구원받았다는 소식을 들을 때 가장 기쁩니다.

여러분을 통해, 여러분 한 사람을 통해 예수님을 믿게 된 사람들이 교회로 와야 합니다. 이것이 '평신도 목회 운동'입니다. 이는 사도

행전 8장에서 말하는 사역이기도 합니다. 사도들은 모두 예루살렘에 있었고 전국 방방곡곡으로 흩어진 평신도들이 복음을 전했다고 사도행전은 증언합니다.

전도 훈련의 목적

첫째, 은사를 발견하기 위함입니다. 전도의 은사를 받았음에도 자기에게 그런 은사가 있음을 발견하지 못하고 있는 사람이 많습니다. 성도의 10% 정도는 개인 전도의 은사를 받은 사람입니다. 나머지 90%의 성도 역시 전도의 특별한 은사가 없다 하더라도 보통 정도의 전도는 할 수 있습니다. 저는 이 책에서 전도의 핵심 사항을 나누어 소개함으로써, 전도에 은사가 있는 사람들이 그 은사를 발견하고 모든 기독교인들이 전도할 수 있도록 돕고 싶습니다.

둘째, 자기의 신앙을 점검하기 위함입니다. 전도의 특별한 은사가 없더라도 복음을 전한다는 것에 대해, 또 복음의 내용이 무엇인지에 대해 정확히 앎으로써 자기 신앙에 확신을 갖고 자기 믿음을 점검할 계기를 마련해 주고자 합니다.

셋째, 목회자적인 삶을 살기 위해서입니다. 평신도로 살아왔다 해도 전도를 꼭 해야겠다는 다짐과 열정이 생긴다면 마음가짐이 달라집니다. 인생의 방향이 변합니다. 전도에 대한 열정이 여러분의 남은

인생을 다른 영혼을 구원하는 전도자적인 삶의 방향으로 이끌어 갈
것입니다.

온 세상보다 귀한
한 생명

2천 년 전에는 처음 예수님을 믿은 평신도들이 얼마든지 복음을
전했습니다. 한국에서 고등 교육까지 받은 요즘 성도들이 복음 전파
사역을 못할 리 없습니다. 지금처럼 뛰어난 실력과 능력을 가진 사람
들이 많은 시대는 없었습니다.

저는 평신도의 능력을 알고 또 신임합니다. 믿고 기다리다 보면 평
신도의 능력과 가능성이 실로 엄청나다는 사실을 몸소 체험하게 됩
니다. 그래서 제가 평신도 훈련을 꾸준히 해 올 수 있었습니다. 이 훈
련을 통해 한 사람, 두 사람이 복음 전도 운동을 일으켰고, 그에 따
른 놀라운 일들을 경험하게 되었습니다. 여러분을 통해 단 한 사람이
라도 복음을 듣고 예수님을 믿어 구원에 이르게 된다면, 이는 온 세
상보다 귀한 한 영혼을 얻는 것입니다.

제가 워싱턴에 있을 때 워싱턴의 평신도 지도자 40여 명이 저를
찾아왔습니다. "목사님, 이제 전도 대회를 합시다. 이제껏 해 온 부흥
회는 주님을 믿는 사람들을 위한 것이었습니다. 이제는 믿지 않는 사
람들을 위해 전도 대회를 합시다. 저희가 조직하겠습니다!"라는 그들
의 말에 저는 그렇게 하자고 흔쾌히 답했습니다. 그때부터 평신도들
의 놀라운 조직력이 발휘되기 시작했습니다. 그 당시에는 부흥회에

500명이면 아주 많이 모인 것이었습니다. 그런데 전도 대회를 열었더니 1,300명이 모였습니다. 목사님들이 연합 부흥회를 주관할 때는 500여 명 모였던 집회를 평신도들이 주관해서 1,300명이 모였으니 다들 깜짝 놀랐습니다.

이민 초기 시절이었습니다. 평신도가 주관하는 집회에 1,300명이 모인 그 일은 여섯 개의 신문에 사진과 함께 헤드라인으로 실렸습니다. 그때 평신도 지도자들이 이렇게 말했던 것이 기억납니다. "목사님이 말씀하시기를 한 영혼이 온 우주보다도 더 귀하다고 하셨는데, 우리가 많은 돈을 들이고 이만한 노력을 해서 단 한 명이라도 구원받는다면 우리의 노력은 참으로 가치 있지 않겠습니까?"

그렇습니다. 한 영혼이 온 세상, 온 우주보다 더 귀하다는 것은 예수님의 말씀입니다. 사흘 동안 저녁 집회에서 153명이 예수님을 믿고 구원받았습니다. 한국에서 153명은 평범한 숫자일지 모르지만, 당시 이민 사회에서는 놀라울 정도로 큰 수확이었습니다.

많은 사람을 전도해야겠다는 생각보다는 한 사람을 전도하겠다는 생각으로 임하십시오. 기도하면서 복음 전하는 연습을 하십시오. 오랜 시간 기도하고 준비하다가 한 영혼을 만나 복음을 전한다면 분명 하나님의 크신 역사가 일어날 것입니다.

복음을 전해야 하는 이유

교회와 그리스도인들은 온 세계 열방으로 나아가 모든 민족에게 복음을 전하라는 사명을 받았습니다. 그렇다면 우리가 복음을 전해야 하는 '진짜' 이유는 무엇일까요?

첫째, 하나님은 모든 인간을 사랑하시기 때문입니다. "하나님이 세상을 사랑하사 독생자를 주셨으니 이는 그를 믿는 자마다 멸망하지 않고 영생을 얻게 하려 하심이라"(요한 3:16). 모든 인간에게는 창조의 질서에 따라 하나님께서 육신의 생명을 주셨습니다. 창조의 아버지이신 하나님께서 죄로 타락한 사람들의 죄를 이제는 용서하시고 영원한 생명을 주시기로 작정하셨습니다.

둘째, 예수님의 명령이기 때문입니다. 예수님께서는 우리에게 어떤 명령을 주셨나요?

"그러므로 너희는 가서 모든 민족을 제자로 삼아 아버지와 아들과 성령의 이름으로 세례를 베풀고 내가 너희에게 분부한 모든 것을 가르쳐 지키게 하라 볼지어다 내가 세상 끝날까지 너희와 항상 함께 있으리라 하시니라"(마 28:19-20).

그리스도인들은 예수님의 이 명령을 따라 2천 년 동안 전 세계 곳곳에서 복음을 전했습니다. 이제 세계 인구 76억 명 가운데 3분의 1이 예수 그리스도를 구주로 믿고 있습니다.

셋째, 우리도 영혼을 사랑하기 때문입니다. 한 영혼을 얻는다는 것이 얼마나 중요한 일인가요? 반대로 한 영혼을 잃어버린다는 것은 얼마나 더 눈물겹고 가슴 아픈 일인지 모릅니다. 여기서 잃어버린다는 것은 영원히 잃어버린다는 뜻입니다. 다시 돌이키거나 살릴 수 없다는 말입니다. 자기 아들의 목숨을 내어 주기까지 우리를 사랑하시는 하나님 아버지의 마음으로 구원의 복음을 전해야 합니다.

넷째, 신앙생활에서 오는 감격 때문입니다. 우리는 예수님을 영접하고 구원받은 후 본격적인 신앙생활을 하게 됩니다. 여러분은 어떤 마음으로 신앙생활을 하시나요? 감격스럽고 기쁜 마음인가요? 아니면 무덤덤하고 심드렁한 마음인가요? 어쩌면 '아, 조금 더 일찍 주님을 믿었더라면!' 하는 마음도 있을 것이고 '왜 진작 나에게 복음을 전해 주지 않았나?' 하며 누군가를 원망하는 사람도 있을 것입니다. 어떤 사람은 왜 진작 복음을 가르쳐 주지 않았느냐는 책망에 대해 자기의 선한 행실을 보고 주님을 믿게 하려 했다고 변명하기도 합니다. 그러나 사람의 행실만을 보고 예수님을 영접하기는 힘듭니다. 복음의 핵심 내용이 전해져야 합니다.

"그러므로 믿음은 들음에서 나며 들음은 그리스도의 말씀으로 말미암았느니라"(롬 10:17).

이 말씀처럼 믿음은 '들음'에서 나기 때문에 복음에 대한 내용을 꼭 귀로 들어야 합니다. 누군가가 복음을 들으려면 반드시 복음을 전하는 사람이 필요합니다. 그 사람이 바로 우리 그리스도인입니다.

저는 예수님을 믿으니까 너무 행복하고 좋았습니다. 그래서 수시로 '예수님을 믿지 않았으면 큰일 날 뻔했다.'라고 생각했습니다. 이렇게 복된 인생이 있는 줄 모르고 분명 방황하며 의미 없이 살았을 것이기 때문입니다. 이 엄청난 축복의 삶을 모르고 사는 것은 얼마나 손해인가요?

예수님을 믿지 않는 인생은 보지 않아도 뻔합니다. 먹고 마시고 시집가고 장가가고 즐길 것입니다. 물론 이것이 잘못되었다는 뜻은 아닙니다. 그러나 예수님을 믿으면 삶의 질이 완전히 바뀝니다. 저는 이것을 날마다 느낍니다. 그래서 주님을 믿지 않는 사람을 볼 때마다 안타까운 마음에 한시라도 빨리 복음을 전하고 싶어집니다.

언제 복음을 전할 수 있는가

구원의 복음을 완전히 이해한 후 구원의 확신이 있고 성령이 내 안에서 역사하시고, 나를 감싸 주시고, 나를 붙들어 주시고, 또한 나에게 힘을 주시면 내가 예수 그리스도의 증인이 될 수 있습니다.

"오직 성령이 너희에게 임하시면 너희가 권능을 받고 예루살렘과 온 유대와 사마리아와 땅 끝까지 이르러 내 증인이 되리라 하시니라"(행 1:8).

교회는 건물이나 예배당이 아닙니다. '성도'가 바로 교회입니다. 교회는 온 세계로 나아가 복음을 전할 사명을 받았습니다. 그렇기 때문에 목회자나 평신도나 할 것 없이 누구나 한 번은 전도 훈련을 받고, 평생 동안 복음 전파의 사명을 감당해야 합니다.

저는 중학교 시절, 전도 훈련을 한 번도 받아 본 적 없는 상태에서 부산 광복동으로 노방 전도를 나갔습니다. 찬송도 부르고 설교도 해 보았습니다. 그런데 중학교 3학년이 하는 설교를 듣고 예수님을 믿을 사람이 몇 명이나 있었겠습니까? 저는 전도해야 한다니까 그저 저희 목사님을 일시적으로 흉내 낸 것뿐이었습니다. 고등학생 때는 서울 파고다공원, 남산 꼭대기, 서울역, 광화문, 남대문시장 등으로 나가 같은 방법으로 전도를 했습니다. 그러나 역시 별 효과가 없었습니다. 신촌 집에서 서울시청 근처에 있는 교회까지 걸어서 오가며 전도지를 나눠 주기도 했습니다. 고등학생 신분으로 어른들에게 전도지를 나눠 주려니 괜히 겁도 났습니다. 주위를 두리번거리다가 길가에 앉아 계신 할아버지나 할머니들에게만 전도지를 드린 적도 있습니다. 저의 전도지를 받고 예수님을 믿게 된 사람이 있었는지 저로서는 알 도리가 없습니다.

제가 개인적으로 교회로 인도한 친구들 중에 목사가 된 친구가 있습니다. 그런데 제가 직접 복음을 전해 본 적은 없습니다. 그저 우리 교회에 가자고만 했을 뿐입니다. 복음을 설명하려 해도 복음의 내용도, 핵심도 정확하게 몰랐으니 제대로 설명해 줄 수 없었습니다.

예전에는 '전도'와 '인도'를 구별하지 못했습니다. '인도'는 교회로 데리고 오는 것입니다. '전도'는 복음의 메시지를 전하는 것입니다. 우리는 '인도'도 해야 하지만 '전도'를 해야 합니다. 저도 사실 '교회만 데려가면 어떻게든 되겠지!'라는 생각을 했습니다. 그때까지만 해도 복음을 어떻게 설명해야 하는지, 복음의 필수적이고 핵심적인 내용이 무엇인지를 배우고 훈련받지 못했기 때문입니다. 예수님이 십자가에서 돌아가시고 우리의 구원자가 되셨다는 말씀은 익히 들었으나, 이 복음을 체계적으로 배워 보지 못했으니 효과적인 복음 전파를 할 수가 없었던 것입니다.

이제는 노방 전도가 여러 가지 전도 방법 중에서 노력에 비해 큰 효과가 없는 전도 방법이라는 것을 압니다. 미국 교회의 통계 자료를 봐도 이는 확실한 사실입니다. 그런데도 노방 전도에 교회와 성도의 시간과 노력이 가장 많이 들어갑니다. 어떤 이유로든 교회를 다니다가 예수님을 구주로 믿고 영접하는 사람도 많습니다만, 실상은 가족, 친척, 친구를 일대일로 만나 복음을 전할 때 전도 효과가 가장 큽니다. 예수님께서도 복음을 '전하라'고 말씀하셨습니다. 이것이 우리에게 전도 훈련이 필요한 이유입니다. 목회자뿐만 아니라 평신도도 마찬가지입니다.

"그가 어떤 사람은 사도로, 어떤 사람은 선지자로, 어떤 사람은 복음 전하는 자로, 어떤 사람은 목사와 교사로 삼으셨으니 이는 성도를 온전하게 하여 봉사의 일을 하게 하며 그리스도의 몸을 세우려 하심이라"(엡 4:11-12).

'온전하게 하다'는 영어로 '이퀴핑(equipping)'이며, '훈련하다'라는 의미를 지니고 있습니다. 목회자나 교사들이 성도들을 훈련하여 봉사의 일(the work of ministry)을 하게 한다는 것입니다. 이것은 미니스

트리, 즉 목회적 사역을 하게 한다는 뜻입니다. 선지자와 예언자와 복음 전하는 목회자와 교사들이 성도들을 훈련시키는 목적은 무엇일까요? 바로 예수 그리스도의 몸인 교회를 일으켜 세우기 위함입니다.

그리스도의 몸을 세우는 데는 두 종류의 사람이 필요합니다. 첫 번째는 하나님께서 교회 지도자로 세워 주신 전도자요, 목사요, 교사입니다. 두 번째는 성도, 즉 평신도들입니다. 평신도가 목회적 사역을 한다는 것입니다. 제가 미국에서 이 놀라운 진리를 처음 깨달았을 때 얼마나 감격스러웠는지 모릅니다. 한국어판 성경에서는 '목회자의 일'을 '봉사의 일'이라고 번역해 놓았기 때문에 많은 오해를 낳았습니다. 봉사의 일이라고 하면 금방 교회의 부엌을 생각합니다. 주일에 점심을 만들어 성도들에게 대접하고, 주보를 나눠 주고, 교통정리를 하는 등 몸으로 뛰어다니며 이런저런 일을 섬기면 평신도로서의 역할을 다하는 것이라고 생각해 왔습니다. 그러나 평신도도 얼마든지 목회적 사역을 할 수 있습니다. 이미 오래전 초대 교회에서도 그렇게 했고, 오늘날에도 충분히 가능한 일입니다.

그러나 지금까지 평신도도 할 수 있고, 해야 했던 '목회적 사역'을 목사 혼자만 해 왔습니다. 목회는 목사님의 전유물이고 평신도는 목사님이 하시는 사역을 도와주면 된다고 여겼습니다. 목사는 주일 예배, 수요 예배, 금요 예배, 새벽 기도회, 모든 심방, 성경 공부, 각종 기도회, 크고 작은 부서 모임, 전도, 선교, 상담, 결혼식, 장례식, 당회, 제직회, 노회, 총회 등 그 외에도 많은 사역을 다 해야 합니다. 심방을 해도 담임목사님이 오셔야 합니다. 담임목사가 아니면 심방을 받은 것 같지 않습니다. 그 밖의 다른 여러 문제가 생겼을 때도 달려가야 합니다. '목회자'로 살아야 할 평신도들은 가만히 앉아서 목사가 오기만을 기다리고, 목사는 여기저기 불려 다니느라 바쁘니, 목사가 시간이 모자라는 것은 당연합니다.

목사 혼자 모든 성도를 다 돌보는 것은 사실상 불가능한 일입니다. 그러니 여기저기서 불평불만이 터져 나오고, 목사는 결국 지쳐 쓰러질 수밖에 없습니다.

저는 오래전에 목사님들에게 성경 공부를 가르치고, 그분들을 격려하며 돕는 사역을 한 적이 있습니다. 그 당시 매주 월요일 오전에 한 번씩 만났던 목사님들은 항상 지쳐 있었습니다. 당연한 일입니다. 목사 혼자만 '목회'를 하고 나머지 성도들은 모두 다 '봉사'만 하고 있었기 때문입니다.

목사는 선생이요, 훈련자입니다. 평신도는 목회자입니다. 이것이 성경의 원리요 사도 바울의 목회관입니다. 전도도, 성경 공부도, 성도들을 영적으로 돌보는 것도, 상담이나 신앙 고민을 들어주는 것도, 기도와 위로를 해 주는 것도 모두 마찬가지입니다. 하나님께서 교회 안에 필요한 모든 은사를 성도들에게 골고루 다 주셨습니다.

평신도들이 능히 잘할 수 있고, 해야만 하는 '목회'를 목사 혼자 독점하다 보니 당연히 '목회'가 잘되지 않고 힘이 드는 것입니다. 다시 말하면 목회자가 평신도들의 특권을 다 빼앗아 버리니 평신도들은 목회적 사역을 할 기회를 얻지 못하고, 훈련이 없으니 목회를 어떻게 하는지 알 수도, 배울 수도 없었던 것입니다. 이것이 오래전 교회와 목회자와 평신도들의 모습이었습니다. 이제는 시대가 많이 바뀌었습니다. 바야흐로 평신도 목회의 시대가 되었습니다. 그래서 우리 모두에게는 신앙 훈련이 필요합니다.

저는 여러 해에 걸쳐 신학교와 대학원 과정을 마쳤습니다. 그 기간 동안 수많은 과목을 수강했고 많은 책을 읽었고 많은 논문을 썼습니다. 그런데 그 많은 과목 중에 '전도학'은 한 학점도 없었습니다. 기가 막힌 노릇입니다. 헬라어, 히브리어, 아람어, 독일어, 라틴어도 배웠고 현대 신학을 비롯해 '학(學)'이란 학은 다 공부했지만 '전도학'만은 어디에도 개설되어 있지 않았습니다. 이는 신학교 커리큘럼에 문제가 있는 것입니다. 이 사실을 깨닫고 난 후 저는 교수가 되었습니다. 그리고 그때부터 전도하는 것을 배웠습니다. 제가 전도를 어디서 어떻게 배웠을까요?

교수가 된 첫해였습니다. 신학교에서 저에게 '전도학'을 가르쳐 달라고 부탁했습니다. 처음 맡은 과목이지만 "학장님, 저는 전도학을 가르칠 수 없습니다."라고 거절하기도 어려운 상황이었습니다. 그제야 신학교 2학년 때 전도로 성장하고 있던 교회의 목사님이 한 시간 동안 전도에 대한 특강을 하신 게 기억나 그분의 책을 찾아보며 공부하기 시작했습니다. 그 과정에서 저는 '아, 이것이 목회의 골자구나. 그런데 나는 지금까지 어떤 훈련을 받았나?'라는 생각을 하였습니다. 결국은 학생들을 가르치면서 함께 나가 전도를 하게 되었습니다. 그러면서 전도가 무엇인지 제대로 깨달았습니다. 그때 이후로 저는 평신도들에게 전도 훈련을 했습니다. 평신도들이 전도 훈련을 받으니 저보다 훨씬 더 전도를 잘하는 분들도 있었습니다. 여러분도 충분히 전도할 수 있습니다. 전도 훈련을 받고, 성령의 힘을 의지한다면 누구라도 전도할 수 있습니다.

효과적인 전도 방법은 강의실에서 배우고, 실습을 통해 익힐 수 있습니다. 제가 처음 미국에 갔을 때, 여름 방학 동안 책을 판매하는 일을 했습니다. 출판사에서는 '세 명에게 책을 소개하면 평균적으로 한 명은 책을 구매한다.'라는 일종의 세일즈 법칙을 일러 주었습니다. 즉, 한 사람은 사고, 두 사람은 사지 않는다는 것입니다. 그 사실을 미리 알려 주니 참 좋았습니다. 한 사람이 사지 않겠다고 거절해도 '아, 이제 두 명에게 더 권해 봐야지!'라고 생각하며 힘을 낼 수 있었습니다.

전도도 이와 마찬가지입니다. 여러분이 누군가에게 복음을 전했을 때 "나중에 한번 생각해 보겠습니다."라는 반응이 나올 수 있습니다. 그럴 때 좌절하지 마십시오. 이는 복음에 대한 반응이지 당신에 대한 거절이 아닙니다. 전도하다가 두 번만 거절당하면 '내가 이렇게 전도 실력이 없나?' 하고 낙심합니다. 전도자의 실력이 없어서가 아닙니다. '거절'은 그저 사람들이 복음을 듣고 나타내는 수많은 반응 중 하나일 뿐입니다. 연구 통계에 의하면 한 사람이 예수를 믿게 되는 데는 여러 가지 방법으로 최소한 여덟 번 정도 예수님에 대해서 들은 다음이라고 합니다. 우리가 그 여덟 번 중의 한 번일 수도 있습니다. 내가 심어 놓은 씨가 언젠가 열매를 맺을 수 있습니다.

한 번, 두 번 거절당하더라도 포기하지 않고 계속해서 복음을 전하다가 한 사람이 나를 통해 예수님을 믿고 구원받으면, 그때는 하늘을 날아갈 것처럼 기쁘고 마음이 벅차오릅니다. '아, 나도 할 수 있다! 주님, 감사합니다!' 하며 자신감을 갖습니다. 사실상 복음을 정확하게 전하면 많은 경우 예수를 믿습니다. 그렇게 어려운 것이 아닙니다.

한 명의 영혼을 구하는 것보다 '영혼을 구할 수 있는 전도자를 훈련하는 것'이 훨씬 중요합니다. 생선 한 마리를 주는 것보다 고기 잡는 법을 가르쳐 주는 것이 더 중요하다는 이치와 같습니다. 그러므로 함께 전도할 팀을 만들어 협력하며 전도하는 것이 좋은 방법입니다. 자기와 손발이 잘 맞고, 마음을 다해 함께 전도할 수 있는 사람과 한 팀이 되어 복음을 전하면 더욱 큰 효과를 거둘 수 있습니다. 혼자보다는 두세 사람이 함께하는 것이 좋습니다. 또한 전도 훈련을 할 때는 말씀 암송이나 성경 과제 혹은 간단한 시험을 치를 수도 있습니다. 이는 꼭 통과해야 하는 시험이고 반드시 수행해야 하는 과제로 여겨야 합니다.

복음 전도를 할 때는 전도자의 외적인 면도 신경 쓰도록 훈련하십시오. 전도자는 사람들에게 호감을 주어야 합니다. 이야기를 이어 나가고, 대화를 하고 싶은 사람이어야 합니다. 나의 모습으로 인해 사람들이 예수님에 대해 호감을 가질 수 있도록 자신을 내·외적으로 다듬어야 합니다.

"십자가의 도가 멸망하는 자들에게는 미련한 것이요 구원을 받는 우리에게는 하나님의 능력이라"(고전 1:18).

십자가의 도가 영적인 이해력이 없는 비기독교인들에게 '미련한 것'으로 보이는 것은 어쩔 수 없지만, 십자가의 도를 전하는 사람들이 걸림돌이 되어서는 안 됩니다. 우리 자신이 십자가의 도를 전하는 데에 장애가 되지 않도록 자신을 계발하는 부단한 노력과 기도가 있어야 하겠습니다. 물론 우리가 이처럼 내·외적으로 노력한다 해도 사람들은 언제든지 예수 그리스도의 복음을 거부할 수 있다는 사실을 기억하십시오.

개인을 전도하는 방법

전도 방법에는 여러 가지가 있습니다. 그중 자신에게 맞는 전도 방법 한 가지를 찾아 완전히 숙달해야 합니다. 자기에게 잘 맞는 방법을 일단 확실하게 훈련하고 익혀 놓으면 때로는 필요한 내용을 첨가하거나 시간에 따라 생략하며 강약을 자유롭게 조절해 나갈 수 있습니다.

첫째, 사영리(四靈理, Four Spiritual Laws) 방법입니다. 이것은 C.C.C.(대학생 선교회)에서 개발한 방법으로 주로 일대일로 만나 사영리 책자를 읽어 주고 결신 부분까지 나아갑니다. 사영리 책은 기독교 서점 어디에서나 쉽게 구할 수 있습니다.

둘째, 네비게이토(Navigator)의 '다리(bridge)' 방법입니다. 네비게이토 전도 책자에는 사람과 하나님 사이에 놓여 있는 계곡 그림과 그에 대한 설명이 나옵니다. "이 계곡을 건너려고 어떤 사람은 선한 일을 하고 어떤 사람은 종교적인 경건 생활을 철저히 합니다. 그러나 인간적인 노력으로는 그 누구도 하나님께로 건너갈 수 없습니다. 오직 십자가를 통해서만 사망에서 생명으로 옮겨질 수 있습니다." 이와 같은 복음을 설명하는 효과적인 그림입니다. 그림이 있으니 이해하기도 수월합니다.

셋째, 전통적인 방법입니다. 이 방법에서는 "인간은 죄인입니다."라는 말로 서두를 엽니다. 그런데 처음부터 "당신은 죄인입니다!"라고 하면 거부감이 들 수밖에 없습니다. 그런 말을 들으면 누구라도 예수님을 믿고 싶은 마음이 사라질 것입니다. 특히 우리나라 사람들은 "당신은 죄인입니다!"라고 하면 "당신이 누구인데 나를 보고 죄인이라고 하느냐?" 하며 펄쩍 뜁니다. 대부분의 사람이 '죄인' 하면 교도소에 있는 흉악한 죄수를 떠올리기 때문입니다. 이 '죄인'이라는 단어 때문에 전도하기가 참 어렵습니다. 그러나 듣는 사람에게 '죄인'의 참된 의미를 설명해 주어서 깨닫게 하면 전도하기가 훨씬 수월해집니다.

요즘은 듣는 사람의 기분이 상하지 않도록 "하나님께서 당신을 사랑하십니다." 혹은 "하나님께서 당신을 향한 놀라운 계획을 갖고 계십니다."라는 말로 서두를 시작합니다. 예전에는 간호사들이 주사를 놓을 때 바늘을 바로 살갗에 찔렀습니다. 그러나 요새는 피부를 한 대 찰싹 때리고 바늘을 찌르니 아픈 줄 모릅니다. 전도 역시 사람의 마음을 잘 이해해서 접근해야 합니다. 물론 전통적인 방법이 나쁘다는 뜻은 아닙니다. 이 방법으로도 많은 사람들이 예수님을 믿고 구원받았습니다만 좀 더 좋은 방법이 있다면 사용할 수 있을 것입니다.

넷째, 전도 폭발(Evangelism Explosion) 방법입니다. 이 방법을 개발한 분은 미국의 제임스 케네디(Dr. James Kennedy, 1930-2007) 목사님입니다. 그가 선교사로 작은 개척 교회에 파송되었을 때 처음 그 교회의 교인은 서른 명이었습니다. 2년 후에는 열두 명으로 줄어들었습니다. 케네디 목사님이 낙심해 있을 때쯤 남부에 계시던 한 나이 지긋한 목사님이 케네디 목사님에게 부흥회를 부탁했습니다.

노(老)목사님은 케네디 목사님에게 함께 심방을 가자고 청했습니다. 어느 가정에 들어서자 노목사님은 "이번에 저희 교회에서 부흥회를 하는데 저희 교단에서 유명한 케네디 목사님이 오셔서 말씀을 전하십니다. 이분이 바로 그분입니다. 꼭 오십시오!"라고 소개했습니다. 그런 다음 노목사님이 몇 마디를 더 전했는데, 예수님을 믿지 않던 사람이 그 자리에서 예수님을 믿고 영접하는 것이 아니겠습니까? 이 놀라운 광경을 지켜본 케네디 목사님은 큰 충격을 받았습니다. 자기는 개척 교회로 부임해 서른 명이던 교인을 열두 명으로 만들어 놓았는데, 이 노목사님은 처음 만난 불신자를 그 자리에서 예수님을 믿게 만들었기 때문입니다.

그날 그 집에서 예수님을 영접한 사람이 저녁 예배에 나왔습니다. 노목사님이 집집마다 다니면서 복음을 전하면 복음을 들은 사람들이 모두 예수님을 믿었습니다. 그다음 날도 함께 심방을 다녔는데, 어제와 같은 놀라운 일들이 계속해서 일어났습니다. 케네디 목사님이 가만히 보니 노목사님이 복음을 설명하는 데는 정해진 순서가 있었습니다. 늘 똑같은 순서로 복음을 전했는데, 그렇게 이야기하기만 하면 사람들이 다 예수님을 믿고 영접했습니다.

부흥회가 끝나고 집에 돌아온 케네디 목사님은 노목사님이 하셨던 것을 그대로 노트에 정리해 열심히 연습했습니다. 그리고 노목사님과 똑같이 복음을 전하기 시작했습니다. 그랬더니 예수님을 믿는 사람들이 하나둘씩 생겨났습니다. 그때부터 케네디 목사님은 한 명 두 명 전도하기 시작해 작은 교회를 6천 명 이상의 교인이 출석하는 대형 교회로 성장시켰습니다. 저도 이 방법을 통해 효과적인 전도 사역을 할 수 있었습니다.

다섯째, 생활 속의 전도(Lifestyle Evangelism)입니다. 사영리나 네비게이토, 전도 폭발 방법은 모두 복음을 즉석에서 짧은 시간 안에 설명하는 방법입니다. 어떤 사람은 처음 만난 자리에서 바로 복음을 전해도 예수님을 믿습니다. 그러나 그 순간에는 알아듣고 이해하는 것 같지만 시간이 지나면 잊어버리게 됩니다.

또 다른 성공적인 전도 방법 중 하나가 일상생활에서 좋은 인간관계를 형성한 후에 복음을 전하는 것입니다. 이웃에게 복음을 전하기 위해 생활 속에서 섬기고 사랑하며 적절한 때를 기다리는 것입니다. 오랜 시간 좋은 사귐을 유지하다가 복음을 전해 예수님을 믿게 된 경우는 믿음을 중도 포기하거나 신앙을 잃어버릴 확률이 가장 낮습니다.

이웃에 두 살짜리 아이를 키우는 엄마가 있다고 합시다. 아이가 어릴 때는 엄마가 아이 곁에 스물네 시간 붙어 있어야 합니다. 몸과 마음이 아주 힘든 시기입니다. 그럴 때 "아기 돌보느라 얼마나 힘드세요? 내가 두세 시간 아기를 돌봐줄 테니 쇼핑도 다녀오고 바람 좀

쏘이고 와요!"라고 말해 준다면 아기 엄마가 얼마나 고마워할까요? 그저 자기 아이를 돌봐주고 아무런 대가를 요구하지 않는 것만으로도 분명 여러분에게 호감을 갖고 고마운 마음을 가질 것입니다.

또 손수 만든 반찬을 갖다 주면서 "저 여기 2층에 살아요."라고 말을 건네거나 고장 난 현관문이나 자동차를 고쳐 주면서 이웃과의 관계를 열어 나갈 수도 있습니다. 어느 집에 누군가 아프다는 소식이 들릴 때는 따뜻한 국이나 죽을 끓여서 가져다줄 수도 있고, 갑자기 비가 올 때는 차를 태워 주거나 흔쾌히 우산을 빌려줄 수도 있습니다. 이렇게 작고 사소해 보이지만 꼭 필요한 도움을 주면서 여러분에 대한 상대방의 우정과 호감을 지속시켜야 합니다.

전도는 영적 전쟁입니다. 적군의 허점이 어디인지, 어디를 찔러야 하는지, 어디에 모여 있는지, 적진을 잘 파악하고 접근해야 합니다. 그 가정의 아이 이름은 무엇인지, 몇 살인지, 어떤 음식을 좋아하고 어떤 성향을 가졌는지 등을 관심 있게 살펴보며 우호적인 관계를 형성해 가는 지혜가 필요합니다. 이렇게 서로 좋은 관계를 유지하며 지 낸다면 훗날 복음 전파에 큰 도움이 될 것입니다. 사람들은 보통 인생의 중요한 전환점이나 고통과 시련이 닥칠 때에 마음의 문을 엽니 다. 그때가 복음을 전하고 전도할 수 있는 절호의 기회입니다.

제가 미국에서 아르바이트로 책 세일즈를 할 당시에도 가정을 방문할 때마다 집주인의 이름과 아이 이름을 미리 알아보고 방문하라는 교육을 받았습니다. 집 앞에서 아이들이 놀고 있을 때 이렇게 접근합니다.

"여기 너희 집이구나?"

"아니에요. 우리 집 아니에요. 쟤네 집이에요."

"아, 그럼 저 집이 너희 집이구나. 존, 너희 엄마 집에 계시니?"

"저는 존이 아니에요!"

"그럼 네 이름은 뭐니?"

"제리예요."

"아, 제리구나. 집에 지금 엄마 계시니?"

그 집 안방에 들어가 책을 팔기 위해서는 이렇게 미리 적진을 정탐해야 했습니다. 책 한 권 팔기 위해서도 이렇게 훈련합니다. 저는 책 세일즈를 하면서 전도 방법을 배웠습니다. 전도 방법은 책 파는 방법과 똑같았습니다. 지금 저는 책이 아니라 복음을 값없이 파는 사람입니다.

직장에서나 이웃 간에나 상대방의 필요를 채워 주면서 섬기는 삶, 바로 여기에 예수님을 믿는 재미와 기쁨이 있습니다. 전도하는 사람은 벌써 사는 방식이 다릅니다. 자기중심이 아니라 언제나 다른 사람 중심으로, 타인을 섬기는 삶을 삽니다. 그러면 교회나 사회, 그 어디서나 꼭 필요한 사람이 될 수 있습니다. 언제 어디에서, 누구에게나 꼭 도움이 되는 사람! 세상은 그런 사람을 원합니다.

전도 훈련을 통해 기본적인 삶의 방법을 바꾸고, 원만한 대인 관계를 이룬 다음 복음을 전하면 그 효과는 배가 될 것입니다. 이것을 '복음 전도자적인 삶의 방식'이라고 합니다.

여섯째, 전도지(track)를 통한 방법입니다. 영국의 어느 목사님이 지나가는 사람에게 전도지를 나누어 주었습니다. 그 사람이 받아 보고는 그냥 지나가 버렸습니다. 그 전도지가 바람에 날려 공원 벤치 아래로 떨어졌습니다.

어떤 사람이 실의에 빠져 벤치에 멍하니 앉아 있었는데, 종이 한 장이 날아와 발아래 떨어집니다. 그는 아무 생각 없이 그 종이를 주워 읽었고, 그 속에서 예수님을 만났습니다. 그 사람은 훗날 유명한 목사가 되었다고 합니다. 전도지는 언제 어디서든 사람들에게 나눠 줄 수 있습니다. 나눠 주기만 한다면 언제 어디서든 주님을 만나야 할 누군가가 그 글을 읽고 기적적으로 예수님을 만나게 될 것입니다.

전도자의 자격과 자세

"내가 주는 물을 마시는 자는 영원히 목마르지 아니하리니 내가 주는 물은 그 속에서 영생하도록 솟아나는 샘물이 되리라 여자가 이르되 주여 그런 물을 내게 주사 목마르지도 않고 또 여기 물 길으러 오지도 않게 하옵소서" 요 4:14-15

 전도를 해야
한다는 생각을 갖고 살아갑니다. 그러나 막연한 생각이나 부담감만
으로는 실질적인 전도를 할 수 없습니다. 그렇다면 실제 전도를 위해
서는 어떤 자격과 조건이 필요할까요?

전도자의
자격

첫째, 구원의 확신이 있습니다. 구원의 확신이 없이는 전도할 수 없
습니다. 자신의 영적 상태도 확신이 없는데 어떻게 다른 사람에게 복
음을 전할 수 있을까요?

제가 다른 교회에서 목회할 때 한 형제를 전도한 적이 있었습니
다. 그는 냉소적이고 비판적인 태도를 고수하며 복음을 잘 받아들이
지 않았습니다. 그때 그가 제게 "목사님, 제가 목사님께는 이렇게 뻗
대지만 다른 데 가서는 제가 전도를 합니다!"라고 했습니다. 무슨 말
인고 하니 아내가 그리스도인이었던 그는 제 앞에서는 기독교를 비
판했지만, 주님을 믿지 않는 친구들을 만나면 전도를 한다는 것이었

습니다. 그런 사람은 구원의 확신이 없으면서도 불신자들이 기독교를 공격하면 화를 내며 방어합니다. 또는 구원의 확신이 없어도, 모태 신앙이라는 이유로 혹은 그동안 들어 왔던 풍월이 많아 기독교에 대해 호의적인 사람도 있습니다.

그러나 전도를 하려면 자기 스스로 구원에 대한 확신이 있고, 구원받은 은혜에 깊이 감사할 수 있어야 합니다. 구원에 대한 확신과 함께 감사할 줄 아는 그리스도인은 예수님을 모르는 사람을 만나면 자기도 모르게 가슴이 아리고 마음이 절절해집니다. '아, 이 사람도 예수님을 믿어야 하는데!' 하면서 안타까워합니다. 하나님 아버지의 사랑과 긍휼의 마음이 부어지는 것입니다. 이처럼 구원받은 사람들은 새로운 눈으로 세상과 사람을 바라보게 됩니다.

구원의 확신이 생긴 후에는 사람이 변화하고, 삶이 달라집니다. 구원의 확신과 감사, 감격과 기쁨이 가슴속에 있는 그리스도인은 전도를 하지 않을 수가 없습니다. 반드시 전도하게 됩니다.

둘째, 하나님에 대한 사랑이 있습니다. 나를 영원전부터 영원까지 사랑하셔서 그 아들의 십자가의 죽음으로 나의 죄를 용서해 주시고 구원해 주신 그 은혜로 인해 하나님을 사랑하게 됩니다. 그리고 하나님이 사랑하시는 나와 같은 사람들을 우리도 사랑하게 됩니다. 커피 전문점이나 한강 공원에는 젊은 연인들이 많습니다. 마주 앉은 연인은 표정부터가 다릅니다. 눈빛과 태도가 애틋하고 설렘이 가득합니다. 하나님의 사랑도 마찬가지입니다. 가슴속에 하나님의 사랑이 있는 사람은 조용해 보이지만 그 속에 뜨거운 열정이 끓고 있습니다.

흔들리지 않는 삶의 목적과 방향, 기준이 있기에 엉뚱한 데서 헤매거나 잘못된 길로 가지 않습니다. 하나님께로 자꾸 끌리고, 하나님께로 가고 싶어 하고, 하나님을 찬양하고 싶어 하며, 하나님을 사모하는 마음이 끊임없이 샘솟습니다. 이는 내가 먼저 하나님을 사랑한 것이 아니라 하나님께서 영원 전부터 나를 먼저 사랑하신 그 사건이 이 세상에서 내가 사는 동안에 나에게 알려지고 나타났기 때문입니다. 그 사랑에 붙잡히고 감격하여 내가 이토록 하나님을 사랑하게 된 것입니다. '하나님이 먼저 나를 사랑하셨다!'라는 사실을 깨닫게 됨으로써 주님에 대한 나의 사랑도 움트기 시작합니다.

우리는 일일이 다 알지 못하지만 하나님께서는 영원 전부터 우리를 사랑하셔서 지속적으로 우리를 지켜보시고 우리와 함께해 오셨습니다. 어느 날에는 친구를 통해, 어떤 날에는 목사님을 통해, 어떤 시절에는 이웃이나 공동체를 통해 우리를 계속해서 부르셨습니다.

예수님을 만나고 나면, 예수님께서 십자가를 통해 내 모든 죄를 용서하시고 나를 변화시켜 주시고 영원한 천국으로 인도해 주신다는 사실을 알게 되니 자연스레 주님에 대한 사랑이 싹틀 수밖에 없습니다. 이런 사랑을 품고 간직한 사람들이 전도를 하게 됩니다.

셋째, 영혼을 사랑하는 마음이 있습니다. 사람은 크게 두 부류로 나눌 수 있습니다. 첫째는 눈에 보이는 물건이나 물질을 좋아하는 물질 중심적 사람입니다. 이런 사람은 언제 어디서 누구와 함께하든 '갖고 싶은 것'이 참 많습니다. 이들은 주로 백화점이나 쇼핑센터를 돌아다닙니다. 누가 무엇을 가졌다는 걸 알고 나면 자기도 그것을 갖고 싶어 합니다.

둘째는 물질과는 반대로 사람을 좋아하고 사람 중심적으로 살아가는 부류입니다. 예수님을 믿는 그리스도인 중에는 사람 중심적인 사람이 많습니다. 이것이 하나님의 모습이기 때문입니다. 하나님께서는 세상을 창조하실 때 모든 피조물 가운데 유일하게 사람만을 하나님의 형상대로 만드셨습니다.

대화가 잘 통하는 사람과 깊은 친교를 나눌 때 그 재미와 기쁨은 무엇에도 비할 수 없습니다. 사람과 사람의 사귐에서 얻은 기쁨은 다른 어떤 오락과 유희보다 크고 귀합니다. 많은 그리스도인들은 사람들을 만나 이야기를 나누고 깊이 교제하는 것을 무척 좋아합니다. 물론 과거에는 그리스도인도 물질과 물건 중심으로 살아갈 때가 있었겠지만, 예수님을 믿어 구원받고 나면 다른 무엇보다도 사람에 대한 관심과 애정이 증가합니다.

이 세상에서 '화목한 가족'보다 더 소중하고 아름다운 모습이 있을까요? 엄마가 아이를 안고 있는 모습을 보면 얼마나 신비로운지 모릅니다. 한 사람만 외따로 떨어져 있는 것이 아니라, 두 사람이 함께 어울려 있으니 너무나 조화롭고 어여쁘다는 생각이 듭니다. 마치 한 폭의 그림 같습니다. 세상에서 사람이 사람을 사랑한다는 것처럼 귀한 일은 없습니다.

예전에 길을 가다 아빠와 어린 아들이 다정하게 손을 잡고 걸어가는 뒷모습을 본 적이 있습니다. 그 모습을 보고 제 가슴이 얼마나 뭉클했는지 모릅니다. 많은 남자들은 물질 중심적으로 살아갑니다. 사회에 나가 일을 하고 돈을 벌어 옵니다. 집을 장만하고 자가용을 삽니다. 이것이 잘못되었다는 뜻이 아닙니다. 그런 특징과 성향이 있다는 말입니다. 그런데 남자가 아빠가 되어 어린 아들의 눈높이에 맞춰 손을 잡고 걸어가는 모습을 보니 참으로 정겹고 흐뭇했습니다. 아들은 자라면서 엄마와 함께하는 시간이 많기에 친밀감을 더 느끼고 애정을 표현할 빈도수가 많은 반면, 아빠와는 친밀함이 부족합니다. 아마도 남자는 강하고 남자답게, 사내대장부처럼 행동해야 한다는 고정관념 때문에 더욱 애정 표현이 부족한 것 같습니다.

예수님도 '사람'을 얼마나 사랑하시는지 모릅니다. 한 사람이 온 세상보다 더 중요하다고 말씀하셨습니다. 예수님의 그런 마음과 시선을 갖고 다른 사람을 바라보는 성도는 전도할 수 있습니다. 전도를 하지 않고는 견디지 못합니다. 가족, 친척, 이웃 등 자기가 좋아하고 아끼는 사람을 보면 '아, 저 사람도 내가 믿는 예수님을 믿었으면!' 혹은 '아, 이분도 내가 사랑하는 예수님을 만났으면 정말 좋겠다!'라는 생각을 합니다. 그러니 자연스럽게 전도를 하게 됩니다.

사람에 대한 사랑을 가진 성도, 즉 사람 중심적인 그리스도인이 자발적으로 전도를 합니다. 물건 좋아하는 사람은 거기에 빠져 시간 가는 줄 모릅니다. 컴퓨터를 좋아하는 사람은 하루 종일 컴퓨터에 매달려 삽니다. 요즘은 스마트폰에 푹 빠져 이것 없이는 일상생활이 불가능한 사람도 굉장히 많습니다. 운동이나 취미 생활에 심취한 나머지 모든 생활이 그것 중심으로 돌아가는 사람도 있습니다. 이처럼 자기 자신만을 위해 사는 것보다는 다른 사람에게 관심을 갖고, 사람을 사랑하는 삶을 사는 것이 그리스도인에게는 아주 중요합니다. 예수님을 믿는 사람이라면 시간이 갈수록 사람 중심적으로 변해 가야 합니다.

넷째, 영혼의 구원을 위해 기도합니다. 전도는 영원한 죽음에서 영원한 생명으로 옮겨지는 놀라운 사건입니다. 즉, 사탄의 손에서부터 하나님의 품으로 옮겨지는 치열한 영적 전쟁입니다. 영적 전쟁에는 철저한 영적 준비가 필요합니다. 전도하고 싶은 사람의 이름을 적어 놓고 그를 위해 꾸준히 기도해야 합니다. 하나님의 마음을 품고, 사랑하는 한 사람이나 한 가족을 가슴에 품고 꾸준히 기도할 때 그 영혼을 점점 사랑하게 될 것입니다. 이것이 바로 한 사람을 영적으로 잉태하는 과정입니다. 누군가의 가슴속에 잉태된 그 영혼은 언젠가는 '주님 안에서' 새로 태어날 수밖에 없습니다. 서도 미국에 있었을 때 한국에 계시는 친지 한 분을 마음에 품고 오랜 세월 기도했습니다. 결국 그분은 예수를 믿고 신앙생활을 잘 하시다가 천국으로 갔습니다. 그분은 제가 그렇게 기도하고 있었던 것을 몰랐습니다.

다섯째, 영혼 구원을 위해 헌신합니다. 전도하는 사람의 입술에는 "저를 사용하여 주옵소서!"라는 기도가 항상 담겨 있습니다. 이런 사람은 마치 마리아가 자신을 전적으로 하나님께 드렸던 것처럼 자신을 겸손히 드립니다.

여섯째, 전도 훈련을 받습니다. 무작정 어린 아기를 기르는 것과 육아에 대해 배우고 공부하며 키우는 것은 완전히 다른 일입니다. 전도할 때도 마찬가지입니다. 어디서 어떻게 시작해야 하는지, 복음에 대해 설명할 때는 어떤 이야기를 해야 하는지, 이런저런 질문에는 어떻게 답변해야 하는지에 대한 훈련이 되어 있어야 합니다.

전도 훈련을 받은 사람은 마음이 편안하고 안정된 상태로 자연스럽게 복음을 전할 수 있습니다. 그렇지 않으면 마음이 급해지고 상황과 환경에 휘둘릴 수 있습니다. 그저 "우리 교회 한번 가 봅시다!"라는 이야기밖에 못 합니다. 교회로 '인도'하고 복음 '전도'까지 하려면 전도의 핵심적이고 실질적인 내용이 무엇인지 잘 알아야 합니다. 그러므로 우리 모두에게는 전도 훈련이 필요합니다.

일곱째, 직접 전도를 해봐야 합니다. 전도 훈련에서 배운 내용을 직접 실천해 봐야 합니다. 이 실천은 반복적이고 적극적으로 할수록 좋습니다. 몇 번 몸으로 체득해 보면 방법과 원리를 자연스럽게 터득할 수 있습니다. 자연스럽게 익숙해집니다. 전도자의 삶을 살기 시작하면 인생의 참된 행복과 즐거움을 맛보게 될 것입니다. 기회가 오면 언제든 전도를 합니다.

성경 속의 전도 사례 중에서 요한복음 4장의 '예수님과 사마리아 여인'에 대한 이야기를 살펴보겠습니다. 하루는 예수님이 우물가에 앉아 계실 때 사마리아 여인이 물을 길러 왔습니다. 유대인들은 사마리아 사람을 천하게 여기며 멀리했습니다. 이는 사마리아 사람들이 앗수르와 유대인 간의 혼혈 족속이기 때문입니다.

그런데 유대인이었던 예수님께서 당시의 관행을 깨고 사마리아 여인에게 말을 거셨습니다. 전도할 접촉의 기회를 만듭니다. 목이 마르니 물을 달라고 부탁하신 것입니다. 사마리아 여인은 다소 놀랐지만 이내 예수님께 물을 드립니다. 예수님께서는 '물 한 잔'이라는 동정심을 유발하는 접촉점을 만들어 사마리아 여인에게 자연스럽게 다가

가셨습니다.

　우리도 전도할 때 예수님의 이러한 지혜를 배워야 합니다. 먼저 상대방과의 공통점이나 자연스러운 접촉점을 찾으면 좋습니다. 단도직입적으로 복음 전파를 하기 이전에 간접적인 대화를 통해 상대방의 신상을 자연스럽게 알 수 있고, 거부감을 주지 않고 한 걸음 다가설 수 있습니다. 예수님께서 물을 달라고 부탁했을 때 사마리아 여인은 어떻게 대답했습니까?

"당신은 유대인으로서 어찌하여 사마리아 여자인 나에게 물을 달라 하나이까 하니 이는 유대인이 사마리아인과 상종하지 아니함이러라"(요 4:9).

　유대인으로 태어나신 예수님이었기에 그분의 외모 역시 여느 유대인과 다르지 않았을 것입니다. 그래서 여인은 "당신은 유대인으로서 어찌하여 사마리아 여자인 나에게 물을 달라 하나이까"라고 물은 것입니다. 짧은 대화지만 예수님과 사마리아 여인은 서로의 출생과 신분을 파악하고 있는 것으로 보입니다. 이를 통해 자연스러운 대화의 다리가 놓여졌습니다. 예수님께서는 사마리아 여인의 물음에 이렇게 답하십니다.

"예수께서 대답하여 이르시되 네가 만일 하나님의 선물과 또 네게 물 좀 달라 하는 이가 누구인 줄 알았더라면 네가 그에게 구하였을 것이요 그가 생수를 네게 주었으리라"(요 4:10).

예수님의 이러한 말씀은 사마리아 여인의 호기심과 궁금증을 불러일으켰습니다. 전도자는 이처럼 상대방의 호기심을 불러일으킬 수 있어야 합니다. 하나님의 선물은 영생의 선물이고 이 영생의 은혜를 주실 분은 주님 자신이었습니다. 이 두 가지를 알면 예수를 믿고 구원받습니다.

그 당시 물을 긷는 것은 여자의 일이었습니다. 하루에 세 번씩이나 먼 곳까지 물을 길러 다니는 것이 얼마나 귀찮고 힘든 일이었을까요? 그런데 처음 보는 한 유대인이 생수를 준다고 하니 사마리아 여인은 귀가 번쩍 뜨였을 것입니다. 아마도 '이 사람과 잘 사귀면 물을 길러 이 먼 길을 오지 않아도 될지 모르겠구나.'라는 생각을 했을 것입니다. 여인은 처음에는 예수님을 훌륭한 유대인 정도로 짐작하고 이렇게 질문합니다.

예수님을 유대인으로 알던 이 여인은 조금씩 영적인 깨달음이 오기 시작했습니다. 이분이 자기 조상 야곱보다 더 훌륭한 분이신가? 이제 사마리아 여인에게는 영적인 깨달음과 생수를 원하는 마음이 생겨납니다. 전도자는 이처럼 상대방에게 '원하는 마음'을 불러일으켜야 합니다. 그런데 예수님께서 말씀하신 '생수'란 실제로 마시는 물이 아니었습니다. 바로 '영원한 생명'이었습니다. 이 세상의 물은 아무리 마셔도 다시 목마르지만 예수님이 주시는 영원한 생수는 한번만 마셔도 인생의 갈증을 단번에 해소합니다. 예수님을 만나면 다시는 이 세상이 주는 물을 의존하지 않게 됩니다.

"내가 주는 물을 마시는 자는 영원히 목마르지 아니하리니 내가 주는 물은 그 속에서 영생하도록 솟아나는 샘물이 되리라 여자가 이르되 주여 그런 물을 내게 주사 목마르지도 않고 또 여기 물 길으러 오지도 않게 하옵소서"(요 4:14-15).

이때 예수님께서 여인의 결정적인 부분을 드러냅니다.

"이르시되 가서 네 남편을 불러 오라"(요 4:16).

이 사마리아 여인에게는 남편이 다섯 명이나 있었습니다. 그러나 실질적으로는 남편이 없는 것과 마찬가지였습니다. 여인은 자신의 처지를 솔직하게 이야기함으로써 스스로가 죄인이라는 사실을 드러냈습니다. 이렇게 되자 사마리아 여인은 예수님께서 더 이상 자기 신상에 대한 이야기를 하지 못하도록 논쟁을 시작합니다.

"우리 조상들은 이 산에서 예배하였는데 당신들의 말은 예배할 곳이 예루살렘에 있다 하더이다"(요 4:20).

전도하다 보면 어떤 사람은 "내가 들으니 예정된 사람들만 예수를 믿는다고 하던데, 내가 예정된 사람이 아니면 어떻게 할 거요?"라고 시비를 겁니다. 또 어떤 사람은 "예수 믿는 사람들은 담배나 술을 못 하게 하던데, 도대체 그게 무슨 죄가 됩니까?"라고 묻기도 합니다. 또 "꼭 교회를 가야만 예수를 믿을 수 있는 거예요?"라고 묻는 사람이 있는가 하면 "내가 교회 가 보니 형편없던데! 교회 다니는 사람들은 위선자들이고 더 나빠요. 이중적이더라고요!"라는 말도 서슴지 않습니다.

사마리아 여인처럼 피전도자들은 자기에게 가해지는 영적 도전을 피하기 위해 다양한 시비, 즉 신학적, 성경적, 교리적 이슈를 끌어와 논쟁을 걸어옵니다. 만약 피전도자와 이런 논쟁에 휘말리게 되면 핵심적인 복음 제시까지 도달하기 어려워집니다. 가능한 한 논쟁은 피해야 합니다. 간단히 한 마디 정도만 언급하고 바로 복음 제시 단계로 들어가야 합니다.

예수님께서도 사마리아 여인이 "어디서 예배를 드려야 하느냐? 누가 옳으냐?" 하고 물어오자 이렇게 말씀하십니다.

"예수께서 이르시되 여자여 내 말을 믿으라 이 산에서도 말고 예루살렘에서도 말고 너희가 아버지께 예배할 때가 이르리라 너희는 알지 못하는 것을 예배하고 우리는 아는 것을 예배하노니 이는 구원이 유대인에게서 남이라 아버지께 참되게 예배하는 자들은 영과 진리로 예배할 예수님은 논쟁에 빠지지 않고 신앙의 핵심으로 그 질문에 대답하십니다. 장소가 아니라 영과 진리로 예배 드리는 것이 중요하다고 하시고 곧바로 복음을 전하십니다. 그러자 여인은 이렇게 응답합니다.

"여자가 이르되 메시야 곧 그리스도라 하는 이가 오실 줄을 내가 아노니 그가 오시면 모든 것을 우리에게 알려 주시리이다"(요 4:25).

바로 이때 예수님께서는 자신이 누구인지를 밝히십니다.

"예수께서 이르시되 네게 말하는 내가 그라 하시니라"(요 4:26).

예수님께서는 메시야이신 자기 신분을 드러내셨습니다. 여인은 처음에 예수님을 그저 유대인의 한 사람으로 여겼습니다. 그러나 점점 '선생님', '조상 야곱보다 크신 이', '선지자'라는 데까지 생각이 미치다가 드디어 자기가 지금까지 이야기를 나눈 사람이 바로 '메시야'라는 사실을 깨달은 것입니다. 그러고는 너무나 기뻐 물동이를 버려두고 동네로 들어가 그 사실을 사람들에게 알렸습니다. 메시야이신 예수님에게서 복음을 직접 전해 듣고 결신한 사마리아 여인은 동네방네 다니며 "내가 메시야를 만났어요! 내가 구세주를 만났다고요!"라고 외칩니다. 이렇게 전도하여 온 동네가 예수 그리스도를 믿게 됩니다.

이것이 바로 전도의 과정입니다. 오늘날에도 어떤 사람은 예수님을 유대인 정도로 알고 있고, 어떤 사람은 훌륭한 성인 중 한 사람으로 여깁니다. 또 어떤 사람은 이스라엘의 종교 지도자로 알고 있습니다. 그러나 우리가 전하는 복음을 듣고 예수님이 우리의 유일한 구주이심을 발견할 때, 그들은 결신하고 하나님의 자녀가 될 것입니다.

전도의 4단계

"죄의 삯은 사망이요 하나님의 은사는 그리스도 예수 우리 주 안에 있는 영생이니라" 롬 6:23

전도할 때는 우선 피전도자와 자연스럽게 사귄 후에 그가 어떤 사람인지, 영적으로 복음이 필요한 사람인지 아닌지를 알아내는 '진단 작업'을 먼저 해야 합니다. 복음을 전혀 들은 적이 없다면 복음을 전하고, 이미 복음을 들어서 아는 사람이라면 복음에 대해 구태여 반복해서 내용을 전달할 필요가 없습니다. 전도자의 마음이 앞선 나머지 상대방을 알아보지도 않고 무작정 "예수 믿으세요!"라고 할 수도 없습니다. 적진 침투에 앞서 미리 정탐을 하는 작업이 바로 '서론' 단계입니다.

진단 작업이 끝난 결과 예수님을 필요로 하는 사람이라면 '복음 제시' 단계로 들어가야 합니다. 그런 후에 그가 복음을 이해하고 예수님을 믿기 원한다면 그때 '결신' 단계로 들어가면 됩니다. 그에게 예수 그리스도를 영접하는 기회를 주는 것입니다. 결신 단계를 거치면서, 즉 영적인 갓난아이를 낳았으면 성장할 수 있는 상황과 환경을 만들어 주어야 합니다. 영적 아버지와 어머니로서 갓 태어난 영적 아기를 '양육'하는 것입니다. 부모가 아기를 낳으면 젖을 먹이고 밤낮으로 돌보며 키우는 여정과 마찬가지입니다.

어떤 사람이 당신을 통해 예수 그리스도를 만났다면, 당신은 그분과 특별한 관계가 되어 부모와 자녀 사이보다 더 깊은 애정과 사랑을 나누게 될 것입니다. 영원한 관계가 형성되었기 때문입니다.

지금까지 제가 만나 본 그리스도인들은 목사님이나 부흥사, 교회 사역자를 통해 예수님을 믿게 되었다는 사람이 많았습니다. 그러나 친구, 친척, 이웃, 동료가 전도해서 예수님을 믿게 되었다는 그리스도인이 많아져야 합니다. 이것이 정상적이고 건강한 성도와 공동체의 모습입니다. 이제는 평신도들이 '서론과 복음 제시와 결신과 양육'이라는 전도의 4단계를 통해 새 생명을 탄생시키고 길러야 할 때입니다.

서론
단계

오래전 미국 인디애나에서 공부하던 때의 일입니다. 어느 화요일 저녁에 두 사람이 저희 집 문을 두드렸습니다. 그 도시에 이사 가서 제가 처음 출석했던 교회의 성도들이었습니다. 매주 화요일은 새 신자들을 심방하고 전도하는 날이었습니다. 그 교회는 성도들에게 체계적이고 실질적인 전도 훈련을 시켰습니다.

그들은 저희 집에 들어오자마자 저에게 전도하기 시작했습니다. 저는 가만히 앉아서 그들의 이야기를 들었습니다. 그들은 제가 예수님을 믿는 그리스도인일 것이라고는 상상도 하지 못하는 듯했습니다. 한참 복음을 전하더니 저에게 "예수님을 믿겠습니까?"라고 물었습니다. 제가 이미 예수님을 믿고 있다고 대답했더니 그들은 깜짝 놀라며 왜 그 사실을 말하지 않았는지 물었습니다. 그래서 저는 "저에게 먼저 그 사실을 물어봤어야 하지 않을까요? 사실 두 분이 어떻게 전도하는지 들어 보고 싶어서 가만히 있었습니다."라고 이야기했습니다. 그들은 안도의 표정을 짓더니 이내 폭소를 터뜨렸습니다.

그들의 실수는 '서론' 단계를 거치지 않고 바로 '복음 제시' 단계로 들어간 데 있었습니다. 그들이 제가 어떤 사람이고, 어디서 왔는지, 어떤 일을 하는지, 주님을 믿는 사람인지 아닌지를 미리 알아보았다면 30분 동안 괜한 수고는 하지 않아도 되었을 것입니다.

'서론'은 '복음 제시'로 자연스럽게 나아가기 위한 필수 단계입니다. 서로 잘 아는 사이라면 아주 개인적인 사항도 물어볼 수 있겠지만, 잘 모르는 사이라면 사실 개인적인 질문을 하기가 참 어렵습니다. 그러나 '서론' 단계가 잘 이루어지면 피전도자와의 사이가 한층 편안해지고 개인적인 질문을 하는 것도 그리 어렵지 않습니다.

"예수 천당! 불신 지옥!"이라고 외치거나 자극적인 문구의 피켓을 들고 다니는 사람을 통해 예수님을 믿게 되는 사람이 과연 얼마나 될까요? 물론 그 방법으로도 예수님을 믿을 수 있지만, 가장 좋은 전도 방법은 일대일로 만나 자연스럽게 교제하며 복음을 전하는 것입니다.

서론에는 '긴 서론'과 '짧은 서론'이 있습니다. 긴 서론은 오랫동안 친분을 쌓아 온 사람에게 적용할 수 있고, 짧은 서론은 우연히 만난 사람과의 대화나 시간이 많지 않을 때 적용할 수 있습니다. 짧든 길든 '서론'은 전도에서 필요한 단계입니다. 자연스럽게 다리가 놓여 '이 사람과 더 이야기 나누고 싶다.' 혹은 '이 사람의 말을 믿을 수 있을 것 같다.'라는 마음이 생겨야만 비로소 복음에 귀를 기울이기 때문입니다. 처음부터 바로 복음을 제시하거나 부정적인 인상을 주면 상대가 어떤 좋은 이야기를 해도 마음 문을 열지 않을 것입니다.

'서론' 단계에서는 가족, 취미 생활, 직장이나 지역 등에 대한 친밀한 대화를 통해 서로가 통할 수 있는 접촉점을 찾아야 합니다. 특히 우리나라는 학연이나 지연 등으로 연결되는 경우가 아주 많으니 이를 활용해도 좋습니다. 이 단계에서는 적절한 질문을 하면서 상대방의 이야기에 귀를 기울여 경청하는 자세가 필요합니다. 질문 후에 고개를 끄덕이며 공감해 주거나 칭찬과 격려 등을 곁들여 대화를 이어 나가다 보면 상대방 역시 대화에 흥미를 갖게 됩니다.

그런 후에는 신앙의 배경에 대해 이야기를 나눌 수 있습니다. 종교 혹은 신앙에 대한 이야기를 꺼냈을 때 "저는 전혀 그런 거 모릅니다."라고 답한다면 그는 꼭 복음을 들어야 하는 사람입니다. 만약 "저희 아버지가 장로님이셨습니다." 혹은 "친한 지인이 목사님입니다." 하는 식의 대답이 나온다면 "아, 그래요? 어느 교회인데요?" 등을 물으면서 이야기를 더 진전시킬 수 있습니다. 그러다 보면 상대방의 구원 여부도 알 수 있습니다.

이때 가장 주의해야 할 점은 무엇일까요? 상대방이 어떤 배경을 가졌든지, 어떤 형편과 상황에 처해 있든지 비난하거나 판단해서는 안 된다는 것입니다. 다른 교회에 대한 부정적인 이야기도 해서는 더더욱 안 됩니다.

전도자는 자기 교회의 이야기를 해도 됩니다. 자기 교회에 와 봤던 사람을 찾아가 전도할 때 가장 효과가 큽니다. 이미 대화의 접촉점이 있기 때문입니다. 자기 교회에 대한 확신과 애정이 있다면 전도하기가 훨씬 쉽습니다. 다만 교회 이야기를 너무 장황하게 늘어놓거나 교회의 부족한 점, 아쉬운 점은 이야기하지 않는 것이 좋습니다.

그다음에는 자기 이야기를 해야 합니다. 이때 상대방 마음속에 있는 '복음에 대한 관심'을 불러일으키는 것이 중요합니다. 즉, '어떻게 예수님을 나의 구주로 믿게 되었는가'를 짤막하게 간증하는 것입니다. 신앙 간증은 대부분의 사람의 관심을 불러일으킵니다. 개인의 간증은 개인의 경험을 이야기하기 때문에 반박할 수도 없습니다. 자신의 신앙 간증 중에서도 피전도자에게 가장 흥미 있을 것 같은 부분을 뽑아서 이야기하면 더 좋습니다.

그런 다음 영적인 진단을 위해 두 가지 질문을 해봅니다. 이 질문에 앞서 정중하게 "실례합니다만 한 가지 여쭤 봐도 괜찮을까요?"라고 먼저 양해를 구하십시오. 첫 번째 질문은 "당신이 혹시 오늘 밤 잠자리에 들었다가 내일 아침에 깨어나지 않는다면 하나님 나라에 가 있을 마음의 평화가 있으신가요?"입니다. "당신이 만약 지금 죽는다면 천국에 갈 자신이 있나요?"라고 직접적으로 묻지 않는 것이 좋습니다. 피전도자가 마음 문을 닫을 수도 있기 때문입니다.

문화적인 특성상 우리나라 사람들은 '죽는다', '죽음'이라는 말을 싫어합니다. 그러므로 직접적인 죽음을 언급하기보다는 간접적으로 질문한 후 이에 대한 대답을 통해 피전도자의 영적 상태를 파악하는 것이 좋습니다. 이런 질문을 건넸을 때, 이에 대해 관심이 없다는 사람도 있고, 적지 않은 관심을 보이는 사람도 있을 것입니다. 이미 교회에 다니는 성도 중에서도 이 질문에는 자신 없어 하거나 대답을 회피하는 사람도 많습니다.

한번은 제가 어느 권사님께 이 질문을 했습니다. 그분은 많은 성
도들의 인정과 존경을 받는 훌륭한 신앙인이었습니다. 연세가 95세
였던 그 권사님은 분명 예수님을 믿고 신앙생활을 평생 잘하고 계
셨음에도 구원에 대해서는 자신 없어 하셨습니다. 제가 그 권사님께
이 질문을 건네니 "목사님, 제가 그런 것을 어떻게 알겠어요? 저 같
은 사람이 그것을 어떻게 자신 있게 말할 수 있겠습니까?"라고 대답
하셨습니다. 그래서 저는 "권사님, 이 세상 떠나시면 천국 간다는 것
을 확실히 알고 싶지 않으세요?"라고 물었더니 "아이고, 목사님! 저
같은 죄인이 어떻게 그런 확신을 갖겠어요?"라고 고개를 내저으셨습
니다.

어떤 성도들은 누군가가 "저는 천국에 갈 자신이 있습니다!"라고
말하면 당신은 기도를 얼마나 했기에, 금식을 얼마나 했기에, 얼마나
경건한 생활을 했기에 그렇게 자신 있게 이야기하느냐고 의문을 가
질 수도 있습니다. 또한 그런 확신을 교만으로 여깁니다. 이런 분위기
가 만연하다 보니 한국 교회에는 천국에 갈 자신이 없는 성도가 점
점 많아졌습니다. 참으로 안타깝습니다.

두 번째 질문은 "오늘밤 당신이 세상을 떠나 하나님 앞에 섰다고
가정해 보십시오. 만일 하나님께서 당신에게 왜 하늘나라로 들여보
내야 하느냐고 물으신다면 어떻게 대답하실 수 있겠어요?"입니다. 이
는 하나님과의 관계를 확인하는 질문입니다. 어떤 사람이 천국에 갈
수 있다고 대답한다면 무엇을 근거로 그 이야기를 하는지를 알아야
합니다. 그래야 피전도자가 참된 복음을 제대로 이해했는지의 여부
를 알 수 있습니다.

어떤 사람은 자기가 모태 신앙이라고 말합니다. 세례 교인이라고도 하고, 3-4대째 장로 집안이라든가 권사 집안이라고도 말합니다. 이런 대답은 복음의 초점과 어긋납니다. 기도했더니 병이 나았다든가, 하나님이 나와 함께 계신 것 같다고 한다든가, 하나님이 돌봐 주셔서 사업이 성공했다든가, 기도했더니 자녀가 일류 대학에 입학했다 등의 이야기는 성경에서 말하는 복음과는 전혀 상관이 없습니다. 가장 중요한 핵심, 바로 '예수님과 나와의 관계'가 언급되지 않았기 때문입니다.

제가 보기에는 많은 그리스도인이 주님과 나의 관계에서 구원이 결정된다는 사실을 확실히 모르는 것 같습니다. 교회의 한 공동체에게 '구원의 간증'을 적으라고 한 다음 스무 명의 간증을 받아 읽어 본 적이 있습니다. 스무 명 중에 세 명 정도가 예수님의 복음과 자기 구원을 연결시켰고, 나머지 열일곱 명은 복음의 초점이 예수님께 맞추어지지 않고 생활적 신앙에 대한 이야기들만 나열했습니다.

구원의 초점은 '예수 그리스도와 나와의 관계'입니다. 교통사고가 나서 차가 세 바퀴나 돌며 다 찌그러졌는데 죽지 않고 살았다는 사실은 '하나님을 향한 출발점'이 될 수는 있습니다. 그러나 구원의 핵심은 아닙니다. 전도할 때는 '예수님이 나를 위해 무엇을 하셨는가'에 초점을 맞춰야 합니다.

제가 오랫동안 미국 교회에서 사역하며 느낀 점이 있습니다. 미국의 많은 그리스도인들의 신앙은 '예수 그리스도와 자기 자신과의 관계'에서부터 시작된다는 것입니다. 거기서부터 신앙이 차곡차곡 자라납니다. 그런데 한국 교인들은 신앙의 출발점부터 조금 다릅니다. 복음의 초점에서 어긋난 경우가 많습니다. 그러니 시간이 지나면서 자연히 신앙의 혼란을 겪습니다. 정돈되고 바른 신앙을 갖지 못하고, 그저 교회 활동 열심히 하고 집사 안수 받으면서 그럭저럭 신앙생활을 잘하고 있다고 여깁니다. 하지만 그리스도인에게는 무엇보다 '주님과의 만남'이 개인적 경험이자 일상이 되어야 합니다.

두 번째 질문을 했을 때 '예수 그리스도와 나와의 관계'가 아닌 다른 데에 초점을 맞추고 있는 사람이라면 반드시 복음을 다시 분명히 전해 주어야 합니다. 제대로 된 복음을 전하면서 상대방의 이야기를 경청하고 "저도 그런 적이 있어요!" 하며 공감대를 형성하면 좋습니다. "어디서 잘못 배워서 그런 소리를 하십니까?"라고 다그치거나 비난해서는 절대로 안 됩니다. 항상 피전도자에 대해 너그러운 마음을 가져야 합니다. "당신은 틀렸다!" 혹은 "당신은 잘못 알고 있다!"라는 식으로 몰아붙이면 안 됩니다. 주님을 믿지 않는 사람이 복음의 내용을 모르는 것은 지극히 정상입니다. "저도 예전에는 그렇게 생각했었어요. 그런 제가 어떻게 구원받는지 제가 좀 이야기해 드려도 될까요?"라고 물었을 때 "아니요. 하지 마세요!"라고 대답하는 사람을 저는 아직 못 봤습니다. 대부분의 사람들은 이를 수락하고 귀를 기울입니다.

서론 단계에서 여러 가지 이야기를 통해 친밀한 교제를 나누었다면, 이제 복음을 향한 다리가 놓인 것입니다. 여기까지 오면 피전도자는 흥미를 느끼고 복음에 대해 자세히 들을 자세를 갖게 됩니다.

다시 한번 강조합니다. 전도를 할 때는 상대방이 어떤 사람인지, 영적으로 어떤 상태에 있는지, 주님을 제대로 알고 있는지를 확인해 보는 서론 과정이 필요합니다. 이 서론 단계에서 주의할 점은 피전도자에게 많은 말을 하려고 하기보다는 그가 많은 이야기를 할 수 있도록 대화를 이끌어야 한다는 것입니다. 공감과 경청 속에서 적절한 질문을 하며 전개하는 대화야말로 가장 탁월하고 훌륭한 대화입니다.

복음 제시 단계

　복음 제시 단계는 다섯 손가락을 사용해 설명할 수 있습니다. 먼저 엄지손가락은 '은혜'입니다. 최고라고 할 때 엄지손가락을 들어 표현합니다. 은혜란 거저 받는 호의라 할 수 있습니다. 미국에서는 '히치 하이킹(hitch hiking)'을 통해 공짜로 차를 얻어 타고 다니는 일이 많습니다. 차가 다니는 도로가에 서서 엄지손가락을 들어 보이며 목적지를 적은 메모판을 내밉니다. 이는 돈을 내지 않고 목적지까지 가겠다는 뜻으로, 차에 태워 달라는 말입니다. 태워 주면 운전자가 은혜를 베푼 것입니다. 두 번째 손가락은 '사람'입니다. 이 손가락은 주로 다른 사람을 가리킬 때 사용하지요? 세 번째 손가락은 다섯 손가락 중 가장 키가 큰 손가락으로, '하나님'을 뜻합니다. 네 번째 손가락은 '예수 그리스도'입니다. 대개 네 번째 손가락에 결혼반지를 낍니다. 우리는 예수를 믿음으로 그분과 영적으로 결혼한 사이가 됩니다. 마지막으로 가장 키가 작은 손가락은 '믿음'입니다. 지금부터 복음의 이 다섯 가지 핵심 내용을 하나하나 살펴보도록 하겠습니다.

첫 번째 손가락은 '하나님의 은혜'입니다. 천국은 하나님의 전적인 은혜로 우리에게 거저 주어지는 선물입니다. 사람은 누구도 스스로 천국을 갈 자격이 없습니다. 노력하고 애써서 얻을 수 있는 것도 아닙니다. 영원한 생명은 하나님이 값없이 은혜로 우리에게 주시는 선물이기에 우리는 그저 감사히 받으면 됩니다. 자기 능력이나 노력이 아닌 오직 하나님의 은혜로 구원받았습니다. 천국은 우리에게 값없이 주시는 하나님의 선물(the free gift of God)임을 기억하십시오.

두 번째 손가락은 '사람'입니다. 사람은 모두 죄성이 있고 죄성 때문에 죄를 범한 적이 있기 때문에 아무도 자기 자신을 구원할 수 없습니다. 물에 빠져 허우적거리는 사람이 어떻게 스스로를 구할 수 있겠습니까? 그래서 하나님께서는 우리에게 영원한 생명을 선물로 주셨습니다. 영생이 은혜의 선물이기 때문에 누구나 받아 하나님의 자녀가 되고 영생을 누릴 수 있습니다.

세 번째 손가락은 '하나님'입니다. 모든 사람은 스스로를 구원할 수 없는 죄인이기 때문에 구원을 선물로 받을 수밖에 없습니다. 하나님은 자비로우시고 사랑이 가득한 분이시기에 죄인인 우리를 사랑하십니다. 사랑의 본체이신 하나님이 어떻게 손수 지으신 사람을 사랑하지 않을 수 있을까요? 하나님은 사랑 그 자체이시기에 죄 많은 우리가 멸망하는 것을 두고 보지 못하시고 손수 구원의 길을 열어 우리를 사망에서 구원해 내셨습니다.

그러나 하나님은 이와 동시에 공의로우신 분이십니다. 하나님 안에는 사랑과 공의, 이 두 가지 성품이 공존합니다. 하나님에게 사랑만 있다면 인간의 죄를 덮어 주시기만 하면 됩니다. 그러나 하나님은 공의로우시기에 인간의 죄를 없던 것으로 다 덮어 버릴 수 없습니다. 이처럼 사람은 사랑하시되 그 사람 속에 있는 죄의 대가는 치러야 하는 것이 바로 하나님의 사랑과 정의의 딜레마였습니다. 공의를 기준으로 죄를 벌하면 우리 모두는 영원한 사망으로 갈 수밖에 없습니다. 그래서 하나님께서는 하나님의 아들 예수 그리스도의 죽음을 통해 이 문제를 완전하게 해결하셨습니다.

네 번째 손가락은 '예수 그리스도'입니다. 예수 그리스도는 하나님의 아들입니다. 그분은 하나님이시지만 인간의 몸으로 이 땅에 오셨습니다(God-Man). 하나님이시기에 하나님으로서 할 수 있는 일이 있고, 인간이기에 인간으로서 할 수 있는 일이 있었습니다.

예수 그리스도는 우리를 위해 십자가에서 우리의 죄를 대신하여 죽으셨습니다. 우리가 치러야 할 죄 값을 예수님이 지불하신 것입니다. 예수님이 십자가에서 우리 죄를 다 짊어지심으로 우리가 지불해야 할 죄의 대가가 완전히 없어졌습니다.

유한한 인간이 무엇으로 죄의 대가를 지불할 수 있을까요? 죄의 삯은 사망입니다(롬 6:23). 인간은 그 무엇으로도 죄의 문제를 해결할 수 없습니다. 그런데 무한하신 하나님이 이 땅에 오셔서 우리 대신 목숨을 내어 주시며 "다 이루었다"고 선포하셨을 때 죄의 문제를 완전히 해결하셨습니다.

예수님의 십자가와 부활 이후로는 누구든지 예수님을 믿으면 멸망하지 않게 되었습니다. 하나님께서는 예수 그리스도를 통해 구원을 이루셨고, 이를 우리에게 선물로 주셨습니다. 이 구원의 길은 누구에게나 열려 있습니다. 거저 주시는 구원의 선물을 우리는 믿음으로 받기만 하면 됩니다.

다섯째 손가락은 '믿음'입니다. 하나님께서 예수 그리스도를 통해 주신 구원의 선물을 나의 것으로 받아들이는 것이 '믿음'입니다. 성경 내용을 지식으로만 알고 있는 것, 즉 지적(知的)인 동의는 믿음이라고 하지 않습니다. "목사님, 교회는 출석하고 있지 않지만 저도 하나님을 믿습니다. 어떻게 믿지 않을 수가 있겠습니까?"라고 말하는 사람들은 단지 지적인 동의를 하고 있는 것입니다.

하나님께 기도하여 병 고침을 받은 것은 치유의 경험이지 구원의 믿음은 아닙니다. 물론 병의 완치를 통해 구원의 믿음으로 다가설 수는 있습니다. 그러나 그것 자체가 곧 구원의 믿음이라고 생각해서는 안 됩니다. 하나님께 기도했더니 전쟁 중에 구사일생으로 살아났다거나 하나님 덕분에 힘들었던 가정의 위기를 잘 극복했다고 해서 '구원의 믿음'을 가졌다고 말할 수는 없습니다.

구원의 믿음은 단순합니다. 영원한 생명을 위해 예수 그리스도만 의지하는 것입니다. 구원의 믿음이란 예수님을 '나의 구원자'로 믿고 받아들이는 것입니다. 모태 신앙을 의지하는 것도 아니요, 세례 받은 일을 의지하는 것도 아니요, 나의 권사나 장로 직분을 의지하는 것도 아닙니다. 나의 선행이나 기부, 십일조나 교회 봉사와 헌신 등을 의지해서도 안 됩니다.

오직 예수 그리스도께서 행하신 십자가 죽음과 부활을 통해 내가 구원받는다는 사실을 믿고 받아들이는 것이 '믿음'입니다. 자기 자신은 한없이 부족할지라도 예수님만을 의지하는 것이 '믿음'입니다.

천국은 사랑의 하나님께서 죄인인 인간에게 아무런 조건 없이 주시는 선물, 즉 '은혜'입니다. 그러나 사랑의 하나님은 공의의 하나님이시기도 하기에 죄를 그냥 눈감아 주실 수는 없습니다. 그래서 예수 그리스도의 생명을 죄의 대가로 지불하셨습니다. 하나님께서 인간의 죄 문제를 스스로 해결해 주시고 인간에게 구원의 은혜를 주신 것입니다. 예수 그리스도의 생명을 우리 죄의 대가로 주셨기에 온전하고 완벽한 구원이 성취되었습니다. 이 구원의 선물을 자기 것으로 받아들이는 것이 바로 '믿음'입니다.

주님을 믿지 않는 사람들은 대부분 복음의 핵심을 들어 본 적이 없습니다. 기독교에 대해, 목사님에 대해, 교회에 대해, 예수님에 대한 대략적인 이미지는 갖고 있고, 성경의 대략적인 이야기 내용은 알고 있지만 복음 자체를 정확하고 상세하게 들어 본 사람은 많지 않습니다.

어떤 사람은 자기가 착하게 살기 위해 노력한다고 말합니다. 또 어떤 사람은 성경에 대해 잘 안다고 이야기합니다. 또한 성경을 문학 작품 혹은 도덕 경전이라고 말하는 사람도 있습니다. 그런 사람들에게 "성경이 무엇을 말하는지 그 골자를 말씀드려도 될까요?"라고 권해 볼 수도 있습니다.

피전도자가 예수님을 믿는가의 여부는 여러분의 책임이 아닙니다. 그 사람과 하나님 사이의 일입니다. 우리의 책임은 한 가지입니다. 예수 그리스도의 복음을 정확하게 알려 주는 것입니다. 그 사람이 일생에 단 한 번만이라도 복음의 내용을 정확하고 확실하게 듣게 해야 합니다. 최소한 '사람이 어떻게 구원받는가?' 하는 것은 꼭 이야기해 줘야 합니다. 그러면 그가 평소에 곰곰이 생각해 보다가 언제 어디서든 주님을 믿고 영접할 수 있습니다. 제가 아는 한 분은 한참 운전을 하고 가다가 예수님을 믿고 싶은 마음이 생겨 길가에 차를 세워 놓고 "저도 이제 예수님을 믿겠습니다!"라는 기도를 드렸다고 합니다. 또 어떤 분은 초청 받아서 가게 된 교회 음악회에서 결신했다고 합니다. 예전에 누군가로부터 복음을 정확하게 들은 적이 있기 때문입니다.

대부분 결신 단계에 오기까지 복음의 내용을 여러 가지 방법으로 평균 여덟 번은 들어야 합니다. 하나님이 계신 줄도 모르는 사람이 어느 날 갑자기 예수님을 믿을 수는 없습니다. 구원의 복음을 여러 번 들은 사람은 언젠가는 결신하게 됩니다. 당신이 첫 번째 씨를 뿌려 놓았다면 누군가 두 번째, 세 번째 복음을 전할 것이고, 비로소 여덟 번째쯤에는 결신 단계로 들어설 수 있습니다. 그러니 우리가 복음을 전해서 상대방이 당장 받아들이지 않고 거부한다 해도 걱정할 필요는 없습니다. 복음의 씨앗이 이미 마음 밭에 뿌려졌기 때문입니다.

결신과 양육 단계

과거의 전도 방식은 복음을 설명해 주고 나서 마치는 기도로 마무리하는 경우가 많았습니다. 이것은 마치 백화점 점원이 물건 자랑만 실컷 늘어놓고는 손님이 사든 말든 방관하는 일과 같습니다. 서비

스 훈련이 잘된 점원이라면 실질적으로 물건을 구입하도록 권하면서 "몇 개나 필요하세요?" 혹은 "이것 말고 더 필요한 건 없으신가요?" 라고 물어볼 것입니다.

귀한 복음을 제시했다면 피전도자가 결정할 수 있는 기회와 시간을 주고, 그들의 필요에 귀를 기울여야 합니다. 즉, 복음 제시 후 피전도자를 참된 신앙생활의 길로 들어서도록 인도해야 합니다.

결신 단계에서는 우선 "제가 구원에 대해 말씀드린 내용이 이해되시나요?"라고 확인 질문을 합니다. "네, 알겠어요."라고 대답한다면 그 사람은 최소한 어떻게 예수님을 믿는지, 복음이 무엇인지 이해했다는 뜻이기 때문에 결신 단계까지 나아갈 수 있습니다. 혹은 반대로 "우리가 어떻게 구원을 받게 되는지 저에게 들은 내용을 다시 설명해 주실 수 있나요?"라고 물어볼 수도 있습니다. 만약 피전도자가 제대로 대답한다면 이를 재확인한 후에 결신을 권유하고 영접 기도까지 함께 하면 됩니다. 결신하고 나면 그 자리에서 구원의 확신을 심어 주십시오. 그리고 신앙의 성장 단계도 이야기해 주십시오.

구원의 확신을 심어 주려면 다음 말씀을 직접 읽게 하면 좋습니다. 자기 눈으로 보며 직접 소리 내어 읽는 것과 다른 사람의 말을 그냥 듣기만 했을 때는 그 효과가 완전히 다릅니다.

"죄의 삯은 사망이요 하나님의 은사는 그리스도 예수 우리 주 안에 있는 영생이니라"(롬 6:23).

'하나님의 은사'란 곧 '선물(gift)'을 뜻합니다. 하나님의 선물은 우리 주 안에 있는 영원한 생명입니다. 반대로, 죄의 결과는 죽음입니다. '죄'는 마치 꺾어 놓은 꽃과 같습니다. 꽃은 뿌리에 연결되어 있어야 살아 있는 생명입니다. 그러나 뿌리에서 잘려 나간 꽃은 어떤가요? 당장은 향기도 나고 아무렇지 않아 보이지만 서서히 시들다가 결국 말라 죽습니다.

예수님께서 친히 하신 말씀입니다. 믿는 사람은 이미 영원한 생명을 얻은 사람입니다. 예수를 믿기 때문에 미래의 심판을 받지 않고 영원한 사망에서 영원한 생명으로 옮겨져 있는 사람입니다. 이 말씀을 근거로 예수를 구주로 믿는 순간 우리는 하나님의 자녀로 다시 태어났음을 확실히 믿어야 합니다. 믿는 것이 당연합니다. 언제 이 세상을 떠나도 우리에게는 구원이 있습니다. 하나님께서 구원에 대해 확실히 말씀하셨습니다. 이것은 객관적 확인입니다. 믿음이 생기면 우리 마음속에서 성령님께서 우리가 하나님의 자녀임을 증거해 주십니다. 이러한 주관적 확신이 일어나면 하나님을 아버지라 부르기 시작합니다.

서론 단계(간증)

"나는 의인을 부르러 온 것이 아니요 죄인을 부르러 왔노라 하시니라"

마 9:13

앞 장에서 언급한 것처럼 서론 단계에서
는 전도자가 자신의 이야기를 하면서 신앙 간증을 요약해서 합니다.
이번 장에서는 '간증 방법'과 '간증 후의 두 가지 질문'에 대해 조금
더 구체적으로 알아보려 합니다.

간증 방법

첫째, 간증 시간은 3분 내외입니다. 전도자는 3분 동안 간증할 수
있는 짤막한 이야기가 언제나 준비되어 있어야 합니다. 단, 간증할 수
있는 여러 이야기가 있겠지만, 구원에 관한 간증만 준비하십시오. 간
증은 자서전이 아닙니다. 물론 신앙 간증을 짧게 한다는 것이 쉬운
일은 아닙니다. 그러나 간증은 짧고 명료할수록 전달 효과가 큽니다.

한번은 두 분의 집사님에게 간증을 부탁드린 적이 있습니다. 한 분
당 15분씩 간증하고, 목사님이 설교한 후 예배를 마치려고 했는데,
첫 번째 집사님이 1시간 30분 동안이나 간증을 했습니다. 초반 이야
기를 한 후에 "나온 김에 한마디 더 하겠습니다!" 하시더니 그렇게

오랜 시간이 걸린 것입니다. "제가 여기까지 오는데 시간이 얼마나 걸렸는데요!" 하면서 본전을 뽑고 가겠다고 마음먹은 것입니다.

예수님을 믿는 사람은 이처럼 자기중심적이어서는 안 됩니다. 우리는 섬김을 받는 사람이 아니라 섬기는 사람임을 기억하십시오. 자기 이야기를 듣는 사람이나 주최 측의 형편과 상황을 무시하는 이기적이고 자기도취적인 행동은 삼가야 합니다. 간증할 때는 자기 이야기를 통해 상대방이 예수 그리스도에 대해 관심을 갖게 하는 데 초점을 맞춰야 합니다.

둘째, 간증의 필수 내용은 구원받은 사실에 대한 확신입니다. 자기가 구원받은 날짜나 시간을 꼭 알아야 하는 것은 아닙니다. 하지만 구원받은 사실만은 꼭 알아야 합니다. 어떤 사람은 구원받은 날짜를 정확히 모른다고 말하면 "그것도 모르면 어떻게 해요?"라며 타박하기도 합니다. 자기가 몇 년도 몇 월 며칠에 구원받았는지 알지 못하면 구원을 받지 못한 거라고 주장하는 구원파도 있습니다. 어떤 사람은 본래부터 기독교 가정에서 태어나 언제 예수님에 대한 믿음이 생겼는지 잘 모를 수도 있습니다. 가장 중요한 것은 '내가 예수님을 구주로 믿고 구원받았다는 사실을 지금 알고 확신한다는 것'입니다.

저도 구원받은 구체적인 장소와 상황은 기억나지만 정확한 날짜와 시간은 잘 모릅니다. 그러나 그때만 생각하면 참 감격스럽습니다. 구원받은 날짜와 시간은 몰라도 괜찮습니다. 지금 예수님을 나의 구원자로 고백할 수 있는 확신이 있으면 됩니다. 그리고 간증할 때는 그런 확신이 있는 현재와 그런 확신이 없었던 과거의 차이를 명확하게 이야기하면 됩니다.

셋째, 간증할 때는 예수님을 믿기 전의 삶, 믿게 된 경위, 믿고 난 후의 변화에 대해 순차적으로 이야기하면 됩니다. 예수님을 믿기 전에 대해서는 너무 길게 이야기하지 않아도 됩니다. 정확한 날짜나 시간, 장소는 생략해도 괜찮습니다. 주님을 믿기 전의 삶과 믿고 난 후의 삶을 대조해서 이야기할 수만 있으면 됩니다. 그다음으로 어떻게 해서 예수님을 믿게 되었는가를 말해야 합니다. 즉, 예수님을 믿게 된 경위를 이야기하는 것입니다.

마지막으로는 예수님을 믿고 난 후의 삶의 변화를 이야기합니다. 많은 변화가 있었겠지만 그중에서 자기에게 가장 크게 와 닿는 일 한두 가지만 이야기하고 마무리해도 됩니다. 예를 들어 주님을 믿기 전에는 죽음에 대한 공포가 있었는데 주님을 믿고 나서는 마음에 참된 평화와 안식이 있어 죽음이 두렵지 않게 되었다든가, 예전에는 날마다 불평과 불만을 입에 달고 살았는데 지금은 자족하고 감사하며 사는 삶이 되었다는 정도면 충분합니다.

넷째, 자기 경험 중에 상대방이 공감할 수 있는 이야기를 선택해서 나누십시오. 앞으로 해야 할 모든 이야기를 미리 다 꺼내지 마십시오. 그리고 간증을 할 때는 그림을 그리듯이 묘사하십시오. 똑같은 이야기를 해도 흥미진진하고 생생하다면 그 효과는 배가 될 수 있습니다. "제가 그날 모텔에 들어갔을 때까지만 해도 살맛을 잃고 죽으려고 했습니다. 수면제를 털어 넣으려고 했는데, 그 순간 '그만하시오!'라는 소리가 들려서 뒤를 돌아보니 라디오에서 어떤 사람이 복음을 전하고 있었어요. 저는 그 라디오 방송을 듣고 그 자리에서 무릎을 꿇고 주님을 영접하게 되었습니다." 이렇듯 실감 나는 이야기는 피전도자의 관심을 불러일으킵니다.

또한 그리스도인만 쓰는 기독교 용어를 남발해서는 안 됩니다. 되도록 누구나 알아들을 수 있는 단어를 사용해야 합니다. "제가 여호와 하나님을 모르던 그때는 범죄한 죄인이었어요. 그런데 예수 그리스도께서 저를 대속해 주신 겁니다!", "성화되지 못한 제 영혼이 주님께 구속받은 순간!", "주님을 영접한 그 순간 제 가슴에 은혜와 성령이 충만해졌습니다." 등과 같은 말은 일반 사람들이 알아듣지 못할 수도 있습니다. 기독교인이 아닌 사람은 주님 안에서의 '충만', '대속', '구속'이 무엇인지 알지 못합니다.

또한 추상적이거나 두루뭉술한 이야기보다는 구체적이고 실제적인 이야기를 해야 합니다. 예수님이 나에게 어떤 의미를 부여하시는지, 내 삶에 어떤 변화가 일어났는지 등에 대해 구체적인 예를 드는 것이 좋습니다. 죽음의 공포에서 벗어나 참된 평안을 누리고 있다거나 평생 짓눌렸던 죄의식에서 해방되었다거나 미워하던 사람을 사랑하게 되었다는 식의 현실적이고 실질적인 이야기를 하십시오.

예수님을 믿게 된 사람은 여러 가지 변화를 경험합니다. 영원한 삶에 대한 확신과 소망이 생기기 때문에 죽음도 두려워하지 않습니다. 예수님이 늘 함께하시며 좋은 친구가 되어 주시니 외롭지 않습니다. 하나님이 얼마나 사랑하시는지를 느끼게 되니 마음의 평안과 행복을 누립니다. 사람들에게 버림받거나 외면당하는 일이 생긴다 해도 하나님의 변치 않는 사랑을 의지하며 다시 일어설 수 있습니다. 죄의식에서 해방되어 영혼이 홀가분해지고 자유로워지며, 다른 사람을 용서하는 일도 예전보다 어렵지 않게 할 수 있습니다.

삶의 목적 또한 완전히 달라집니다. 지금까지는 돈, 물질, 명예, 인기, 권력 등 눈에 보이는 가치를 추구했다면 이제는 그것이 필요하긴 해도 그것 때문에 살아가거나 그것만을 추구하며 살지는 않습니다. 세상적인 것이 아니라 영적인 것을 위해 살고, 예수님과 그분의 영원한 나라를 위해 사는 데서 참된 만족을 얻습니다.

먹을 것과 입을 것과 잘 곳이 있으면 감사하고, 기본적인 필요보다 더 많이 주시면 더욱 감사한 일로 여깁니다. 삶의 목적이 달라지니 삶의 질도 완전히 바뀝니다. 우리에게 주어진 인생을 어떻게 살아야 하는지, 삶의 올바른 방향과 목적을 알게 되었기 때문입니다.

어려운 일이 생겼을 때는 하나님의 도우시는 손길을 체험합니다. 예전에는 불안하면 잠도 못 자고, 먹는 대로 체하거나 소화 불량으로 고생했다면 이제는 근심 대신 기도하며 주님을 의지합니다. 하루하루 주님이 주시는 힘과 평안으로 살아가는 것입니다. 고민과 염려도 넉넉히 극복합니다. 선하고 깨끗한 언어를 사용합니다.

가정과 직장 생활에서도 변화가 찾아옵니다. 다른 사람에 대해 열린 마음을 갖게 됩니다. 전에는 새로운 사람을 만나고 사귀는 것을 두려워하고 번거로워했다면, 하나님의 사랑을 알고부터는 타인에 대해 환대하는 마음이 생기게 되는 것입니다.

그리스도인은 간증에서 주로 이런 이야기를 많이 합니다. 저도 예수님을 믿게 된 이후로 삶이 행복하고 재미있음을 절실히 느낍니다.

예수님을 믿지 않았으면 어쩔 뻔했나 싶을 정도로 즐겁고 기쁩니다.

한번은 대학생 집회에서 간증한 적이 있습니다. 그곳에서 "저는 참 행복한 사람입니다. 제가 25세 때 예수님을 만난 후 시간이 갈수록 사는 것이 더욱 즐겁고 행복합니다!"라고 간증했습니다. 예수님을 알고, 예수님을 만나 친해지고, 예수님과 함께 살아가는 삶을 경험해 보니 '주님을 믿는 인생' 자체가 얼마나 귀한 축복인지 모릅니다. 이 기쁨을 아직 모르는 사람들에게 어떻게든 알려 주고 전하고 싶은 것이 제 마음입니다.

신앙 간증이 있는 사람은 교리나 성경으로 논쟁을 걸어오는 사람에게 절대로 지는 법이 없습니다. 아무리 어려운 논쟁을 걸어와도 이런 귀한 간증을 가진 사람은 이겨 낼 수가 없습니다. 이것은 삶의 체험이고, 영혼의 경험이기 때문입니다. 자기가 경험하지 못한 것을 경험한 사람과는 논쟁할 수가 없습니다. 그래서 각자의 고유한 신앙 간증이 중요합니다.

간증 사례

첫 번째 간증 사례

저는 기독교 집안에서 태어나 자랐습니다. 자연스럽게 주일 학교와 교회 학교 중·고등부를 거쳤습니다. 보수적인 어머니의 신앙으로 인해 주일에는 교회에 꼭 가야 한다는 압박감이 컸습니다. 때로는 억지 같은 어머니의 믿음에 대항하기도 했습니다. 성인이 된 저는 결혼한 후에도 교회에 다니기는 했지만 실제 제 삶에서 일어나는 수많은 현실적인 문제를 신앙과 전혀 접목시키지 못했습니다. 그때까지도 제 안에 영원한 생명이 없었기 때문에 교회 생활과 일상의 삶이 연결되지 않았습니다.

또한 저는 학력과 가정 환경에 대한 열등감을 갖고 늘 깊은 슬픔 속에 살았습니다. 그러나 겉으로는 아무렇지 않은 듯 지냈습니다. 사람들에게 저의 문제를 솔직하게 드러내는 게 두려웠고, 그런 상황을 거부하고 철저히 차단했습니다. 그러던 어느 날, 길을 걷고 있던 도중에 뜻밖에 주님을 만났습니다. 예수님을 인격적으로 만나고 영접하게 된 것입니다.

"나는 의인을 부르러 온 것이 아니요 죄인을 부르러 왔노라 하시니라" (마 9:13).

이 말씀이 강하게 제 심령을 두드렸습니다. 저는 제 자신의 추악한 모습을 보게 되었고 "주여, 저를 떠나소서. 저는 너무도 큰 죄인입니다."라는 고백을 할 만큼 제 존재의 실체에 대해 깨달았습니다. 제 안의 죄의식이 강한 만큼 예수님의 사랑이 더 크게 다가왔습니다.

그날 이후 제 삶에는 변화가 나타나기 시작했습니다. 자신감을 갖고 사람들에게 다가갈 수 있었습니다. 제 자신의 약점을 드러내기를 주저하지 않았습니다. 신기하게도 제 자신이 변하자 많은 사람들이 저를 좋아하고 원만한 인간관계가 형성되었습니다. 더불어 제 안에는 어떤 사람이든 존중하고 소중히 대하려는 마음이 생겼습니다.

저는 여덟 살 때 100:1의 경쟁률을 뚫고 어린이 합창단에 들어갔습니다. 그때는 교회도 열심히 다니고 학교에서 공부도 잘했습니다. 합창 연습도 열심히 했고 여러 나라를 다니며 공연도 했습니다. 그런데 중학생이 되면서 제 안에 음악적 재능에 대한 열등감이 생겼습니다. 항상 마음이 불편했고 재능이 뛰어난 친구들과의 갈등도 잦아졌습니다. 당연히 학교 성적도 떨어졌습니다. 저는 이런 문제를 상담하고 싶었지만 어느 누구도 저를 이해하지 못할 것 같았습니다. 고등학생이 되었을 때는 밤에 잠도 못 자고 이상한 환청에 시달리기도 했습니다. 저는 너무 괴로워 하나님께 부르짖었습니다. "하나님, 당신은 정말 계십니까? 당신이 계시다면 왜 제 마음이 이렇게 지옥 같은 건가요?"라고 울부짖으며 기도했습니다.

이렇게 기도한 후 2주 정도가 지났을 때입니다. 연세대학교에 다니는 합창단 선배 언니가 저를 찾아와서 "세영아, 내가 오늘 좋은 곳에 데려가 줄게." 하며 제 손목을 잡아끌었습니다. 저는 기분 전환으로 최신 영화를 관람하러 가는 줄 알고 좋아하며 따라갔습니다.

제가 도착한 곳은 '대학생 영어 성경 공부 모임'이었습니다. 저는 모임 장소에 들어서며 깜짝 놀랐습니다. 남녀 대학생 두 사람이 문 앞에서 이름표를 나눠 주고 있었는데, 그들의 얼굴이 얼마나 편안하고 밝던지 마치 이 세상에 내려온 천사를 보는 것 같았습니다. 잔뜩 찌푸린 제 얼굴과는 너무나 대조적이었습니다. 그곳에 모인 사람들의 얼굴이 얼마나 밝고, 분위기가 거룩한지 저는 '아, 이곳에 뭔가가 있구나!'라는 생각을 하게 되었습니다.

그날 설교자가 어떤 말씀을 하셨는지 하나도 기억나지 않습니다. 다만 설교 끝에 "예수님을 믿을 사람은 손 들어 보십시오!"라는 말에 저는 기다렸다는 듯이 손을 번쩍 들었습니다. 설교자가 제게 다가오더니 요한복음 3장 16절을 읽어 주었습니다. 저는 속으로 '흥! 내가 어려서부터 달달 외우던 말씀인데? 이렇게 쉬운 것을 또 외우라고? 날 어떻게 보는 거야!' 하면서 목에 힘을 꽉 주고 있었습니다. 그분은 다시 한번 말씀 속에 제 이름을 넣어서 읽어 주었습니다.

"하나님이 세영이를 이처럼 사랑하사 독생자를 주셨으니 이는 그를 믿는 자마다 멸망하지 않고 영생을 얻게 하려 하심이라." 저는 그 순간 '아, 하나님이 진짜 계시구나!' 하는 느낌을 받았습니다.

그날 저는 제가 죄인이며, 예수님이 십자가에서 저의 죄를 다 용서해 주셨다는 사실을 깨닫고 예수님을 저의 구주로, 제 삶의 진정한 주인으로 모셨습니다. 그런데 그날부터 어깨에 마치 날개가 달린 것처럼 몸이 가벼워지고 마음이 기쁘고 세상이 너무도 아름답게 보였습니다. 예수님을 만나고 나니 완전히 딴 세상을 경험하는 듯했습니다. 세상 모든 것을 부정적으로 바라보던 저는 만사를 긍정적으로 보기 시작했습니다. 예수님을 영접한 후 기도만 하면 예수님이 잘 들어주시니 주님을 믿는 삶이 가장 가치 있고 재미있습니다.

세 번째 간증 사례

제가 주님을 알기 전, 저희 집에서는 큰오빠만 예수님을 믿었고 나머지 가족은 예수님이 어떤 분인지 전혀 모르는 상태였습니다. 학교를 졸업하고 직장에 다니던 중 어머니가 갑자기 돌아가셨습니다.

갑작스럽게 닥친 어머니와의 이별에 슬픔을 이기지 못하며 하루하루 눈물로 지냈습니다. 그러다가 마음을 추슬러 보고자 큰오빠가 다니는 교회에 나갔습니다. 그러나 설교 말씀은 제게 그저 좋은 도덕적 교훈 혹은 이방인의 낯선 말처럼 들릴 뿐이었습니다. 마음 깊은 곳에서는 어머니를 향한 그리움과 슬픔이 더욱 커져만 갔습니다.

한참 후에 저는 오빠의 소개로 믿음의 가정에서 자란 지금의 남편을 만나게 되었습니다. 결혼 후에도 교회는 나갔으나 예수님이 어떤 분인지, 저와 어떤 관계에 있는 분인지 전혀 알지 못했습니다. 둘째 아이를 낳고 1년 후, 집안에 어려움이 생겼습니다. 하나님만 의지하고 살던 시어머니가 올라오셔서 저는 어쩔 수 없이 가정 예배를 드리게 되었습니다. 교회도 열심히 나갔지만 이해되지 않고 의문 가득한 성경 말씀이 너무도 많았습니다. 그래서 하루 종일 기독교 방송과 극동 방송을 틀어 놓고 지내기도 했습니다.

그러던 어느 날, 라디오를 통해 한 목사님의 설교를 듣게 되었습니다. 그날 저는 그분이 전하시는 구원의 복음을 듣고 그 자리에서 무릎을 꿇고 기도하며 예수님을 저의 구주로 받아들였습니다. 당시 저는 아주 작은 교회에 다니고 있었는데, 수요 예배에서 "자기가 서 있는 위치에서 최고의 사람이 돼라!"라는 전도사님의 말씀에 크게 감동을 받아 새벽 기도, 수요 예배, 구역 예배가 돌아오기만을 어린아이처럼 손꼽아 기다렸습니다.

그리고 새벽 기도 후 성경 말씀을 읽던 중 "내가 곧 길이요 진리요 생명이니"(요 14:6)라는 말씀에 영적인 눈과 귀가 열리게 되었습니다. 그때부터는 성경 말씀을 조금씩 깨닫기 시작했습니다.

또한 남편이 가족을 위해 애쓰는 모습에 가슴이 뜨거워졌고, 자녀들이 그렇게 사랑스러워 보일 수가 없었습니다. 저는 성경 말씀을 더욱 알고 싶은 마음에 부지런히 성경 공부에 참석했습니다. 그리하여 예수님을 더욱더 깊이 알고 사랑하게 되었으며, 주님이 늘 제 안에 계심에 감사하며 지내고 있습니다. 지금 생각해 보면 주님은 저를 구원하시기 위해 믿음의 가정에 보내 주셨고, 고난 가운데 주님을 만나도록 인도해 주셨습니다. 하나님께서는 제가 주님으로 인해 항상 감사하며 기쁘게 살기 원하셨다는 것을 깨닫게 되었습니다.

네 번째 간증 사례

결혼과 동시에 시댁의 종교인 기독교를 따르게 된 제 신앙생활이 어느덧 10년이 넘었습니다. 그러나 10년의 세월에도 저는 진정한 그리스도인이 되지 못한 날라리 신자였습니다. 주일에만 교인이고, 월요일부터 토요일까지는 완전히 세상 사람으로 사는, 분별없고 형편없는 교인이었습니다.

목사님 말씀대로 의롭게 살아가는 것이 좋은 줄은 알았지만 하나님이 완전히 믿어지지 않았던지라 저의 한쪽 발은 교회에, 다른 한쪽 발은 세상에 딛고 서 있었던 것입니다. 그러니 항상 교회와 세상 사이에서 갈등했고 마음이 무거웠습니다. 교회에서는 세상 때문에, 세상에서는 교회 때문에 늘 양심의 가책을 갖고 살았습니다. 어느 쪽을 가도 마음이 불편하고 참된 기쁨이 없었습니다.

'만약 정말 지옥이 있다면 구원받은 강도처럼 죽기 직전에 예수님을 믿고 구원받으면 될 텐데, 왜 나는 일찌감치 교회에 다녀 이렇게

나 마음고생을 해야 하는 거지?'라는 생각이 드니 제 자신이 한없이 불쌍해졌습니다. 차라리 주님 옆에 매달려 있던 강도가 부럽다는 생각도 했습니다. 때로는 확실한 믿음을 얻고 싶다는 갈망도 생겼지만, 도무지 성경 말씀이 이해되지 않았기 때문에 여전히 제 삶은 죄인의 습성을 버리지 못하고 있었습니다.

제 의지로는 이도 저도 안 되어 마음만 답답하던 어느 여름날이었습니다. 우연히 알게 된 어느 교회 목사님, 사모님과 성경 공부를 하게 되었습니다. 성경 공부를 시작한 저는 사모님에게 "닭이 먼저냐, 계란이 먼저냐?"라는 질문을 받았습니다. 그 순간 제 머릿속에 성경 말씀이 퍼뜩 떠올라 "닭이 먼저입니다!"라고 태연히 대답했습니다. 사실 그때까지 그 문제는 영원히 풀 수 없는 문제로 여겼던 저였기에 그런 대답을 한 것은 실로 굉장한 사건이었습니다. '아, 분명한 답이 성경 안에 있었는데 그 사실을 지금껏 몰랐다니! 다른 부분을 다 읽지 못했어도 창세기는 여러 번 읽었는데 어쩜 이렇게 몰랐을까?' 하는 생각이 들었습니다.

저는 그날부터 성경을 다시 읽기 시작했습니다. 정말 놀라운 일이 일어났습니다. 이전에 읽던 성경이 아닌 듯했습니다. 예전에는 성경 한 장 읽기도 힘들었는데, 열 장, 스무 장 계속해서 읽어도 지루하지 않고 이해가 쏙쏙 되었습니다. 하나님이 모든 것의 근원이 되시는 분이며 삶의 이치와 원리가 다 성경 안에 있음을 알 수 있었습니다. 한 가지 의문이 풀리니 나머지는 저절로 다 해결되었습니다. 하나님의 사랑과 공의의 성품도 이해되고, 예수님이 길이요 진리요 생명이라는 사실이 제 영혼에 아주 분명하게 새겨졌습니다.

세상을 향하던 발길은 자연히 주님께로 돌아왔습니다. 제 마음과 육신에 매여 있던 죄의 사슬을 풀고, 진리 안에서의 자유가 무엇인지를 체험하게 되었습니다. 마음이 새로워지니 무감각했던 자연에 대해서도 애정이 솟고, 항상 주님을 찬양하는 노래가 입술을 통해 흘러나왔습니다. 모든 일에 감사가 우러나오는 삶을 살게 된 것입니다. 삶의 가치관이 180도 바뀌었고, 삶의 방향과 목적이 뚜렷해졌습니다. 그동안 높은 곳만 바라보며 늘 불평불만을 일삼던 습관을 버리고, 아래를 바라보며 베풀고 나누는 삶의 기쁨을 얻었습니다.

이제는 더 이상 세상 사람들이 추구하는 가치가 제 행복의 기준이 될 수 없기에 하나님께 초점을 맞추며 살고 있습니다. 그분의 영광을 나타내는 데 필요한 것들로 저를 채우며, 제 자신이 주님의 거룩한 산 제물이 되도록 말씀에 근거한 삶을 살고자 애를 씁니다. 하나님을 알고 믿게 되니 이렇게 좋은데, 왜 진작 알지 못해 그 긴 세월을 낭비했는지 모르겠습니다. 가끔은 지난 시절에 대한 아쉬움과 안타까움이 밀려옵니다. 저를 하나님께 조금 더 빨리 인도해 주지 않은 사역자들과 주위의 그리스도인들이 원망스럽기도 했습니다.

그러나 이제는 모든 것이 감사합니다. 위대한 능력과 권세와 사랑과 자비와 은혜의 하나님께서 바로 제 아버지이신 것이 너무도 기쁘고 감사합니다. 할렐루야!

* 구원 간증의 생생한 사례를 참조하려면 저자의 다른 책 『이것이 나의 간증입니다』 (나침반 출판사 발행)를 함께 읽어 보시기 바랍니다.

우리는 다른 성도의 간증을 들으며 크게 공감할 때가 많습니다. 예수님을 영접했을 때 삶이 변화되는 것은 모든 그리스도인에게 나타나는 보편적인 현상입니다. 어느 나라 사람의 간증을 들어 보아도 비슷합니다. 이는 영적인 법칙이 진리로 입증되기 때문입니다.

그리스도인은 진리를 깨달아 생명을 얻고, 한 아버지 품에서 태어나 똑같은 양식(성경 말씀)을 먹고 비슷한 신앙 훈련을 받으며 자랍니다. 그렇다 보니 처음 만나 조금만 이야기를 나누어도 마치 오래전부터 알아온 사람처럼 금방 친밀해집니다. 다른 나라 그리스도인을 만나도 마찬가지입니다. 그리스도인은 어느 나라 사람이든지 생각하는 것이나 말하고자 하는 것이 비슷하고, 소망하는 것도 크게 다르지 않습니다. 신앙생활의 경험도 비슷합니다.

간증은 자기 자랑이나 신세타령이 아닙니다. 간증의 목적은 상대방 마음속에 예수님에 대해 알고 싶어 하는 마음이나 그분을 영접하고 싶어 하는 마음을 불러일으키는 데 있습니다. '예수님이 저 사람을 저렇게나 변화시키다니 나도 한번 믿어 볼까?' 하는 호기심을 유발하는 것입니다. 3분 정도의 짧은 분량이라 해도 때로는 개인 간증이 설교 10편보다 더 큰 능력을 발휘합니다. 개인 간증은 예수님의 실체를 체험한 개인의 삶의 체험이기 때문에 호소력이 더 짙습니다.

예수님을 믿는 사람은 제2의 인생을 사는 사람입니다. 다시 말하면 두 가지 인생을 아는 사람입니다. 그러나 믿지 않는 사람은 지금 자기가 사는 그 인생밖에 모릅니다. 반쪽짜리 인생을 사는 사람은 온전한 인생을 사는 사람에게 끌리게 되어 있습니다. 이럴 때 그들에게 예수님과 영원한 생명에 대한 호기심을 불러일으켜 주어야 합니다. 이를 위한 가장 좋은 매개체가 바로 신앙 간증입니다.

간증할 때 주의할 점

누구에게 간증을 하느냐에 따라 언어와 표현이 달라집니다. 그리스도인끼리는 교회나 성도들이 일상적으로 사용하는 단어를 써도 금방 알아듣고 소통이 됩니다. 그러나 주님을 믿지 않는 사람들은 그리스도인들끼리만 통하는 용어를 사용하면 지금 이 사람이 무슨 얘기를 하는 건가 싶어 멍하니 앉아 있습니다.

가끔 신문에 불교계에서 내는 광고가 실립니다. 저는 종교를 공부한 사람인데도 광고 내용을 전혀 이해하지 못합니다. 불교계에 속해 있지 않아 그들의 용어를 모르기 때문입니다. 그러니까 그 광고는 저 같은 사람에게 아무 효과가 없습니다.

그리스도인도 마찬가지입니다. 오랫동안 교회 생활을 해 온 사람들은 자연스럽게 기독교 전문 용어를 사용합니다. 그러나 불신자들은 그 말들을 전혀 알아듣지 못합니다. 우리가 믿지 않는 사람들을 전도하기 위해 간증을 할 때 그 대상자에게 적합한 어휘를 선택하는 것은 너무나 당연한 일입니다. "저는 모태 신앙인데요."라고 하면 그리스도인은 다 알아듣지만, 주님을 믿지 않는 사람들은 못 알아듣습니다. 그럴 때는 "예수님을 믿는 가정에서 태어나 어려서부터 교회를 다녔어요."라고 말하면 이해하기가 훨씬 쉽습니다. "저는 보수 신앙 배경에서 자라났습니다."라고 하면 전혀 알아듣지 못합니다. 신앙도 모르는 사람이 어떻게 보수 신앙이라는 말을 이해할까요?

"주일 성수를 못하면요.", "성령님의 인도하심을 따르세요.", "바리새인과 같은 믿음은 안 돼요.", "제 가슴에는 희락이 넘칩니다."라는 말들은 우리에게는 참으로 익숙하고 쉽게 다가오지만, 예수님을 모르는 사람에게는 낯설기 그지없는 표현들입니다. 그러니 불신자에게 간증할 때는 각별히 그들을 배려하는 어휘를 선택해야 합니다.

간증 후에 필요한 두 가지 질문

서론 단계에서 간증까지 마치게 되면 상대방은 대개 들을 준비가 되어 있습니다. 그때 "한 가지 여쭤 봐도 괜찮을까요?" 하고 물어보십시오. 이는 영적인 질문을 던지기 위한 다리를 놓는 역할을 합니다. 간증을 마친 후에 다짜고짜 영적인 질문을 하면 상대에게 거부감을 줄 수도 있습니다. 그러나 공손하게 양해를 먼저 구하면 피전도자가 "안 됩니다!"라고 쏘아붙이지는 않습니다. 그런 경우는 한 번도 보지 못했습니다. 거의 대부분 승낙을 합니다. 그러면 다음과 같은 두 가지 질문을 하면 됩니다.

첫째, "오늘 밤, 잠자리에 들었다가 혹시라도 내일 아침에 깨어나지 않는다면 하나님 나라에 영원히 가 있을 것이라는 확신이 있으세요?”
라고 물으십시오. 사람은 누구나 한 번쯤은 죽음에 대해 생각합니다.
그러므로 이는 이상하거나 불쾌한 질문이 아닙니다. “무슨 그런 질문
을 다 하세요?”라고 되물을 것 같지만 실제로 대부분의 경우는 그렇
지 않습니다.

이 질문을 했을 때, 복음을 알지 못하고 예수님을 믿지 않는 사람
은 누구나 “그런 생각 안 해 봤는데요.”라고 합니다. 또 어떤 사람들
은 “글쎄요. 잘 모르겠는데요.”라고 대답하기도 합니다. 그 외에도 여
러 가지 대답이 나올 수 있습니다.

천국에 갈 자신이 없는 사람에게는 진정한 복음이 필요합니다. 복
음을 아는 사람이라면 언제 죽더라도 천국에 갈 자신이 있다고 대답
하겠지만, 그렇지 않은 나머지 사람들은 제대로 대답을 하지 못합니
다. 그리스도인 중에도 이 첫 번째 질문에 대해 확신에 찬 대답을 하
는 사람이 많지 않습니다. 그러므로 교회 성도들에게도 복음을 정확
하게 전할 필요가 있습니다.

전도를 하다 보면 불교 신자에게도 이 질문을 할 기회가 옵니다.
“당신은 오랫동안 불교 신자로서 종교 생활을 해 오셨는데, 혹시 오
늘 밤 주무셨다가 내일 아침에 깨어나지 못한다면 영원한 극락세계
에 들어갈 확신이 있으십니까?”라는 질문을 했을 때, 자신 있다고 대
답하는 불교 신자는 한 명도 없었습니다. 불교의 교리 자체가 이것에
대해 침묵하고 있기 때문입니다.

제가 예전에 저희 고모님을 전도했습니다. 고모님은 80세에 예수
님을 믿으셨습니다. 고모님은 열여덟 살부터 절에 다니셨고, 나중에

는 절을 직접 지으실 만큼 아주 열성적인 불교도였습니다. 한번은 고모님께 전도할 기회가 생겨 이런 질문을 먼저 했습니다. "고모님이 평생 불교를 믿으시고 이렇게까지 불교를 위해 헌신하시는데, 혹시나 이 세상을 떠나셨을 때 영원히 부처님과 같이 사실 거라는 자신이 있으세요?" 그러자 고모님은 그런 걸 어떻게 우리가 알 수 있겠느냐고 반문하셨습니다. 그래서 저는 "그럼 고모님, 제가 그것을 가르쳐 드릴까요?" 하고 먼저 양해를 구한 뒤 예수 그리스도의 복음을 제시했습니다. 가만히 듣고 계시던 고모님은 그 자리에서 예수님을 믿겠다고 결단하시고 주님을 영접하셨습니다. 고모님은 87세까지 사셨는데, 그때까지 성경을 세 번이나 통독하시고 신앙생활을 잘하시다가 하나님 품으로 가셨습니다.

제가 이런 식으로 전도해 예수님을 영접한 불교도가 여러 명입니다. 오직 예수 그리스도의 복음만이 사후의 일에 대해 명확한 해답을 줍니다. 주님의 복음만이 우리에게 천국에 대한 확신을 주고, 우리가 평안과 소망 가운데 살 수 있게 합니다.

그런데 첫 번째 질문을 했을 때 "죽으면 그만이야. 죽으면 다 끝이지, 뭐!" 하고 대답하는 사람도 의외로 많습니다. 만약 그런 대답이 나올 경우 "세상에 그런 대답이 어디 있습니까?"라고 따지며 상대방을 불쾌하게 해서는 안 됩니다. 그럴 때는 이렇게 말해 주십시오. "그렇게 생각하는 사람도 더러 있습니다만, 인간에게는 영원히 살고 싶어 하는 마음이 있습니다. 하나님께서 인간을 영적인 존재로 지으셨기 때문입니다."

이제는 두 번째 질문으로 넘어가야 합니다. 너무 오랫동안 첫 번째 질문만 붙들고 있으면 논쟁이 일어날 수 있습니다. 논쟁에서 이기는 방법은 논쟁을 아예 안 하는 것입니다. 논쟁에서 이겼다고 해도 사실상 그것은 진 것입니다. 논쟁에서 이기게 되면 상대방의 기분은 이미 상할 대로 상해 있기 때문입니다. 논쟁에서는 이겼어도 그 사람은 잃은 것입니다. 저는 평생 동안 팔씨름에서 져 본 적이 없습니다. 어떻게 그럴 수 있을까요? 팔씨름을 한 번도 안하면 됩니다.(웃음)

첫 번째 질문을 해서 상대에게 영생에 대한 확신이 없다는 것을 알았다면 "한 가지만 더 여쭤 봐도 될까요?" 하며 두 번째 질문을 던져 보십시오.

둘째, "오늘 밤 세상을 떠나서 하나님 앞에 섰다고 가정해 봅시다. 만일 하나님께서 당신에게 왜 당신을 하늘나라에 들여보내 주어야 하냐고 물으신다면 어떻게 대답하시겠습니까?" 이렇게 질문하면 대부분의 사람은 "그동안 저는 나름대로 착하게 살려고 노력했습니다."라고 대답합니다. 어떤 사람은 차마 착하게 살아왔다고는 말하지 못하고 "다른 사람에게 해를 끼치며 살지는 않았어요!"라고 말합니다.

많은 사람들은 만약 내세가 진짜 존재한다면 착한 사람만이 그곳에 갈 수 있을 거라 생각합니다. 이런 사람들에게 예수 그리스도의 복음이 필요합니다. 구원은 선행으로 얻는 것이 아닙니다. 천국에 들어갈 수 있을 만큼 완전히 선한 사람은 세상에 단 한 명도 없습니다. 구원은 오직 예수 그리스도의 보혈과 은혜로 주어지는 선물입니다. 이 구원의 선물을 우리는 그저 믿음으로 받아들이면 됩니다.

두 번째 질문에서 예수 그리스도에 대한 신앙 고백이 나오지 않는다면 그 사람은 복음을 정확하게 알지 못하는 것입니다. 안타까운 것은 예수님을 믿으면서도 복음을 정확히 들어 본 적 없고 자세히 배워 보지 못했기에 엉뚱한 대답을 하는 성도들이 있다는 사실입니다. 자신은 어릴 때 세례를 받았다고 얘기하는가 하면, 모태 신앙을 강조하는 사람도 있습니다. 부모님의 직분이나 사역자와의 친인척 관계를 이야기하기도 합니다. 이렇게 예수님 외에 다른 것을 내세우는 사람은 복음에 대한 정확한 이해가 부족하기 때문입니다. 이런 사람들은 제대로 된 복음의 핵심 내용을 듣고, 이해하고, 받아들일 필요가 있습니다.

이때 복음을 제대로 알지 못한다고 해서 "아니, 5년씩이나 집사 직분을 맡으셨으면서 이런 것도 모르면 어떡합니까?" 하며 면박을 주어서는 안 됩니다. 상대방을 정확하게 진단해서 복음이 필요하다고 생각된다면 제대로 된 복음을 설명해 주고, 예수님이 그 사람의 진정한 구주가 되는 방법을 가르쳐 주면 됩니다.

두 가지 질문에 대답을 얻어 내는 방법

첫째, 이 질문의 중요성을 강조하십시오. 앞서 말한 두 가지 질문을 할 때 상대방에게 "이건 한 번쯤은 생각해 볼 만한 질문이죠. 아마도 인생에서 가장 중요한 질문이 아닌가 생각합니다."라는 말을 건네면 더 효과적입니다. 질문을 했을 때 "잘 모르겠다."라고만 하는 사람에게는 "한 번쯤은 생각해 볼 만한 질문이죠. 아마 인간으로서, 우리 인생에서 가장 중요한 질문이 아닐까 싶습니다. 그렇게 생각되지 않으세요? 저는 그렇게 생각하는데요.”라고 말해 줄 수 있습니다.

사람들은 실제로 이 두 가지 질문에 대해 별로 생각해 본 적이 없습니다. 그러니 이런 질문을 받으면 대부분은 대답을 잘 하지 못합니다. 질문을 함으로써 사실상 그 사람을 영적인 고민에 빠뜨리는 것입니다. 많은 사람들이 이에 대해 대답할 준비가 되어 있지 않기 때문에 우물쭈물합니다. 그렇다고 해서 대답이 나올 때까지 언제까지고 기다릴 수는 없습니다. 두 사람 사이에 5초 이상 침묵이 흐르면 상대방은 긴장합니다. 그때 “한 번쯤은 생각해 볼 만한 질문이지 않을까요?” 하며 부드러운 분위기를 통해 상대의 긴장을 풀어 줄 필요가 있습니다.

둘째, 창피를 주어서는 안 됩니다. 대답을 하지 못할 때 다그치지 말고 이렇게 말해 주십시오. “심오한 성경적 대답을 원하는 것이 아닙니다. 이런 질문을 받았을 때 어떻게 대답할 수 있을지 그저 한 번쯤 생각해 보자는 것이지요.” 이렇게 해서 대답을 유도했는데, 그 대답이 정확하지 않거나 입을 다물고 대답을 회피하려 한다면 또 이렇게 말해 주십시오. “저 같으면 착하게 살려고 노력했다고 말해 보겠어요. 아마 선생님도 그렇게 말씀하시겠죠. 사람들의 70% 정도는 그렇게 생각하거든요. 저도 옛날에는 그렇게 생각했어요.”

이렇게 이야기했는데도 대답이 없다면 “그런 생각을 해본 일이 없을는지 모르겠습니다. 대부분의 사람들이 그것을 생각해 본 적이 없지요. 저도 옛날에는 잘 몰랐거든요. 괜찮으시다면 제가 발견한 길을 좀 말씀드리고 싶은데, 어떠세요?"라고 말하십시오. 그런 다음 복음을 제시하면 됩니다.

제대로 된 대답을 하지 못했다고 해서 나무라거나 빈정거려서는 절대로 안 됩니다. 상대방에게 우월감을 보이거나 상대방을 무식하다고 여기는 인상을 주어서도 안 됩니다. 충분히 존중하고 인정해 주는 태도로 친절하고 따뜻한 대화를 이끌어 나가야 합니다.

이렇게 진단해 본 결과, '아, 내가 전하는 복음을 듣고 이 사람이 하나님을 만나 죄를 용서받고 그분의 놀라우신 사랑을 체험하여 영생을 얻게 되겠구나.'라는 믿음이 생긴다면, 즉 여러분과 같은 삶을 누릴 수 있으리라는 확신이 든다면 이렇게 말해 주십시오. "제가 처음 질문을 드리면서 당신을 위해 참 좋은 소식을 갖고 왔다는 생각이 들었어요. 그런데 대화를 하고 나니 정말 좋은 소식을 갖고 온 것 같습니다. 제가 이 소식 좀 말씀드릴까요?"

사람들은 '좋은 소식'이라고 하면 대개는 듣고 싶어 합니다. 더군다나 간증을 통해 벌써 여러분의 삶에 영적인 세계가 어떻게 펼쳐졌는지를 들었기 때문에 복음에 대한 궁금증과 호감이 생기는 것이 당연합니다. 이제 본론인 '복음 제시' 단계로 들어가면 됩니다.

복음 제시 단계

"너희는 그 은혜에 의하여 믿음으로 말미암아 구원을 받았으니 이것은 너희에게서 난 것이 아니요 하나님의 선물이라" 엡 2:8

아이들은 할아버지나 할머니, 아빠와 엄마, 선생님과는 마음속 깊은 이야기를 하지 않으려고 합니다. 대부분의 어른들은 자기 이야기를 잘 들어주고 공감해 주기보다는 늘 무엇인가를 지시하고 꾸중하고 비난하기 때문입니다. 아이들에게는 "아, 그래? 정말?", "그래서 그랬구나.", "네 말이 맞는 것 같아. 나라도 그럴 것 같구나. 그래서 어떻게 됐어?" 하며 맞장구 쳐 주고 충분히 공감해 줄 수 있는 속 깊은 어른이 필요합니다.

전도를 할 때도 마찬가지입니다. 상대방이 이야기할 수 있도록 잘 들어주는 태도를 지녀야 합니다. 자꾸 가르치려 들거나 잘못을 지적하려 하면 사람들은 자연스럽게 자리를 피하고 더 이상 대화를 하지 않으려 합니다.

복음 제시의 원리

첫째, 긍정적인 내용으로 시작하십시오. 복음의 첫 번째 내용은 '천국은 하나님께서 우리에게 은혜로 거저 주시는 선물'이라는 사실입니다. 이렇게 긍정적이고 소망이 가득한 내용으로 복음을 제시해야 합니다.

둘째, 상대에게 공감을 표현하십시오. 공감을 나타내는 표현에는 여러 가지가 있습니다. "아, 정말 그렇군요?"라든가 "저도 같은 생각이었어요!" 혹은 "저도 그랬어요. 충분히 이해가 되네요.", "그럴 수도 있죠." 하는 식으로 상대방 이야기에 공감하며 복음을 전해야 합니다.

앞의 서론 단계에서는 질문을 통해 피전도자가 자기 이야기를 할 수 있도록 유도해야 합니다. 그리고 상대방이 이야기할 때는 몸짓으로 맞장구를 쳐 주거나 말로써 충분히 공감하면서 경청해야 합니다. 귀로 잘 들을 뿐만 아니라 눈빛과 표정으로도, 몸짓으로도, 머리로도 생각하면서 '잘' 들어야 합니다.

가장 중요한 것은 '마음으로 공감하며 듣기'입니다. 마지막으로는 "아, 그게 어떤 뜻인가요? 한 번만 더 설명해 주시겠어요?", "아, 저는 그런 건 몰랐어요.", "저도 그런 생각을 했었어요." 하는 식으로 반응하면 더욱 좋습니다. 이런 태도로 대화에 임한다면 상대방은 계속해서 전도자와 이야기를 나누고 싶어 할 것입니다.

피전도자가 한참 동안 열심히 이야기를 쏟아내고 있는데, 막상 이야기를 시켜 놓고서 전도자가 아무 공감이나 반응 없이 눈만 깜빡거리고 있으면 피전도자는 무안해집니다. 상대방이 자기 얘기를 듣는지 안 듣는지, 혹은 화가 난 건지 불쾌한 건지 알 수 없으니 말할 기운과 의욕을 잃게 되는 것입니다. 대화 방법에도 훈련이 필요합니다. 대화에는 주고받는 맛이 있어야 한다는 사실을 잊지 마십시오.

셋째, 복음을 개인화하여 전하십시오. 복음을 제시할 때 객관적인 사실을 나열하는 것보다는 자기 이야기로 소화시켜 말하면 좋습니다. 즉, 개인화하여 설명할 때 효과가 더 큽니다. 좋은 것의 예를 들 때는 상대방의 이름을 넣어 주고, 좋지 않은 것의 예를 들 때는 자기 이름을 넣는 지혜도 필요합니다. "인간은 죄인입니다. '저도' 죄인입니다."라거나 "하나님은 '형제님(자매님)을' 사랑하십니다." 하는 식으로 말입니다.

넷째, 하나님의 말씀의 권위를 가지고 설득하십시오. 저는 성도들 간에 이런 말을 하는 것을 자주 들었습니다. "우리 목사님이 그렇다고 하셨어!" 하나님께서 주신 '목회자의 권위'가 있긴 하지만 목회자의 권위로 죄의 문제가 해결되거나 구원을 얻을 수는 없습니다. 죄와 구원의 문제는 하나님의 말씀으로만 답을 얻을 수 있습니다. 복음을 전할 때는 "성경 말씀에 따르면 이렇습니다."라고 말하며 하나님의 권위, 말씀의 권위를 내세우는 것이 좋습니다.

상대방이 아예 불신자일 경우에는 "하나님께서 말씀하시기를…" 이라고 이야기하고, 이미 교회에 다녀 봤거나 다니고 있는 사람일 경우에는 "성경 말씀에는…"이나 "제가 성경 한 구절 보여 드릴까요?" 라고 하면 좋습니다. 하나님의 권위, 말씀의 권위를 세워 주십시오. 하나님의 말씀이 기록된 성경을 귀하게 다루십시오. 그래야 상대방도 하나님의 말씀과 성경이 귀하다는 사실을 알 수 있습니다.

하나님의 권위를 내세우며 말씀을 전하고 읽으십시오. 상대방에게 직접 읽도록 하십시오. 그렇게 하지 않으면 인간의 말에 불과한

줄 알고 성경 말씀을 무시하거나 가볍게 여깁니다. 신학생들에게 설교하는 훈련을 시킬 때 보면, 종종 젊은 사람이 자기보다 나이 많은 분들을 앉혀 놓고 강단에서 "제 경험에 따르면…" 하는 식으로 설교하는 학생들이 있었습니다. 그러나 하나님의 권위를 내세우며 "하나님께서 말씀하시기를…"이라고 하면 나이 지긋하신 분들도 고개를 숙이며 겸손하게 말씀을 받게 됩니다.

다섯째, 설교조가 아니라 대화식으로 하십시오. 요즘은 다 자기 잘난 맛에 사는 시대입니다. 남의 말을 들으려는 시대가 아닙니다. 그러므로 복음을 제시할 때도 상대방을 가르치려 하거나 무언가를 주입하려고 해서는 안 됩니다. 공손하고 친근한 대화식으로 복음을 제시하는 것이 보다 효과적입니다.

여섯째, 성경을 펴서 해당 성구를 보여 줄 때는 필요한 부분만 보여 주십시오. 예를 들어 "내가 영원한 사랑으로 너를 사랑하기에"(렘 31:3)라는 말씀이 있을 때 그 앞에 말씀이 더 있지만 직접적으로 관계되지 않는다면 해당 말씀만 읽어 주면 된다는 뜻입니다.

효과적인
복음 제시 방법

인쇄물을 통해 의사를 전달했을 때는 7%의 효과가 있지만, 음성으로 전달했을 때는 38%의 효과가 있다고 합니다. 직접 만나서 대화하는 것이 정말 중요합니다. 물론 어떤 어조와 속도, 어투로 말하는가에 따라서 달라지겠지만 말입니다.

복음을 제시할 때도 이를 유념해야 합니다. 또박또박한 발음과 알아듣기 좋은 적당한 속도, 그리고 다정하고 따뜻한 어조로 전한다면 38%의 사람이 거기에 감동을 받고 내용도 잘 알아듣습니다. 말을 너무 빨리 해도 알아듣기 힘들지만, 그렇다고 너무 천천히 해도 주의가 분산되어 집중력을 잃게 됩니다.

앞에서도 여러 번 언급했지만, 저는 미국에 가서 처음 맞는 여름 방학 때 책을 팔러 다니는 일을 했습니다. 제가 속해 있던 회사는 한 주 동안 신입 사원들을 호텔에 묵게 하며, 밤낮으로 세일즈 방법을 훈련시켰습니다. 교회의 전도 훈련과는 비교되지 않을 정도로 고된 강도였습니다. 책을 설명하는 내용을 타이핑하여 나눠 준 후에 달달 외우게 만들었습니다. 그리고 그것을 8분 내에 설명하게 연습시켰습니다.

말이 너무 빠르면 사람들이 못 알아듣는다고 중단시키고 조금 천천히 말하도록 지도했습니다. 말이 느리면 듣는 사람이 딴생각을 하니 조금 더 속도를 높이라고 지시했습니다. 사람들이 정확하게 알아들을 수 있는 말의 속도가 숙달될 때까지 초시계로 시간을 재면서 혹독한 훈련을 시켰습니다. 저는 그때 전도 방법을 배웠습니다.

전도를 하다 보면 성경을 펴서 읽어야 할 때가 있습니다. 그때는 눈으로만 읽게 하는 것이 아니라 전도자가 소리를 내어 읽어 줘야 합니다. 에베소서 2장 8절 말씀을 나눌 때는 "'너희는 그 은혜에 의하여 믿음으로 말미암아 구원을 받았으니 이것은 너희에게서 난 것이 아니요 하나님의 선물이라'. 여기서 '하나님의' 뭐라고 했죠?" 하는 식으로 주의를 환기시켜야 합니다. 그러면 상대방은 자기 입으로 "'선물이라'고 하지요."라고 대답합니다. 가장 중요한 구절은 피전도자 본인의 입으로 말할 수 있게 하십시오.

말 다음으로는 얼굴 표정, 몸짓, 몸의 표현, 생활 방식, 이 네 가지가 나머지 비중을 차지합니다. 복음을 제시할 때는 얼굴 표정을 비롯한 겉모습도 대단히 중요합니다. 많은 사람들이 누군가를 처음 만났을 때 그 사람의 첫인상을 중요시합니다. 아무래도 호감 가는 사람의 말을 잘 듣게 됩니다. 우리의 얼굴 표정이나 몸짓에서도 사람들은 메시지를 읽어 냅니다. 그렇기 때문에 복음을 전하는 우리 그리스도인들은 자신의 모습과 태도가 다른 사람에게 호감을 줄 수 있도록 늘 자기를 계발하고 관리해야 합니다.

가장 좋은 옷과 화장품과 향수는 바로 '미소'입니다. 아무리 옷을 근사하게 입어도 시큰둥해 있으면 냉정해 보이고 호감이 안 갑니다. 우리가 호감을 주는 사람이 되고자 노력해야 하는 이유는 개인적으로 인기를 얻기 위함이 아니라, 나를 통해 예수님을 나타내려는 데 있습니다. 이와 같은 맥락에서 평소에 타인을 어떻게 대하며 살아가는가 하는 것도 복음 제시에 큰 영향을 끼칩니다. 평소에 늘 자기를 돌아봐 주고 관심을 갖고 도와주는 사람이 복음을 제시한다면 자연스럽게 마음 문을 열 것입니다. 이제 복음에 대해 조금 더 자세히 살펴보겠습니다.

여러분이 전도를 할 때에 '은혜'에 대해서는 두 가지를 강조하면 됩니다.

첫째, 천국은 하나님께서 우리에게 값없이 주시는 선물입니다. 서론 단계에서 복음 제시 단계로 넘어올 때는 이렇게 긍정적인 말로 시작해야 합니다. 서론 단계에서는 두 가지 질문을 했을 때 자신 없어 하고 진리를 제대로 알지 못하는 사람들이 많다고 했습니다. 이제 그들에게 복음을 제시할 때 이렇게 유도해 보십시오.

"대부분이 그렇게 생각합니다마는 제가 어떻게 영생을 발견했는지 한번 말씀드릴까요? 천국은 하나님께서 거저 주시는 선물입니다. 이거 아셨어요? 천국, 곧 영원한 생명은 하나님께서 우리에게 값없이 거저 주시는 선물입니다."

대부분의 사람들은 이 이야기를 처음 들었다고 이야기합니다. 자기 노력으로, 자기가 잘나서, 자기가 착하게 살았기 때문에 천국에 갈 수 있다고 생각하는 사람이 대부분입니다. 교회에서도 마찬가지입니다. '천국이 하나님의 선물'이라는 말을 들어 본 교인은 드뭅니다. 설교하다 보면 오히려 교인들에게 제대로 된 복음을 설명할 기회가 없다는 것을 알게 됩니다. '천국은 하나님의 선물이라는 것', 이것이 바로 복음입니다.

복음이란 복된 소식, 아주 좋은 소식, 너무나 기쁜 소식, 인간이 과거에 들어 보지 못한 놀라운 소식을 말합니다. 세계 어느 종교를 찾아봐도 이런 복된 소식을 전해 주는 종교는 없습니다. 오직 기독교만이 '천국은 하나님이 값없이 주시는 선물'이라고 선포합니다. 로마서 6장 23절을 보십시오.

"죄의 삯은 사망이요 하나님의 은사는 그리스도 예수 우리 주 안에 있는 영생이니라"(롬 6:23).

이 말씀에서는 하나님의 '은사'라고 되어 있습니다. 저는 이것을 '선물'이라고 고쳐 쓰고 싶습니다. '은사'라고 하면 많은 사람들이 병을 고치고 방언하는 능력 등을 떠올리기 때문입니다. 영어 성경에도 "the gift of God"이라고 기록되어 있습니다. 영원한 생명은 하나님이 거저 주시는 선물입니다. 이 방법 말고는 사람이 구원을 얻을 수 있는 또 다른 길은 없습니다.

'선물'이기 때문에 원하지 않는 사람만 제외하고는 모두가 다 받을 수 있습니다. 선물을 받는 데 무슨 대가나 조건이 필요할까요? 선물은 내가 좋아서 주는 것이지 상대방이 달라고 해서 주는 것이 아닙니다. 상대는 알지 못하는데 내가 숨겨 놓았다가 깜짝 이벤트로 전해 주며 상대에게 기쁨과 놀라움을 주는 것이 선물입니다. 만약 선물을 받은 상대가 이게 얼마냐고 물으며 돈을 지불하려고 하면 선물을 준 사람은 기분이 상하고 말 것입니다.

천국도 마찬가지입니다. 영원한 생명은 하나님의 선물입니다. 누구에게나 구원의 길이 열려 있습니다. 복음을 제시할 때는 "저도 예전에는 이 진리를 몰랐습니다."라고 말할 수 있습니다.

"너희는 그 은혜에 의하여 믿음으로 말미암아 구원을 받았으니 이것은 너희에게서 난 것이 아니요 하나님의 선물이라"(엡 2:8).

"우리를 구원하시되 우리가 행한 바 의로운 행위로 말미암지 아니하고 오직 그의 긍휼하심을 따라 중생의 씻음과 성령의 새롭게 하심으로 하셨나니"(딛 3:5).

둘째, 천국은 노력이나 공로로 갈 수 있는 곳이 아닙니다. 인간의 노력으로는 구원받을 수 없습니다. 하나님의 방법은 '천국을 은혜로 값없이 거저 주시는 것'입니다. 하나님의 방법과 인간의 방법을 대조해서 볼까요? 잠언 14장 12절 말씀을 보십시오.

"어떤 길은 사람이 보기에 바르나 필경은 사망의 길이니라"(잠 14:12).

사람이 각자 나름대로 '내가 알아서 해보겠다.', '나는 이런 식으로 산다.', '내 방식대로 착하고 선하게 살겠다.' 하다가 결국 마지막에는 사망의 길로 간다는 뜻입니다. 하나님의 방법만이 생명에 이르는 길입니다. 우리가 구원을 위해 할 수 있는 일은 아무것도 없습니다. 우리는 그저 감사하며 하나님께서 거저 주신 은혜의 선물을 받기만 하면 됩니다.

그런데 사람은 언제나 무언가에 대한 대가를 지불하려고 합니다.

아주 갓난아이일 때부터 '대가'라는 것을 알기 때문입니다. 갓난아이가 조금 자라서 "아빠!" 혹은 "엄마!"를 부르면 부모는 잘했다고 칭찬하고 박수를 쳐 줍니다. 이것이 바로 대가입니다. 반면 "엄마라고 불러 봐." 했는데 아이가 싫다고 하면 덜 예뻐합니다. 이것도 대가입니다. 사람은 이처럼 어릴 적부터 대가를 지불하면서 살아왔기 때문에 그것이 삶의 습관처럼 굳어져 있습니다. 잘못하면 야단맞고, 잘하면 상과 칭찬을 받아 가며 일평생을 살기 때문에 우리는 하나님이 천국을 아무 값없이 거저 주신다는 진리를 이해하기가 힘듭니다. 내가 꼭 무언가를 해야만 할 것만 같습니다.

전도할 때 어느 분이 저에게 이런 말을 했습니다. "목사님, 그게 다입니까?" 그분에게는 '그저 받아들이기만 하면 되는 일이라니! 이렇게 쉽다니!'라는 생각이 들어 도무지 이해하기 힘들었던 것입니다. 30분이 넘도록 열심히 복음을 전하고 나서 "이해가 되세요? 그러면 우리가 어떻게 구원받죠?"라고 다시 점검해 보면 "조금씩 노력해야죠."라고 대답하는 사람이 있습니다. 기껏 은혜에 대해 열심히 설명해도 다시 물어보면 "앞으로 노력하겠습니다."라고 대답합니다.

'성화(聖化)'도 자기 노력으로 이루는 것인 줄 알고 있는 사람이 많습니다. 지금보다 성경 말씀을 더 많이 읽고, 기도하러 열심히 다니다 보면 성화되는 줄 압니다. 그러나 성화는 성령께서 하시는 일입니다. 구원도 하나님의 은혜요, 성화도 하나님의 은혜요, 모든 것이 하나님의 은혜입니다. 변하려고 애써서 변하는 것이 아닙니다. 하나님을 의지할 때 변합니다. 처음부터 끝까지, 모든 것이 하나님의 전적인 은혜입니다.

은혜란 상대방에게 아무런 자격이나 공로가 없는데도, 또 그가 요구하지 않았는데도 무조건적으로 거저 베푸는 호의이고 사랑입니다. 하나님께서는 우리를 무조건 사랑하십니다. 하나님의 무조건적인 사랑을 깨달았고, 예수님을 영접하여 영생을 얻었음에도 또다시 우리는 내가 잘해야 하나님이 나를 사랑하실 거라고 생각합니다. 또 내가 조금만 잘못하고 죄를 지으면 하나님께서 나를 싫어하거나 멀리하실 거라고 걱정합니다. 여기에서 영적인 문제들이 생깁니다.

우리가 선하게 살려고 노력하고 애쓰는 이유는 무엇입니까? 은혜로 거저 주신 구원이 너무나 감격스럽고 감사하기 때문입니다. 로마서 5장 8절을 보십시오.

"우리가 아직 죄인 되었을 때에 그리스도께서 우리를 위하여 죽으심으로 하나님께서 우리에 대한 자기의 사랑을 확증하셨느니라"(롬 5:8).

죄인이니까 사랑하시는 것입니다. 의인을 무엇 때문에 사랑하시겠습니까? 하나님은 죄가 있는 사람을 사랑하십니다. '아, 하나님이 날 사랑하지 않으시나 보다. 하나님이 곧 나를 처벌하시겠지?'라고 생각하는 것은 착각이며 큰 오해입니다. 사서 고생하는 태도입니다. 당신이 실수해서 넘어졌을 때도 하나님은 당신을 사랑하십니다. 이것이 바로 은혜입니다. '인간'에 대해 조금 더 깊이 알게 되면 하나님께서 왜 우리에게 천국을 거저 주시는지를 이해할 수 있을 것입니다.

복음 속 인간에 대하여

복음을 통해 우리는 '인간'에 대한 이 두 가지 사실은 꼭 기억하고 있어야 합니다.

첫째, 모든 인간은 죄인입니다. 아담 이후의 모든 인간은 다 죄성을 갖고 태어났고 죄성으로 인해 죄를 범한 일이 누구에게나 있습니다.

"모든 사람이 죄를 범하였으매 하나님의 영광에 이르지 못하더니" (롬 3:23).

모든 사람이 다 죄를 범했기 때문에 "다 치우쳐 함께 무익하게 되고 선을 행하는 자는 없나니 하나도 없도다"(롬 3:12)라고 말씀합니다. 그런데 이 말씀을 전해 주면 대부분의 사람은 기분 나빠하고 화를 냅니다. 여기서는 '죄'의 의미를 설명해 줘야 합니다. '죄' 하면 '범죄자'를 바로 떠올리기 때문입니다. 불필요하게 상대방의 기분을 상하게 하지 않고도 그가 죄인이라는 사실을 알려 주는 방법은 죄에 대한 '일반적인 원리'를 이야기해 주는 것입니다.

'죄'는 헬라어로 '하마르티아(hamartia)'라고 합니다. 이는 '목표물을 겨냥해서 쏘았는데 맞지 않고 빗나갔다.'라는 뜻입니다. 즉, 죄란 '목표를 보고 겨냥해서 쏘았으나 맞지 않은 것'을 말합니다. 쏘지 않았다는 것이 아닙니다.

제가 만나 본 사람 가운데 선하게 살려고 노력하지 않은 사람은 한 명도 없었습니다. 모든 사람에게는 '양심'이라는 것이 있기 때문에 예수님을 모르는 사람도 자기 나름대로 선하게 살기 위해 노력합니다. 그러나 아무리 노력한다 해도 사람은 완전한 하나님의 선(善)에 도달하지 못합니다.

쏘긴 쏘지만 제대로 맞지 않습니다. 아무리 잘 조준해서 쏘아도 맞지 않는 것은 왜 그럴까요? 총대가 휘었기 때문입니다. 이처럼 모든 인간의 성품은 죄 때문에 휘어져 있습니다. 그래서 어떤 때는 화해하려고 찾아갔다가 싸우고 돌아오기도 합니다. 사람의 성품이 휘어 있기 때문에 말이 험하게 나올 수밖에 없습니다.

어떤 때는 원치 않아도 실수로 죄를 짓습니다. 어떤 때는 몰라서 죄를 짓고, 또 어떤 때는 우리 안에 있는 죄성이 자연스럽게 발동해 죄를 짓습니다. 이처럼 죄 때문에 하나님의 영광에 이르지 못하는 존재가 바로 인간입니다.

"기록된 바 의인은 없나니 하나도 없으며 깨닫는 자도 없고 하나님을 찾는 자도 없고"(롬 3:10-11).

둘째, 인간은 자신을 구원할 수 없습니다. 인간은 아무리 노력해도 완전해질 수 없습니다. 즉, 자기 자신이 스스로를 구원할 수 없습니다.

"그러므로 한 사람으로 말미암아 죄가 세상에 들어오고 죄로 말미암아 사망이 들어왔나니 이와 같이 모든 사람이 죄를 지었으므로 사망이 모든 사람에게 이르렀느니라"(롬 5:12).

"무릇 율법 행위에 속한 자들은 저주 아래에 있나니 기록된 바 누구든지 율법 책에 기록된 대로 모든 일을 항상 행하지 아니하는 자는 저주 아래에 있는 자라 하였음이라"(갈 3:10).

"누구든지 온 율법을 지키다가 그 하나를 범하면 모두 범한 자가 되나니"(약 2:10).

큰 죄를 지어야만 죄인이 아닙니다. 한 가지만 잘못해도 죄인입니다. 그래서 성경은 모든 사람이 죄인이라고 말씀합니다. 사람은 그 누구도 하나님의 영광의 기준에 도달하지 못합니다.

| 성경이 말하는
| 죄

성경에서 말하고 있는 죄는 크게 네 가지로 구분할 수 있습니다.

첫째, 잘못된 생각입니다. 잘못된 생각을 하는 것은 죄입니다. 그런데 이 세상에서 좋지 않은 생각을 한 번도 해보지 않은 사람이 있을까요? 아무도 없을 것입니다. 우리는 타고난 죄성 때문에 통제하지 않으면 생각이 제멋대로 돌아가고, 한없이 악한 쪽으로 흘러갑니다.

둘째, 나쁜 언어입니다. 성격이 적극적인 사람은 있는 사실보다 부풀려서 말하기를 좋아합니다. 반대로 성격이 소극적인 사람은 사실보다 줄여서 말하는 경향이 있습니다. 이처럼 사실을 있는 그대로 정확하게 말한다는 것은 몹시 힘든 일입니다. 타고난 죄성과 불완전함 때문에 의도하지 않았던 거짓말도 하고 허풍도 떠는 존재가 바로 인간입니다.

우리는 매일 진실이 아닌 이야기를 하면서 살아갑니다. 사실 그대로, 진실하게 살아가기란 우리 인간에게는 거의 불가능한 일이 아닐까 싶습니다.

셋째, 잘못인 줄 알면서도 저지른 악한 행동입니다. 악한 마음에서 악한 행동이 나옵니다. 즉, 인간은 자기가 원해서 악한 행동을 하는 것입니다. 악한 행동에는 온갖 범죄 행위도 포함됩니다.

넷째, 선(善)인 줄 알고도 행하지 않는 것입니다. 사무엘 선지자는 "나는 너희를 위하여 기도하기를 쉬는 죄를 여호와 앞에 결단코 범하지 아니하고 선하고 의로운 길을 너희에게 가르칠 것인즉"(삼상 12:23)이라고 했습니다. 저 사람을 위해 기도해야 한다는 것을 잘 알면서도 기도하지 않았을 때, 그것도 죄가 된다는 말씀입니다. 강도, 살인, 강간, 사기만 죄가 아닙니다.

"그러므로 사람이 선을 행할 줄 알고도 행하지 아니하면 죄니라"(약 4:17).

과연 우리는 하루에 몇 번이나 죄를 지을까요? 생각과 언어, 행동으로 짓는 죄, 해야 할 일을 하지 않는 죄 등을 다 합하면 하루에 짓는 죄만 해도 셀 수 없을 것입니다. 하루에 최소 세 번이라 하더라도 한 달이면 벌써 아흔 번의 죄를 짓습니다. 1년이면 천 번이 넘습니다. 우리가 살아온 햇수를 곱해 보면 어떤가요? 기가 막힙니다.

인간의 마음을 백지라고 했을 때, 그 백지에 최소한 5만 번의 점을 찍었다고 합시다. 어떻게 될까요? 분명 새까맣게 될 것입니다. 이런 상태로 평생을 살면서도 죄를 용서받은 일이 한 번도 없었다면 그 마음속이 과연 어떨까요? 상상이 되시나요?

예수님을 믿는 사람은 일주일에 최소 한 번은 영혼의 샤워를 합니다. 어떤 성도는 일주일에 몇 번씩 합니다. 그러나 평생을 살면서 수십 년 동안 한 번도 영혼의 샤워를 안 했다면 얼마나 더럽고 추하겠습니까? 이렇게 매 순간 죄를 짓는 우리에게 하나님께서는 뭐라고 말씀하셨나요?

"그러므로 하늘에 계신 너희 아버지의 온전하심과 같이 너희도 온전하라"(마 5:48).

하나님께서는 주님이 온전하신 것처럼 우리도 온전하라고 명령하셨습니다. 매일 죄를 짓는 우리로서는 이 말씀 앞에서 절망할 수밖에 없습니다. 인간 스스로는 죄를 해결할 수 없습니다. 대부분의 사람은 고의보다 자기의 연약함이나 무지, 실수, 욕심과 욕망 때문에 죄를 짓습니다. 이런 인간들이 어떻게 주님처럼 온전하고 완전해질 수 있겠습니까?

바로 이러한 이유 때문에 하나님께서는 우리에게 영생을 값없는 '선물'로 주셨습니다. 인간은 모두가 죄인이요, 스스로를 구원할 수 없는 존재이기에 하나님께서 우리에게 영생을 선물로 주신 것입니다. 이 길만이 모든 인간이 구원받을 수 있는 유일한 방법입니다.

인간은 절대로 자기를 구원할 수 없습니다. '좌선(坐禪)'을 해서 되는 것도 아니요, 명상을 통해서도 아니요, 자기를 채찍으로 쳐서 되는 것도 아닙니다. 옛날에 제 친구 한 명은 죄를 짓는 자기 손바닥을 어찌나 많이 때렸는지 모릅니다. 얼마나 많이 때렸으면 손바닥에 피가 맺힐 정도였습니다. 자기 손바닥을 때린다고 죄를 해결할 수 있을까요? 그렇게 죄가 해결되었다면 많은 사람들이 성자가 되었겠지요.

저도 이 죄의 문제를 해결해 보려고 무던히도 애썼던 사람이었습니다. 중학생, 고등학생, 대학생 시절을 거치면서 저는 성경 말씀 그대로 살아 보려고 온갖 노력을 다했습니다. 그런데 그렇게 살려고 할수록 뜻대로 되지 않았습니다. 밤새워 철야 기도도 해보고 이것저것 다 해보았지만 결국 실패했습니다. 그런 상황과 제 모습이 너무 절망적이어서 몹시 방황하기도 하고, 죄의식에 시달리며 한참을 괴로워했습니다. 저희 목사님께서 하나님은 준비된 사람들만 받으시니 힘써서 노력해야 한다고 말씀하셨기 때문이었습니다. 어디까지 어떻게 준비를 해야 하는 것인지 저는 잘 알지 못했습니다. '아, 이 정도면 준비가 된 거겠지?'라고 안심되는 때가 한순간도 없었습니다.

저는 종종 부흥회가 끝난 후, 즉 충분히 회개하고 난 뒤에 곧바로 주님이 다시 와 주시길 간절히 바랐습니다. 그런데 주님은 오지 않으셨습니다. 회개한 지 하루만 지나도 마음에 먼지와 때가 또 쌓입니다. 하루하루 죄가 쌓여 가니 저는 매일 고민했습니다. 예수님을 철저히 믿으려는 노력들이 매번 허사로 돌아가는 바람에 저의 젊은 시절은 참으로 어둡고 절망적이었습니다.

마침내 스물다섯 살이 되었을 때, 하나님의 은혜를 깨닫고 나서 제가 얼마나 감격했을지 상상이 되시나요? 하나님의 은혜를 발견한 그 순간, 저는 주저앉아 일어나지도 못하고 감격에 겨워 꺼이꺼이 울었습니다. 자유와 해방감으로 몸이 날아갈 것 같았습니다. 죄인인 인간은 하나님께서 마련해 주신 길이 아니고는 영원히 구제불능 상태로 살아갈 수밖에 없습니다. 이런 우리에게 영원한 생명은 하나님께서 아무 조건과 대가 없이 거저 주시는 선물입니다.

이렇게 쉬운 진리를 저에게 가르쳐 준 사람이 아무도 없었습니다. 태어나서 줄곧 교회를 다녔는데도 그랬습니다. 제가 들은 수많은 설교의 대부분이 율법주의와 관련된 내용이었고 저에게 제대로 복음을 전해 준 설교는 단 한 편도 없었습니다. 그래서 저는 복음의 핵심을 가르치는 전도 훈련 프로그램이 꼭 필요하다고 여겨 운영하게 된 것입니다.

인간의 죄의 문제까지 설명한 다음 "제 말이 이해가 되시나요?" 하고 물어보십시오. 이해가 되지 않는다고 하면 다시 설명해 주십시오. "이해가 되시나요?"라는 질문은 상대방이 결신하기까지 여러 번, 자주 묻는 것이 좋습니다. 여기까지 피전도자가 인간의 본질에 대해 설명한 것을 이해했다면 "이제 하나님에 대해 조금 더 알게 되면, 그분이 왜 구원을 '선물'로 주시는지 잘 이해할 수 있습니다."라고 이야기해 주면서 세 번째 단계로 넘어가면 됩니다.

복음 제시 단계에서 '하나님'에 대해 설명할 때도 두 가지를 강조해야 합니다.

첫째, 하나님은 사랑이십니다. 사랑과 자비가 가득하신 하나님은 인간을 무조건적으로 사랑하십니다.

"하나님이 세상을 이처럼 사랑하사 독생자를 주셨으니 이는 그를 믿는 자마다 멸망하지 않고 영생을 얻게 하려 하심이라"(요 3:16).

"사랑하지 아니하는 자는 하나님을 알지 못하나니 이는 하나님은 사랑이심이라"(요일 4:8).

하나님은 죄인인 인간을 너무도 사랑하십니다. 그분 자신이 사랑이시기 때문에 하나님께서는 사랑하지 않고는 견디지 못하십니다. 하나님이 나를 사랑하지 않는다고 의심하는 것은 크나큰 착각이고 오해입니다. 당신의 느낌이나 기분과는 상관없이 하나님은 변함없이 당신을 사랑하십니다. 그분의 사랑을 꼭 기억하십시오.

그렇다면 하나님은 우리를 얼마나 사랑하실까요? 예레미야 31장 3절을 보십시오. 하나님은 우리를 사랑하시되 영원히 사랑하신다고 말씀합니다.

"내가 영원한 사랑으로 너를 사랑하기에 인자함으로 너를 이끌었다 하였노라"(렘 31:3).

영원한 사랑은 중간에 끊어지지 않습니다. 어제나 오늘이나 내일이나, 쓰러졌을 때나 일어났을 때나, 잠잘 때나 걸어 다닐 때나 언제나 변함없습니다. 하나님은 우리를 그렇게 사랑하십니다.

둘째, 하나님은 공의로우시기도 합니다. 그래서 하나님은 인간의 죄를 그냥 두고 보지 못하십니다. 악을 못 본 척하지 못하시고 반드시 벌하십니다. 하나님은 공의로우시기 때문입니다.

"내가 회초리로 그들의 죄를 다스리며 채찍으로 그들의 죄악을 벌하리로다"(시 89:32).

"벌을 면제하지는 아니하고 아버지의 악행을 자손 삼사 대까지 보응하리라"(출 34:7).

그래서 구약 시대에는 사람을 죽이지 않기 위해 짐승을 대신 번제물로 죽였습니다.

"주께서는 눈이 정결하시므로 악을 차마 보지 못하시며 패역을 차마 보지 못하시거늘"(합 1:13).

“모든 영혼이 다 내게 속한지라 아버지의 영혼이 내게 속함 같이 그의 아들의 영혼도 내게 속하였나니 범죄하는 그 영혼은 죽으리라”(겔 18:4).

“그들은 영벌에, 의인들은 영생에 들어가리라 하시니라”(마 25:46).

“죄의 삯은 사망이요”(롬 6:23).

“이는 정하신 사람으로 하여금 천하를 공의로 심판할 날을 작정하시고”(행 17:31).

죄에 대한 마지막 심판은 영원한 사망입니다. 하나님은 자비로우시고 또한 공의로우신 분입니다. 하나님은 죄인을 사랑하십니다. 그러나 그 죄는 꼭 벌하십니다. 여기에 딜레마가 있습니다. 구원해야 할 존재들에게 벌해야 할 죄가 있다는 이 어려운 문제를 예수 그리스도께서 단번에 완벽하게 해결하셨습니다. 바로 이 점을 이야기하면서 예수 그리스도에 대한 설명으로 들어가야 합니다.

복음 속 예수님에 대하여

‘예수님’에 대해 설명할 때도 두 가지를 강조하십시오.

첫째, 예수님은 인간으로 오신 하나님이십니다. 예수님은 본디 하나님이신데, 우리 죄를 대신 담당하기 위해 인간의 몸을 입고 세상에 오셨습니다. 인간의 죄의 문제를 해결하기 위해 하나님이 인간으로 오신 분이 바로 예수님입니다. 인간이 눈으로 보고 손으로 만질 수 있고 귀로 직접 들을 수 있는 가시적 인간으로 오셨습니다.

"태초에 말씀이 계시니라 이 말씀이 하나님과 함께 계셨으니 이 말씀은 곧 하나님이시니라"(요 1:1).

"말씀이 육신이 되어 우리 가운데 거하시매 우리가 그의 영광을 보니 아버지의 독생자의 영광이요 은혜와 진리가 충만하더라"(요 1:14).

요한복음 20장 28절에서도 도마가 "나의 주님이시요 나의 하나님이시니이다"라고 고백합니다.

둘째, 예수님은 우리의 죗값을 지불하고, 천국을 선물로 주시려고 그분의 생명을 내어 주셨습니다. 하나님은 우리를 사랑하시지만 우리의 죄는 엄중히 처벌하고자 하십니다. 사랑의 하나님이시지만 동시에 공의의 하나님이시기 때문입니다. 그런데 예수님께서 십자가에 못 박혀 돌아가심으로 우리가 치러야 할 죄의 대가를 대신 지불하셨습니다. 그러므로 이제 우리가 감당해야 할 죗값이 없어진 것입니다.

"그가 찔림은 우리의 허물 때문이요 그가 상함은 우리의 죄악 때문이라 그가 징계를 받으므로 우리는 평화를 누리고 그가 채찍에 맞으므로 우리는 나음을 받았도다 우리는 다 양 같아서 그릇 행하여 각기

제 길로 갔거늘 여호와께서는 우리 모두의 죄악을 그에게 담당시키셨도다"(사 53:5-6).

"오직 너희 죄악이 너희와 너희 하나님 사이를 갈라 놓았고 너희 죄가 그의 얼굴을 가리어서 너희에게서 듣지 않으시게 함이니라"(사 59:2).

우리는 죄로 인해 하나님께 나아갈 수 없는 존재였습니다. 그래서 하나님 쪽에서 죄인인 인간의 수준으로, 인간 세상으로, 인간의 몸을 입고 내려오셔서 우리 죄를 대신 담당하신 것입니다. 이렇게 예수님께서 오심으로써 우리의 죄가 깨끗하게 되었습니다. 예수님께서 십자가 위에서 돌아가시면서 뭐라고 부르짖으셨나요?

"다 이루었다"(요 19:30).

"다 이루었다"라는 말은 헬라어로 '테텔레스타이(tetelestai)'입니다. 이는 지불이 완료된 상태를 가리키는 상업 용어입니다. 다시 말하면, 예수님께서는 친히 죽으심으로 우리 죄의 대가를 다 지불하셨습니다. 이렇게 우리 죄를 담당해 주셨을 뿐만 아니라 하늘나라에 우리 처소도 마련해 주셨습니다.

"너희는 마음에 근심하지 말라 하나님을 믿으니 또 나를 믿으라 내 아버지 집에 거할 곳이 많도다 그렇지 않으면 너희에게 일렀으리라 내가 너희를 위하여 거처를 예비하러 가노니 가서 너희를 위하여 거처를 예

여기까지 설명한 후에 "구원의 선물은 누구나 다 받을 수 있습니다. 당신도 구원받을 수 있습니다. 단, 당신이 원할 때에만 가능합니다. 일단 이 구원을 당신 것으로 받아들이면 영원히 당신 것이 됩니다. 제 말 이해되시나요?" 하는 식으로 이야기를 이끌어 가십시오. 이렇게까지 설명했는데도 이해가 잘 되지 않는다는 답변이 돌아온다면 큰일입니다. 그런데 대부분의 사람들은 이 정도로 설명하면 다 이해를 합니다.

복음은 전체적으로 중요한 기독교 원리와 핵심으로 이루어져 있기 때문에 듣는 사람과 설명하는 사람 둘 다 정확하게 이해하고 받아들여야 합니다. 그러므로 복음을 제시하는 중간중간 "제 말이 이해되시나요?"라는 식의 질문을 계속하십시오. 이제 마지막 단계로 가기 직전입니다. 여기서는 이렇게 질문하십시오. "그러면 이 선물을 어떻게 받을 수 있을까요?"

복음 속 믿음에 대하여

하나님이 주시는 구원의 선물은 믿음으로 받아들이면 됩니다. '믿음'에도 두 가지 강조점이 있습니다.

첫째, 믿음이란 구원에 대해 듣고, 동의하며, 예수님을 자신의 구원자로 신뢰하는 것입니다. 믿음은 천국, 즉 하늘나라로 들어가는 유일한 열쇠입니다. 구원의 선물을 받아들이는 손입니다. 죄인인 우리는 스스로의 노력으로는 누구도 영생을 얻을 수 없습니다. 오직 예수 그리스도를 통해야만 구원받고 영생을 얻을 수 있습니다. 예수님께서 우리 죄의 대가를 지불하시고, 우리를 위해 친히 예비해 주신 천국 처소를 나의 것으로 받아들이기만 하면 됩니다. 그것이 바로 믿음입니다. 이제는 누구든지 대속자 예수님을 통해서 다 구원받게 되어 예수님이 인류의 유일한 희망이 되셨습니다.

둘째, 단순한 지적 동의나 일시적인 믿음은 구원의 믿음이 아닙니다. 하나님의 존재를 지식으로 알고 인정하는 것은 구원의 믿음이라 할 수 없습니다. 귀신들도 하나님을 믿습니다. 사실 귀신들이 하나님을 더 잘 압니다.

"이에 그들이 소리 질러 이르되 하나님의 아들이여 우리가 당신과 무슨 상관이 있나이까 때가 이르기 전에 우리를 괴롭게 하려고 여기 오셨나이까 하더니"(마 8:29).

다른 사람들은 예수님이 하나님의 아들이라는 사실을 알지 못했지만, 귀신들은 다 알고 있었습니다.

"네가 하나님은 한 분이신 줄을 믿느냐 잘하는도다 귀신들도 믿고 떠느니라"(약 2:19).

"목사님, 저는 교회는 안 다녀도 저 나름대로 하나님을 믿습니다."
라고 하는 사람들이 종종 있습니다. 이들이 말하는 믿음은 구원의
믿음이 아닙니다. 감상적이고 일시적인 믿음 역시 구원의 믿음이 아
닙니다. 예를 들어, 가족의 질병을 낫게 해 달라고 기도하며 위급할
때만 하나님을 찾는 것은 구원의 믿음이 아니라는 뜻입니다. 돈 문제
를 해결하기 위해, 직장 승진이나 사업 위기를 극복하기 위해 하나님
께 바짝 달라붙는 것 역시 구원의 믿음이 아닙니다. 중병을 완치시키
고, 경제적 위기를 극복하고, 부부나 자녀 문제를 해결하기 위해 하나
님을 찾는 것, 이 자체는 하나도 잘못되지 않았습니다. 충분히 그럴
수 있습니다. 어렵고 힘들 때 주님을 찾는 것은 당연한 일입니다. 그러
나 이는 생활과 관계된 신앙일 뿐 구원과 관계된 믿음은 아닙니다.

구원의 믿음은 영원한 생명을 위해 예수님만을 전적으로 의지하는
믿음입니다. 나의 노력이나 신앙 배경, 공로 등을 의지하지 않아야 합니
다. 예수님이 나의 죄를 사하시고 나의 모든 문제를 해결하신 분이라고
마음속으로 굳게 믿으면 구원받습니다. 얼마나 쉽고 간단합니까?

여기까지 설명했다면, 두 가지 영적 질문 중 두 번째 질문을 다
시 한번 거론하면 좋습니다. "하나님께서 당신을 천국으로 들어오게
할 이유가 무엇이냐고 물으신다면, 착하게 살기 위해서 노력했기 때
문이라고 대답하겠다고 하셨어요. 그렇죠? 그러나 영원한 생명은 착
하게 살았다고 해서 얻는 것이 아닙니다. 예수님만을 믿고 의지해야
합니다."

엘리베이터 탈 때를 생각해 보십시오. 그 기계가 나를 꼭대기 층까지 데려다줄 것이라 믿고, 버튼을 누른 후 완전히 자기를 맡기지 않습니까? 그것이 바로 믿음입니다. 죄의 문제와 영생에 대해서는 오직 예수님만을 나의 구주로 믿는 믿음이 필요합니다.

여러분이 천국에 갔을 때, 베드로가 문 앞에 서서 "천국에 왜 들어오려고 하십니까?"라고 묻는다면 어떻게 대답할 건가요? "예수님만을 믿고 의지하기 때문입니다!"라고 하면 무조건 통과입니다. 그런데 "저는 모태 신앙이라 어려서부터 주일 학교에 다녔어요. 성경 암송도 늘 1등을 했어요. 학생부 봉사도 하고 청년부 임원도 맡았습니다. 구제와 선교도 많이 했어요."라고 하면 아무리 선한 일과 헌신을 많이 했다 해도 천국에 들어갈 수 없습니다. 천국에 들어가려면 100점이 필요합니다. 교회 활동 및 생의 모든 공로와 업적을 다 합해도 겨우 1점밖에 되지 않습니다. 100점을 보장받아 천국에 들어갈 수 있는 길은 오직 '예수님'이라는 비자(visa)를 제시하는 길밖에 없습니다. 예수님 한 분을 '믿음'으로써 모든 것이 다 해결됩니다.

우리는 오직 예수님만 믿고 의지해야 합니다. 예수님을 믿는다는 것은 그분을 영접하는 것, 곧 그분을 내 삶의 구원자이자 나의 구주로 받아들이는 것을 뜻합니다.

"영접하는 자 곧 그 이름을 믿는 자들에게는 하나님의 자녀가 되는 권세를 주셨으니"(요 1:12).

"주 예수를 믿으라 그리하면 너와 네 집이 구원을 받으리라 하고"(행 16:31).

"볼지어다 내가 문 밖에 서서 두드리노니 누구든지 내 음성을 듣고 문을 열면 내가 그에게로 들어가 그와 더불어 먹고 그는 나와 더불어 먹으리라"(계 3:20).

예수님은 인격적이고 신사적인 분입니다. 문을 부수고 들어오시지 않습니다. 예수님은 우리가 자원해서 문을 열어 드렸을 때에만 우리 안에 들어오십니다. 우리는 그저 하나님이 예수 그리스도를 통해 주신 죄 사함의 선물을 자신의 것으로 믿고 받아들이면 됩니다.

"사람이 마음으로 믿어 의에 이르고 입으로 시인하여 구원에 이르느니라"(롬 10:10).

복음을 제시할 때, 예수님을 마음으로 받아들이는 것에 대해 거듭 설명해 주고 피전도자가 이를 제대로 이해했는지 꼭 확인해야 합니다. 그리고 구원의 믿음을 갖게 되면 감사와 기쁨을 힘입어 자연스럽게 경건하고 거룩한 삶을 살게 된다는 점을 이야기해 주십시오. 경건한 삶과 열정적인 신앙생활이 구원의 조건은 아니라는 것을 기억해야 합니다. 여기까지 무리 없이 도달했다면, 이제는 결신 단계로 넘어갈 차례입니다.

결신과 양육 단계

"내가 진실로 진실로 너희에게 이르노니 내 말을 듣고 또 나 보내신 이를 믿는 자는 영생을 얻었고 심판에 이르지 아니하나니 사망에서 생명으로 옮겼느니라" 요 5:24

복음을 설명한 후 피전도자가 이를 잘 알아듣고 이해했다면, 반드시 결신할 수 있는 기회를 주어야 합니다. 어렵사리 복음 제시를 다 한 후에 "그럼 이제 주님을 믿으시기 바랍니다." 하고 그냥 돌아서 버리면 안 됩니다.

제가 미국에서 공부할 때 백화점에서 일한 적이 있습니다. 그 백화점에서는 판매원에게 제품 하나하나에 대해 자세히 설명할 수 있도록 훈련을 시켰습니다. 훈련된 판매원은 손님이 원하는 제품을 보여 주고 조목조목 설명을 합니다. 그런 후에 반드시 "몇 개 드릴까요? 두 개 드릴까요? 하나 드릴까요? 그러면 이게 좋죠? 이것은 어떠세요?"라고 물으며 손님이 구매를 결단하도록 돕습니다. 이렇게 잘 훈련된 판매원이 옆에 있으면 손님은 제품을 하나 사러 왔다가 두세 개 사서 갈 수도 있습니다. 즉, 손님이 물건을 구매하는 순간까지 판매원이 바로 옆에서 도와주어야 세일즈에 성공한다는 뜻입니다.

훈련이 제대로 되지 않은 판매원은 제품 설명만 해 놓고 손님이 사겠다고 할 때까지 멀뚱히 옆에 서서 기다립니다. 제품을 판매할 때의 마무리 작업을 '클로징(closing)'이라고 합니다. 아무리 제품 설명을 잘한다 해도 클로징을 제대로 하지 못한다면 아무 소용이 없습니다.

앞에서도 이야기했지만 저는 미국 가서 첫 번째 여름 방학 동안 책 세일즈를 했습니다. 본격적으로 책을 팔기 전에 얼마 동안 책에 대해 설명하는 훈련을 받았습니다. 훈련 평가 시험은 무척 까다로웠습니다. 아무리 설명을 잘한다고 해도 고객이 책을 구매하지 않으면 의미가 없습니다. 고객이 책을 사야만 합격입니다. 결국 상품은 '판매되어야만' 그 가치와 의미가 있습니다.

결신 단계의 중요성

저는 책을 팔 때 '물건을 파는 사람도 하나라도 더 팔겠다고 이렇게까지 힘든 훈련을 하는데, 이 세상에서 그 무엇과도 바꿀 수 없는 구원, 그 영원한 생명을 전하기 위해 우리 그리스도인은 과연 어떤 훈련을 하고 있는가?' 하는 생각이 들었습니다.

민족과 나라와 언어와 나이, 경제적 능력, 교육 수준, 남녀노소 등에 상관없이 누구에게나 꼭 필요한 상품이 바로 '복음'입니다. 모든 사람에게는 예수님이 필요합니다. 그런데 놀랍게도 이 최고 상품의 가격은 최저가입니다. 최고 상품을 최저 가격으로 거저 주는 이 일을 할 때도 클로징을 잘해야만 성공을 거둘 수 있습니다. 어찌 보면 결신이 복음 제시보다 더 중요합니다. 어떤 때는 제가 설명을 제대로 하지 못해 다 이해하지는 못했지만, 복음의 골자만 알아듣고도 주님을 영접하고 구원받는 사람도 있었습니다.

결신 단계에서는 다음의 두 가지 질문을 해야 합니다.

첫째, 확인 질문입니다. 우선 "이 구원의 기쁜 소식이 이해가 되시나요?"라고 물어보십시오. 이 질문은 복음을 제대로 이해했는지, 그리고 복음을 받아들이겠다고 확실히 동의하는지를 확인하는 질문입니다. 긍정적인 대답이 나왔을 때는 결신 단계로 들어가면 됩니다. 만약 부정적인 대답이 나왔다면, 즉 이해는 되지만 복음을 받아들이려고 하지 않는다면 일단 거기서 멈추십시오. 예수님을 믿기로 결정하고 영접하는 것은 성령의 감동으로 말미암아 피전도자에게 원하는 마음이 생겨야 이루어지는 일입니다. 다른 사람이 억지로 영접하게 만들 수는 없습니다. 그러므로 영접에 대해 거부 의사를 표한다면 일단 후퇴해야 합니다.

그러나 후퇴하기 전에 피전도자와의 관계를 돈독히 해 놓아서 다음에 만났을 때 한 번 더 결신을 시도할 수 있도록 발판을 마련해 두면 좋습니다. "이렇게 귀한 시간을 내어 주시고, 복음을 전할 수 있는 기회를 주셔서 정말 감사합니다. 일단 이해가 되셨으니 생각해 보십시오. 다시 대화할 수 있는 기회가 또 있으면 좋겠습니다." 하는 식으로 마무리하면 됩니다.

한 사람이 결신하기까지는 어떤 경로를 통해서든 평균 7-8번 정도 복음을 듣는다고 합니다. 그러니 여러분이 복음을 전한 피전도자가 결신하지 않는다고 해서 실망할 필요는 없습니다. 대답이 불확실한 경우나 이해가 잘 안 된다고 하면 "어느 부분이 이해가 안 되세요?"라고 물은 후 피전도자가 의문을 표한 부분을 차근차근 다시 설명해 주면 됩니다. 그런 다음 다시 한번 "이해가 되시나요?"라고 묻습니다. 이해가 되었다고 하면 "하나님이 주시는 영원한 생명을 받아들이실 마음이 있나요? 예수님을 믿고 싶은 마음이 드시나요?"라고 물으며 결신할 마음이 있는지를 확인합니다.

때에 따라서는 복음의 다섯 가지 내용을 다시 간략하게 제시해 줄 수도 있습니다. "천국은 하나님께서 거저 주시는 은혜의 선물입니다. 우리 인간은 다 죄인이라 자신 스스로를 구원할 수 없기 때문에 하나님께서 '선물'로 주시는 것입니다. 사랑이신 하나님이 우리에게 구원을 거저 주시는 은혜로만 구원받을 수 있습니다. 구원받을 수 있는 다른 길은 없습니다. 그런데 하나님은 사랑의 하나님이시지만 또 공의의 하나님이시기에 우리가 짓는 '죄'는 반드시 처벌하셔야 합니다. 이렇게 되면 본질적으로 죄인인 모든 인간은 다 죽을 수밖에 없습니다. 그래서 하나님은 자신의 하나뿐인 아들, 예수님을 우리에게 보내셨습니다. 당신 대신 모든 죄를 다 짊어지고 십자가에서 죽으심으로써 당신의 모든 죄의 대가를 지불하시고 예비하신 천국을 선물로 주셨습니다. 당신은 그저 마음으로 믿고 받아들이기만 하면 됩니다. 그러고 싶지 않으세요?" 복음에 대한 이 요약은 길게도 짧게도 할 수 있으며, 어느 한 부분을 강조해서 설명할 수도 있습니다.

복음을 다시 간략하게 요약 설명한 다음에는 이렇게 질문하십시오. "천국이 값없이 주는 선물이라는 것이 이해가 되시나요?" 이 지점에서 사람들이 온갖 질문을 던지며 시비를 걸어올지도 모릅니다. 그럴 때 기억하십시오. 당신이 그 자리에 있는 것은 상대방이 복음을 듣고 예수님을 믿게 하기 위해서라는 사실을 말입니다. 복잡한 신학적 논쟁이나 비난에 부딪히게 되더라도 근본적인 전도의 목적을 잊어서는 안 됩니다. "그런 것은 저도 답을 모릅니다. 답을 알아서 다시 말씀 드릴게요. 그러나 선생님이 어떻게 구원받을 수 있는가는 제가 압니다."

만약 여러분이 이미 알고 있는 사실을 질문해 오면 간단히 설명하고 나서 다시 복음 제시나 결신으로 들어가십시오. "왜 그런 걸 물어보십니까?"라며 무안을 주어서는 안 됩니다. "그것은 상당히 심오한 질문이네요. 참 훌륭한 질문입니다. 그런 질문은 꼭 필요하죠. 그런데 그건 시간이 많이 걸리니 조금 후에 이야기하면 어떨까요? 당신은 천국이 값없이 주어지는 선물이라는 것이 이해가 되시는지요?"라고 하거나 "예수님을 영접해서 구원받고 나면 그런 궁금증이 저절로 사라진답니다. 당신은 아직 영적으로 거듭나지 않았기 때문에 눈이 어두워 영적인 세계를 이해하기 힘들 것입니다. 당신도 영원한 생명을 얻어 영적인 눈을 뜨게 되면 전에는 이해할 수 없었던 많은 부분을 깨달을 수 있습니다. 이 영원한 생명을 하나님께서 당신에게 거저 주십니다. 은혜의 선물로 주시는 것입니다. 받아들이시겠습니까?"라고 해도 좋습니다.

간혹 "성경이 진짜예요? 그게 사실인지 거짓인지 어떻게 알아요?"라고 묻는 사람도 있습니다. 그럴 때 절대로 당신이 알고 있는 논리나 지식을 사용해 '성경이 하나님의 말씀'이라는 사실을 증명하려 들지 마십시오. 대신 성경 말씀을 인용하십시오. 히브리서 4장 12절은 "하나님의 말씀은 살아 있고 활력이 있어 좌우에 날선 어떤 검보다도 예리하여 혼과 영과 및 관절과 골수를 찔러 쪼개기까지 하며 또 마음의 생각과 뜻을 판단하나니"라고 말씀합니다. 하나님의 말씀은 그 자체가 능력이 있습니다.

신학적으로 심오하고 난해한 질문에 반드시 대답해야만 문제가 해결되는 것은 아닙니다. 당신이 잘 모르는 것을 질문해 오면 "저는 우리가 어떻게 구원받는지는 알지만, 예정론 같은 신학적 교리는 자세히 모릅니다. 제가 목사님께 여쭤 봐서 대답해 드려도 될까요? 당신이 이렇게 해서(복음 제시) 구원받을 수 있다는 이 기쁜 소식이 이해가 되시나요? 오늘 구원받기 원하시나요? 그러면 우리 주님께 기도하면서 주님을 우리의 구주로 모셔 들입시다."라고 이야기하며 결신으로 인도하십시오.

자칫 잘못하면 신학적 논쟁에 휘말려 복음의 중요한 골자를 잃고 헤매다가 삼천포로 빠지기 십상입니다. 불필요한 논쟁이나 토론을 유발할 가능성이 있는 질문이 쏟아진다면 지혜롭게 대처하십시오. 결신 단계의 첫 번째 확인 질문을 했을 때 피전도자가 '천국은 하나님이 값없이 주시는 선물'이라는 사실이 이해된다고 대답하면, 이제 결신 질문으로 들어가면 됩니다.

둘째, 결신 질문입니다. "이제 예수님을 통해서 주시는 하나님의 영원한 생명의 선물을 받아들이시겠습니까?"라고 묻는 것이 바로 결신 질문입니다. 이때 피전도자의 "네."라는 대답을 들으면 얼마나 기뿐지 모릅니다. 내 안에 감동과 감사가 넘치며 영혼이 마치 하늘로 날아갈 것처럼 행복해집니다. '나를 통해 하나님께서 한 영혼을 구원해 주시는구나!' 하는 감격을 억누를 수가 없습니다.

결신 질문을 했을 때 이처럼 긍정적인 대답이 나오면 바로 결신 기도로 들어가면 됩니다. 만약 부정적인 대답이 나온다면, 사탄이 방해를 하는 것인지, 피전도자가 이해를 못하고 있는 것인지, 이해는 했지만 단지 마음의 준비가 안 되어 있는지를 분간해야 합니다.

저도 전도할 때 사탄의 방해를 받아 본 적이 있습니다. 열심히 복음을 설명했고, 피전도자도 다 이해하여 결신을 막 하려던 참에 갑자기 초인종이 울리는 것이었습니다. 가슴이 철렁했습니다. 갑자기 친구가 찾아와 "너 집에 있었어? 왜 전화를 안 받아?"라고 하며 계속해서 떠드는 것이 아니겠습니까? 얼마나 속이 상했는지 모릅니다.

전도하러 가기 전에 오랜 시간 동안 기도로 준비하고, 영적으로 무장하고 가는데도 이렇게 전도를 방해하는 세력을 만납니다. 결신 질문에 대답하는 그 시간은 인간의 눈으로 볼 때는 찰나지만, 영적으로는 사망에서 생명으로 옮겨지느냐 마느냐 하는 일생일대의 가장 중요한 순간이기 때문에 악한 세력의 방해가 심할 수 있습니다.

그러므로 전도할 때 두 사람이 한 조가 되면 상당한 효과를 볼 수 있습니다. 피전도자가 결신 단계에 이르면 한 사람은 옆에서 계속 기도해야 합니다. 눈을 뜨고 있으면서도 마음속으로 피전도자를 위해 기도하는 것입니다. 상황에 따라 피전도자 옆에서 우는 아기를 돌봐줄 수도 있고, 소음을 일으킬 만한 물건이나 그런 상황을 차단할 수도 있습니다. 두 사람이 한 팀이기 때문에 서로 협조하며 전도할 수 있습니다. 저와 제 아내도 함께 전도할 기회가 있으면, 제가 복음 제시 단계까지 이끌 동안 아내가 다른 방으로 건너가 피전도자의 아이들을 돌봐 주거나 놀아 줍니다. 그러면 저는 방해받지 않고 마지막 결신 기도까지 인도할 수 있습니다.

결신 질문을 했을 때 주저한다면 믿음 부분을 다시 복습하고, 지금 결신하는 것이 얼마나 중요하고 큰 축복인지를 설명해 주십시오. 계속해서 "생각 좀 해보겠습니다." 혹은 "차차 하겠습니다."라고 답한다면 잠언 27장 1절 말씀인 "너는 내일 일을 자랑하지 말라 하루 동안에 무슨 일이 일어날는지 네가 알 수 없음이니라"를 읽어 주며 이렇게 이야기하십시오. "오늘 저녁 당신이 잠자리에 누웠다가 내일 아침에 깨어난다는 보장이 어디 있습니까? 그러니 지금 주님이 주시는 이 구원의 선물을 받아들이십시오."

만약 계속해서 주저한다면 "무엇 때문에 주저하시지요?"라고 물어보십시오. 그러면 그 이유를 이야기할 것입니다. 피전도자의 마음 속 장애물을 이해하고 이를 제거하도록 도와주어야 합니다. 그래야 주님께로 나아가는 길이 열립니다. 그렇게 권고하고 몇 번이나 다시 설명해 주어도 끝까지 거절한다면, 우리로서는 어쩔 수 없는 일입니다. 우리가 할 수 있는 최선은 여기까지입니다.

셋째, 결신 기도입니다. 피전도자가 긍정적으로 대답했다면 "예수님을 당신의 구원자로 삼아 영원한 생명을 선물로 받기 원하시면 지금 저와 함께 머리를 숙이고 기도드립시다. 제가 기도를 인도하겠습니다."라고 말하며 결신 기도로 들어가면 됩니다. 결신 기도에서는 세 가지를 위해 기도하십시오.

상대방을 위해

먼저, 영생을 선물로 받고 싶어 하는 마음을 주신 것에 대해 하나님께 감사 기도를 드리십시오.

"하나님 아버지, 오늘 이런 기회를 주셔서 이 형제(자매)가 주님을 구주로 영접하게 해 주신 것을 감사드립니다. 오늘 이분을 만나게 해 주신 것을 깊이 감사드립니다."

상대방과 함께

감사 기도를 한 후에는 나지막한 음성으로 "기도를 해보신 적이 없을 테니 제가 하는 영접 기도를 따라하시면 됩니다."라고 말한 다음 영접 기도를 시작하십시오.

"우리 주 예수님, 제 마음에 들어와 주시기 바랍니다. 제가 이제 주님을 영접합니다. 저는 죄인입니다. 지금까지 저의 선한 삶을 의지해 왔는데 오늘부터 예수님을 저의 구주로 믿습니다. 예수님을 저의 구주로 영접합니다. 예수님께서 저를 위해 돌아가신 것을 믿습니다. 저의 주님이 되신 것을 믿습니다. 죄에서 돌아서서 주님을 따르게 하여 주옵소서. 영원한 생명을 선물로 주신 것을 감사드립니다. 이 모든 은혜를 저의 것으로 받아들입니다. 저는 자격이 없지만 주님이 값없이 주시는 선물이니 감사히 받습니다. 예수님의 이름으로 기도합니다. 아멘."

영접 기도는 간단하고 또박또박하게 해야 합니다. 그래야 상대방이 잘 알아듣고 따라할 수 있습니다. 너무 길어지면 뒤로 갈수록 피전도자가 우물쭈물 얼버무리게 되고 부끄러워할 수 있습니다. 이미 교회 생활에 익숙한 사람이 제대로 된 복음을 처음 깨닫는 경우도 있습니다. 그럴 때는 그분이 직접 영접 기도를 하게 해도 됩니다.

상대방의 신앙의 확신과 성장을 위해

영접 기도를 마친 후에는 "하나님 아버지, 이분의 기도를 들어 주시니 감사드립니다. 이 조용한 시간에 성령께서 이분의 마음에 영원한 생명에 대한 확신을 주옵소서. 모든 죄를 다 용서받은 것을 믿게 하여 주옵소서. 또 네 죄가 다 사함을 받았다는 주님의 음성을 듣게 하여 주옵소서. '동이 서에서 먼 것 같이 우리의 죄과를 우리에게서 멀리 옮기셨으며'(시 103:12)라는 주님의 말씀을 듣게 하여 주옵소서. '내가 진실로 진실로 너희에게 이르노니 내 말을 듣고 또 나 보내신 이를 믿는 자는 영생을 얻었고 심판에 이르지 아니하나니 사망에서 생명으로 옮겼느니라'(요 5:24)고 주님은 말씀하셨습니다. '하나님이 세상을 이처럼 사랑하사 독생자를 주셨으니 이는 그를 믿는 자마다 멸망하지 않고 영생을 얻게 하려 하심이라'(요 3:16)고 말씀하시는 주님의 음성을 들려주시니 감사드립니다. 하나님의 영원한 사랑을 분명히 깨닫게 하여 주옵소서. 그리고 이분을 기억하시고 돌봐 주셔서 앞으로 잘 성장할 수 있도록 인도하여 주옵소서. 주님께 큰 영광을 돌리고 거룩하고 영적인 삶을 살도록 도와주옵소서. 예수님 이름으로 기도합니다. 아멘."

성령께서는 결신 기도하는 그 시간에 역사하십니다. 확신 기도와 하나님께 신앙의 성장을 맡기는 기도를 할 때 눈물을 펑펑 쏟는 분도 많습니다. 물론 조용하고 담담하게 기도하는 분도 있습니다. 꼭 눈물을 흘리고 감격해야만 하는 건 아닙니다. 우리의 구원은 감정이나 기분에 달린 것이 아닙니다. 주님을 영접하느냐 그렇지 않느냐가 중요할 뿐입니다. 반응은 사람마다 다 다릅니다.

결신 기도를 마친 다음에는 즉시 "하나님의 자녀가 된 것을 축하드립니다. 오늘이 당신의 영적인 생일입니다. 오늘은 기쁘고도 의미 있는 날입니다. 성경에 기록된 '거듭나다'라는 말이 바로 이것입니다!"라고 하며 진심으로 축하하고 기뻐해 주십시오.

미국의 그리스도인에게는 소위 '출생증명서'라는 것이 있습니다. 자신이 예수님을 영접한 날짜 및 전도자와 자기 서명(sign)이 적힌 작은 종이입니다. 출생증명서를 항상 지니고 다니면서 의심이 날 때마다 한 번씩 꺼내 보는 것입니다. 또한 해마다 영적인 생일날을 기념하여 하나님의 손길에 감사하는 파티를 열기도 합니다. 저 역시 제 명함에 날짜를 쓰고 결신자와 제 이름을 적어 보관용으로 건네기도 합니다.

넷째, 구원의 확신입니다. 복음을 제시한 바로 그 자리에서 구원의 확신까지 심어 주어야 합니다. 이때 이 말씀을 읽어 주십시오.

"내가 진실로 진실로 너희에게 이르노니 내 말을 듣고 또 나 보내신 이를 믿는 자는 영생을 얻었고 심판에 이르지 아니하나니 사망에서 생명으로 옮겼느니라"(요 5:24).

“영생을 얻었고”는 과거형으로 번역되어 있지만, 본래는 현재형으로 ‘영생을 이미 갖고 있다’라는 뜻으로 쓰인 것입니다. 예수님이 하신 이 말씀에는 세 가지 핵심 메시지가 담겨 있습니다. 첫째, 믿는 자는 현재 영생을 이미 갖고 있다는 것입니다. 둘째, 훗날 심판을 받지 않는다는 것입니다. 셋째, 죽음에서 영원한 생명으로 벌써 옮겨졌다는 것입니다. 이외에 다음과 같은 말씀도 읽어 주십시오.

“진실로 진실로 너희에게 이르노니 믿는 자는 영생을 가졌나니”(요 6:47).

“내가 하나님의 아들의 이름을 믿는 너희에게 이것을 쓰는 것은 너희로 하여금 너희에게 영생이 있음을 알게 하려 함이라”(요일 5:13).

사람이 영생을 얻었는지, 얻지 못했는지는 우리가 알 수 없다고 주장하는 신학도 있습니다. 하지만 성경은 우리에게 영생이 있음을 ‘우리가’ 알 수 있다고 분명히 말해 주고 있습니다. 요한일서 5장 13절 말씀은 오랫동안 교회 생활을 해 왔으나 영생의 확신이 없는 사람에게 들려주시는 하나님의 말씀입니다.

결신이 끝났으면 전도지 혹은 복음을 설명하며 말씀 구절을 적었던 종이에 날짜와 서명을 적어 건네십시오. 그러면 상대방은 기뻐하며 자기만의 의미를 담아 간직할 것입니다. 피전도자가 완전한 불신자인 경우 성경책이 없을 것이므로 낱권으로 된 요한복음이나 쪽복음 성경을 건네도 참 좋습니다.

모든 생명은 태어나서 반드시 성장합니다. 복음을 받아들이고 예수님을 영접했다면 그 후에는 반드시 영적 성장이 뒤따라야 합니다. 성장하려는 욕구가 없으면 생명이 없는 것과 마찬가지입니다. 교회는 다니는데 영적으로 성장하는 기미가 전혀 보이지 않는다면, 진지하게 마주 앉아 예수님을 진실로 믿는지, 복음을 제대로 이해하고 있는지를 재확인해야 합니다.

갓 태어난 아기를 보십시오. 태어나자마자 배고프다고 큰 소리로 울어 댑니다. 이처럼 모든 생명은 성장하려는 욕구를 갖고 있습니다. 영적 성장을 위해서는 여러 가지 요소가 필요하겠지만, 이번 장에서는 다섯 가지만 다뤄 보도록 하겠습니다.

첫째, 성경 읽기입니다. 이것은 갓난아이가 모유(혹은 분유)를 먹는 것과 같습니다. 이제 막 거듭난 사람에게는 요한복음을 하루에 한 장씩 읽도록 권하십시오. 무작정 성경을 읽으라고 하면 제대로 읽어 나가기 어렵습니다. 창세기부터 읽거나 마태복음 먼저 읽는 것은 영적 성장에 당장은 도움이 안 됩니다.

"오직 이것을 기록함은 너희로 예수께서 하나님의 아들 그리스도이심을 믿게 하려 함이요 또 너희로 믿고 그 이름을 힘입어 생명을 얻게 하려 함이니라"(요 20:31).

먼저 요한복음이나 마가복음을 읽는 것이 좋습니다. 요한복음은 영생을 얻게 하고 믿음을 세워 주기 위해 쓰였고, 마가복음은 짧아서 부담 없이 읽으며 예수님에 대해 알아갈 수 있는 성경입니다.

성경이 없는 사람을 전도했다면 쪽복음이나 성경책을 선물할 수도 있습니다. 어떤 피전도자는 "그 성경은 어디서 구할 수 있나요?"라고 그 자리에서 물어보기도 합니다. 그럴 때 친절히 안내해 주거나 사랑의 마음으로 성경을 한 권 선물해 주십시오. 성경을 건네준 다음에는 어떻게 읽어 나가야 하는지도 가르쳐 주어야 합니다. "하루에 한 장씩 읽으면서 특별히 눈에 띄거나 마음에 감동을 주는 구절이 있으면, 줄을 긋거나 형광펜으로 표시하세요. 의문이 생기는 구절에는 물음표를 달아 놓았다가 일주일 후에 저를 다시 만났을 때 질문하시면 돼요. 한 장 읽는 데 3-4분 정도밖에 걸리지 않는답니다." 이렇게 친절히 도와주십시오.

그냥 "집에 가서 꼭 성경을 읽어 보세요."라고만 권하면 읽지 않을 수도 있습니다. 그러나 일주일 후에 다시 만나자는 약속과 함께 성경 읽기를 안내해 준다면 의무감에서라도 일주일 분량의 성경 말씀을 읽게 될 것입니다. 이제 막 거듭난 사람은 반드시 성경을 읽어야 합니다. 성경이 곧 하나님의 말씀이고 영혼의 양식이기 때문입니다. 상대방의 영적인 성장을 위해 성경 읽기를 반드시 권해 주십시오.

둘째, 기도입니다. 기도는 부모님과 대화하듯 쉽게 하라고 가르쳐 주십시오. 또한 기도에 대해 지속적인 훈련이 필요하다는 사실도 이야기해 주십시오. 우리가 전도를 마친 후에 해야 할 일은 새 신자가 된 사람을 지속적으로 양육하며 기도에 대해 꾸준히 가르쳐 주는 것입니다.

셋째, 예배 생활입니다. 흩어져 살던 하나님의 자녀들이 믿지 않는 부모님을 찾아뵙고 부모님을 기쁘게 해 드리는 것이 예배입니다. 부모님을 교회의 공식적인 예배 자리로 초청하십시오. 그리고 구원받은 사람은 항상 예배에 참석한다는 것과 구원받은 믿음을 공표하는 예식인 세례를 받으면 성찬식에 참여할 수 있다는 사실도 알려 주어야 합니다.

넷째, 친교 생활입니다. 예수님을 믿게 된 후에는 믿는 사람들이 다 영원한 형제자매입니다. 성도들 간의 교제가 있어야만 영적으로 성장할 수 있습니다. 결신하여 새 신자가 된 사람을 사랑방 모임을 비롯한 각종 소그룹 공동체 모임으로 인도하십시오. 그리하여 자연스럽고 따뜻한 친교의 자리를 갖도록 도와주십시오. 이제부터는 하나님의 가족 안에 속한 한 형제자매이기 때문입니다. 1년 동안에 최소한 여덟 명의 사람들에게 따뜻하게 둘러싸여 있어야 새신자가 그 교회에 안착을 합니다. 그렇지 않으면 떨어져 나갈 가능성이 큽니다.

다섯째, 증인 생활입니다. 예수님을 믿게 되었으면 자기가 구원받았다는 사실을 주변 사람들에게 간증하고 또 전도해야 합니다. 어떻게 내가 예수님을 믿게 되었으며, 나에게 어떤 변화가 나타나고 있는지, 느낌과 생각이 어떻게 변화되어 가고 있는지 자연스럽게 이야기하고 전하면 영적으로 성장합니다.

간증을 하는 사람과 하지 않는 사람은 완전히 다릅니다. 자기가 구원받은 것에 대해 담대하게 간증하는 사람의 신앙은 부쩍 성장합니다. 즉, 구원받았다는 사실을 반복해서 이야기할수록 내 안에 더욱 견고한 확신이 생깁니다. 이처럼 간증은 대단히 중요합니다.

어떤 사람은 구원받은 그날부터 바로 복음을 전하기도 합니다. 물론 그럴 수 있다면 참 좋겠지만, 그렇게 급히 서두르지 않아도 괜찮습니다. 언제든 자기만의 진실한 구원 간증을 할 수 있으면 됩니다.

지속적인
양육 방법

우리는 주님을 믿지 않는 사람에게 복음을 전할 뿐만 아니라 상대방이 영적으로 성장할 수 있도록, 그리하여 우리처럼 결국에는 복음을 전하는 사람이 되도록 양육해야 합니다. 이 역시 전도자가 간과해서는 안 되는 사명입니다. 이제는 결신 단계를 거친 새 신자를 양육하는 다섯 가지 방법을 살펴보겠습니다.

첫째, 사탄의 유혹을 경계해야 합니다. 구원받은 사람은 절대로 구원을 잃어버릴 수 없습니다. 예수님이 그 안에 내주하시기 때문입니다. 그러나 사탄의 공격을 받아 회의감에 휩싸이게 되어 약해질 수도 있습니다. 그러므로 결신한 그 첫 주부터 사탄의 유혹이나 시험에 들지 않도록 그를 위해 쉬지 말고 기도하며 이끌어 주어야 합니다. 또

한 자신의 신앙을 확인할 수 있도록 요한복음 5장 24절을 암송하게
하고, 자주 점검해 주십시오.

"내가 진실로 진실로 너희에게 이르노니 내 말을 듣고 또 나 보내신
이를 믿는 자는 영생을 얻었고 심판에 이르지 아니하나니 사망에서
생명으로 옮겼느니라"(요 5:24).

둘째, 곧바로 성경 공부 모임에 참석시키십시오. 주님을 믿는 사람
들 속에서 함께 기도하고 찬송하며 올바른 성경을 배우면 큰 유익이
있습니다. 제가 쓴 확신시리즈 1권 『아, 그렇구나』와 2권 『아, 살았구
나』 같은 책을 함께 읽으면 도움이 될 것입니다.

셋째, 설교를 꾸준히 듣게 해야 합니다. 최근에는 홈페이지에 설교
영상이나 음성 파일을 올려 두는 교회들이 많습니다. 본 교회 목사
님의 설교 파일이나 CD, 복음적이고 건전한 목사님들의 설교를 추천
하고 듣게 하십시오. 요즘에는 스마트폰의 앱이나 동영상을 통해서
도 좋은 설교를 들으며 성장할 수 있습니다.

넷째, 다음 주일날 교회에서 만날 장소와 시간을 약속하십시오.
"다음 주일 예배 때 제가 아침에 모시러 가면 어떨까요?"라고 물었
을 때, 그 자리에서 바로 "네, 좋아요!"라고 하는 사람은 거의 없습니
다. 그러나 "저희 교회 예배가 주일 오전 7시, 9시, 11시, 2시 이렇게
네 번 있어요. 어느 시간에 제가 모시러 가면 좋을까요?"라고 물으면

상대방은 교회에 갈까 말까를 고민하는 것이 아니라 어느 시간에 가는 것이 더 나을까를 생각하게 됩니다. 참석할 예배 시간이 정해지면, 구체적인 약속 장소를 정하십시오.

주일 아침, 그분을 만나면 "지난주 내내 바쁘셨죠? 그래도 성경 말씀은 읽으셨지요?"라고 웃으며 대화를 건네고, 옆에 앉아 찬송가도 찾아 주면서 예배 분위기에 적응할 수 있도록 이끌어 주십시오. 찬송가를 잘 몰라 더듬거리면 "잘 몰라도 괜찮아요. 걱정 마세요. 조금만 시간이 지나면 저절로 다 알게 되거든요."라고 하며 안심시켜 주십시오. 이제 막 거듭나서 예배에 참석한 사람은 교회의 예배 분위기가 낯설고 생소하기 때문에 상당히 어색해합니다. 그러므로 인도자는 그분 옆에 앉아 엄마처럼 어린 영혼을 다독거려 주면서 교회 생활에 점차 익숙해지고 잘 적응할 수 있도록 도와주어야 합니다.

다섯째, 양육 프로그램이나 영적 성장 자료를 충분히 사용해야 합니다. 대부분의 교회에서는 '7단계 성경 공부' 같은 각 성장 단계에 맞는 교육 프로그램을 운영합니다. 그런 프로그램에 참여시키거나 성장 단계에 맞는 적절한 신앙 서적을 추천해서 읽게 하면 좋습니다. 단계별 성경 공부 교재를 택해서 함께 읽고 공부할 수도 있습니다. 그런 과정을 거치며 그 사람을 전도자로까지 양육시켜야 합니다.

자립적이고 건강한 신앙인으로 굳게 설 수 있도록 끝까지 책임지고 도우십시오. 다른 성도들을 돕고 소모임 공동체도 이끌어 나갈 수 있을 정도의 지도자다운 인격과 자질을 계발하는 데까지 양육의 목표를 정하고 도와주십시오.

전도 사례

"내가 진실로 진실로 너희에게 이르노니 내 말을 듣고 또 나 보내신 이를 믿는 자는 영생을 얻었고 심판에 이르지 아니하나니 사망에서 생명으로 옮겼느니라" 요 5:24

　　　　이번 장에서는 전도자와 피전도자의 대
화를 통해 실제적인 전도 상황을 보여 드리고자 합니다. 지금까지 앞
에서 배운 내용들을 떠올리며 이 대화 사례를 참고하여 지속적으로
훈련하고 연습해 보시기 바랍니다.

A : 안녕하세요? 어디서 뵌 분 같은데요.

B : 저도 뵌 것 같기도 하고….

A : 말씨가 지방 분은 아닌 것 같네요.

B : 저 서울 출신이에요.

A : 저는 충청도 출신이에요. 제 말씨하고도 다르고, 경상도, 전라도
　　도 아니고, 정말 서울 사람 같네요. 서울에서 태어나 쭉 자라셨
　　어요?

B : 태어나기는 강릉에서 태어났어요. 그리고 유치원은 부산에서 다
　　니고 그 후로는 서울에서 자라고 쭉 지냈어요.

A : 전국을 많이 돌아다니셨네요. 가만히 보니 귀한 집에서 태어나
　　신 것 같아요. 형제자매분이 얼마나 되세요?

B : 언니 한 명, 오빠 한 명인데 언니는 어릴 때 일찍 세상을 떠났고

요, 오빠랑 저랑 여덟 살 차이라 외동딸같이 자랐어요.

A : 외로우셨겠네요. 혹시 어렸을 때 교회 다녀 본 적 있으세요?(종교적 배경 조사)

B : 저희 집안은 기독교 집안은 아니에요. 그런데 제가 유치원 다닐 때 유치원 선생님이 기독교인이었어요. 그래서 그때 잠깐 교회도 나가 봤는데 유치원 졸업하고 나서부터는 교회 안 다녔어요. 어릴 때 부모님 따라 부산으로 내려갔는데, 초등학교 때 친구가 같이 교회 가자고 해서 그때부터 교회 다녔어요. 중·고등학교 때도 미션 스쿨이어서 성경도 배우고 예배도 참석했어요. 그때는 그냥 의무적으로 해야 했죠.

A : 그런 경험이 있으시면 지금 교회에 다니고 계시겠네요? 어느 교회 다니시나요?

B : 네, H교회 다녀요. 성가대원도 하고 주일 학교 교사로 섬기고 있어요.

A : 그러면 이제는 교회 생활에 상당히 익숙해졌겠네요. 어렸을 때 교회 다녀 본 적도 있고 중·고등학교 시절에는 미션 스쿨에서 성경 공부도 하셨고, 지금은 주일 학교랑 성가대 봉사도 하신다니, 한 가지만 여쭤 볼게요. 만약 당신이 오늘 밤 주무셨다가 내일 아침 깨어나지 못한다면, 영원한 하나님 나라에 가 있을 거라는 사실을 확신하세요?

B : 그걸 제가 어떻게 알겠어요?

A : 그렇죠.

B : 사실 저는 죽음이 두려워요. 제게 언니가 한 명 있었는데, 언니

를 참 좋아했거든요. 그렇게 좋아하던 언니가 하늘나라로 떠난 이후로는 언니 방에도 못 들어갔어요. 언니가 사라진 그 허전함 때문에 제 마음을 사촌 언니한테 쏟아붓기도 했는데, 사촌 언니도 결국 하늘나라로 일찍 떠나 버렸죠. 그다음부터는 죽음에 대해 생각하기도 싫고, 죽음이라는 말을 하거나 듣는 것도 너무 싫어요. 지금 그렇게 물어보시는 것도 싫어요.

A : 아, 그렇겠군요. 언니들이 먼저 세상을 떠났을 때 당신 나이가 몇 살쯤이었나요?

B : 초등학교 4학년 때와 중학교 1학년 때였어요.

A : 그러니까 초등학교 4학년 때부터 중학교 1학년까지 몇 넌 사이에 사랑하던 두 언니를 잃었으니 죽음에 대한 공포가 생겼겠네요. 그런데 혹시 이런 질문 하나 해도 괜찮은지 모르겠어요. 만약 당신이 세상을 떠나 하나님 앞에 섰는데 하나님이 "내가 너를 왜 여기 천국에 들여보내 주어야 하느냐?"라고 물으신다면 뭐라고 대답하겠어요? 정답이 있는 것은 아니에요.(하나님과 천국에 대한 생각을 타진해 보기)

B : 저는 형제자매가 많지 않고 언니가 죽고 나서 터울 많은 오빠와 저만 남았기 때문에 서로 싸울 일도 없었어요. 저희 부모님이 저보고 착하다고 하시고 친척들도 항상 그렇게 말씀하셨는데, 사실 제가 저를 봐도 그냥 순하고 착하다고 생각되거든요. 사실 저는 성격이 그래서 친구들하고 싸워 보지도 못했어요. 딱히 화도 못 냈고요. 교회에서는 저 나름대로 열심히 일하려고 애쓰고 주일 학교에서도 열심히 봉사했지요. 그러니 하나님께서 그런

A : 그렇죠. 저는 당신을 잘 모르지만 제가 보기에도 착하게 자랐겠다 싶어요. 매사에 칭찬받으며 부모님 속 썩이지 않으면서 모범적인 딸로 컸을 것 같아요. 당신이 제 질문에 그렇게 대답하시는 게 너무 당연해요. 저도 옛날에 그렇게 생각했거든요. 저도 별로 안 싸워 봤어요. 화도 잘 내지 않고요. 나름대로 착하게 살려고 애를 썼는데 가만히 보니 행동은 안 그러는데 가끔 마음속에서 엉뚱한 생각을 하고 있는 저를 발견했어요. 그때는 죽음이 두려웠어요. 그런데 지금은 옛날의 그 두려움이 완전히 없어졌어요. 죽음에 대한 두려움을 어떻게 하면 극복할 수 있는지 제가 알려 드릴까요?(호기심 불러일으키기)

B : 네, 얘기해 주시면 제가 훨씬 마음 편히 살 수 있을 것 같아요. 사실 외할머니 돌아가셨을 때 장례식에 가기 싫었어요. 아, 죽음에 대한 두려움이 해결된다면 정말 좋겠어요. 어서 얘기해 주세요.

A : 네, 이야기해 드릴게요. 천국은 우리가 착하다거나 착하게 살려고 노력했다고 해서 갈 수 있는 곳이 아닙니다. 천국은 하나님께서 거저 주시는 선물이에요. 사람이 아무리 착해도 어떤 때는 부족하고 약하더라고요. 그래서 하나님께서 천국을 전적인 은혜로 우리에게 선물로 주신 것이지요. 그래서 누구든지 천국에 갈 수 있는 길이 열린 것입니다. 당신에게도 그 두려움을 오늘로써 마감하고, 오늘밤 잠들어서 내일 깨어나지 않는다 해도 평화를 얻을 수 있는 길이 열렸습니다. 천국이 하나님의 선물이라는 것을 이제 아셨나요?(복음 내용 제시하기)

A : 아마 그럴 거예요. 예수님을 믿는 가정에 태어나 오랫동안 교회에 다닌 저도 25년 만에 그 사실을 처음 알게 되었거든요. 예배를 드리고 기도하고 교회 일 열심히 하면 천국에 갈 수 있다고 알았지, 하나님께서 영원한 생명을 거저 주신다는 말을 깨달은 지는 저도 얼마 안 된답니다. 그런데 하나님께서 왜 그렇게 천국을 거저 주시는지 아세요? 그것은 사람이 아무리 노력해도 스스로 완전해지지 못하기 때문입니다. 인간은 모두 죄인이에요. 아무리 선하게 살려고 노력해도 하나님의 완전하심에는 도달하지 못하지요. 그러한 완전하지 못함이 바로 '죄'입니다. 인간 속에는 죄된 성품이 있기 때문에 누구나 다 죄를 범하기 마련입니다.

B : 저는 회개할 게 별로 없다고 생각하는데 당신은 저더러 죄인이라고 하시네요.

A : 우리나라 사람들은 죄인이라고 하면 사기꾼, 강도 같은 사람들을 생각해요. 그러나 사실 죄라는 것은 아주 간단한 거예요. 성경 원문에 따르면 '죄'란 목표를 보고 쐈는데 제대로 맞지 않는 경우를 가리키거든요. 성경에 이런 말씀이 있습니다. "하늘에 계신 너희 아버지의 온전하심과 같이 너희도 온전하라"(마 5:48). 그러나 아무리 노력해도 우리는 하나님같이 완전해지지 못합니다. 그렇기에 우리는 죄인인 것입니다. 또한 나쁜 행동을 하는 것만이 죄가 아닙니다. 나쁜 생각하는 것, 말을 잘못하는 것, 잘못된 태도를 취하는 것, 선(善)인 줄 알면서도 행하지 않는 것 등도

다 죄입니다. 그래서 인간이 죄인인 것입니다. 혹시 마음속으로 누구를 미워해 본 적이 있나요? 아니면 불편하게 생각해 본 적 있나요?

B : 저는 친구와 싸우지는 못하지만 마음속으로 미워한 적은 있습니다.

A : 온전히 사랑하지 못하는 그런 것이 바로 죄죠. 우리 인간의 마음에는 죄의 성품이 있어서 그 성품 때문에 저절로 그렇게 되는 거예요. 꼭 원해서가 아니라요. 예를 들어 사과나무에서는 사과가 열리고, 배나무에서는 자연스럽게 배가 열리듯 죄 나무에서는 죄가 열릴 수밖에 없는 것입니다. 그러니까 우리가 죄를 범한다, 잘못을 저지른다는 것은 당연하고도 자연스러운 일이에요. 성경은 모든 사람이 죄를 범하였으매 하나님의 영광에 이르지 못한다고 말씀합니다. 그런데 그 죄의 결과가 사망, 곧 죽음이에요. 그러니까 모든 인간은 다 죽게 되어 있지요.

B : 무슨 말인지 모르겠네요.

A : 무슨 말이 이해가 잘 안 되세요?

B : 죄의 결과가 죽음이라는 말이 무슨 뜻인지 잘 모르겠어요.

A : 언젠가 당신도 이 세상을 떠날 것입니다. 언니가 세상을 떠난 것처럼, 또 외할머니께서 돌아가신 것처럼요. 죽음이란 영혼과 육체가 분리되는 거예요. 하나님과 인간이 분리된 것을 보고도 죽음이라고 해요. 또 하나님과 인간 사이의 분리됨이 영원히 계속되는 것을 영원한 죽음이라고 말하거든요. 죄라는 것은 마치 종이와 같아요. 아무리 얇은 종이라도 이 손과 손 사이를 갈라놓

습니다. 육체와 영혼이 분리되는 것, 하나님에게서 분리된 것, 하나님에게서 영원히 떠나 있는 것을 보고 죽음이라고 말하는 것이지요. 그래서 죄가 있는 사람은 영원히 죽습니다. 육체도 죽고 영혼도 영원히 죽어요.

A : 그건 우리 인간이 하나님과 영원히 분리되는 것입니다. 꽃 좋아하시나요? 꽃을 꺾어서 보면 처음에는 싱싱하고 예쁘고 향기도 좋죠. 너무 아름다워요. 그러나 본체에서 끊어졌기 때문에 시들다가 죽는 것은 시간문제잖아요. 우리도 그와 똑같아요. 겉으로 보기에는 아무리 대단한 사람이라도 하나님을 떠나 살다가 죽으면 결국 영원히 죽게 되는 거죠. 죄의 삯은 사망, 곧 죽음이기 때문입니다.

A : 지금 그렇게 마음씨도 좋고 겉으로 보기에 나무랄 데 없이, 아무 문제 없이 살고 있는 것 같지만 하나님에게서 분리되어 있기 때문에 결국은 죽게 됩니다. 인간은 죄 때문에 죽게 되어 있습니다. 우리에게는 자신을 구원할 방도가 없습니다. 이런 인간을 살릴 수 있는 길은 하나님께서 영원한 생명을 선물로 거저 주시는 것뿐입니다. 여기까지 이해가 되세요? 하나님께서 그런 은혜를 베푸시는 이유가 또 있습니다. 이제 하나님에 대해 조금 더 알아보면 왜 하나님이 천국을 거저 주시는지 알게 돼요. 모든 인간은 하나님께서 손수 빚으신 그분의 귀한 창조물입니다. 그렇기

때문에 하나님께서는 모든 인간을 무조건적으로 사랑하십니다. 마치 부모가 자기 자녀를 사랑하듯이 말이죠. 하나님은 당신도 사랑하십니다. 하나님은 사랑 그 자체이시기 때문에 구원의 선물을 거저 주시는 거예요. 이제 이해되세요? 그런데 하나님께서 사랑하시는 우리 인간이 죄인이잖아요. 저 같은 사람도 멀쩡해 보이지만 사실은 죄인이거든요. 하나님은 사랑의 하나님이시지만 동시에 공의의 하나님이시기도 해요. 그래서 우리를 사랑하시면서도 우리 죄에 대해서는 그에 합당한 벌을 내리실 수밖에 없어요. 아까도 얘기했지만 죄의 대가는 영원한 죽음입니다. 이제 하나님은 자기가 사랑하는 인간을 죽이셔야 하는 상황에 놓였습니다. 바로 여기서 문제가 생긴 것이지요. 인간이 죄인이기 때문에, 그래서 인간을 사랑하시는 하나님께서는 자기 쪽에서 어떤 행동을 취하셔야만 했습니다. 인간의 죄 문제가 해결되는 것만이 하나님이 마주한 어려움을 타개할 수 있는 유일한 길이었거든요. 마침내 하나님께서는 자신의 아들 예수 그리스도를 이 땅에 보내셨어요. 인간이 치러야 할 죽음의 대가를 십자가 위에서 대신 담당하게 하심으로써 모든 인간의 죄 문제를 단번에 해결하셨습니다. 인간은 자신의 죄 문제를 도저히 해결할 수가 없기 때문입니다. 예수님이 당신을 위해 돌아가심으로써 당신의 모든 죄는 완전히 용서되었습니다. 예수님은 십자가에서 돌아가실 때 마지막으로 "다 이루었다"라고 말씀하셨습니다. "다 이루었다"라는 말은 상업 용어로써 '모든 지불을 완료했다'라는 뜻이에요. 예수님이 인간의 모든 죄를 대신 짊어지고 그

대가를 완전히 치르신 것이지요. 예수님이 십자가에서 돌아가심으로써 당신의 죗값도 완전히 탕감되었습니다. 또한 예수님은 돌아가신 지 사흘 만에 부활하심으로써 인간이 영원히 사는 존재라는 것을 입증하셨습니다. 그래서 당신도 영원히 살 수 있게 되었습니다. 예수님께서는 우리를 위해 천국을 친히 준비하시고 그 천국을 당신에게 선물로 거저 주십니다. 여기까지 이해가 되셨어요?

A : 하나님의 그 선물을 자기 것으로 받아들이는 것을 보고 '믿음'이라고 해요. 결국 믿음은 천국으로 들어가는 유일한 열쇠이지요. 나에게 구원을 허락하신 예수님을 나의 구주로 받아들이고, 하나님이 단번에 나의 모든 죄를 용서하신 것을 나의 것으로 받아들이고, 영원한 생명의 선물을 나의 것으로 받아들이는 것을 믿음이라고 합니다. 믿음이라는 말이 다소 추상적이어서 잘 와닿지 않을 수도 있어요. 요한복음 1장 12절은 "영접하는 자 곧 그 이름을 믿는 자들에게는 하나님의 자녀가 되는 권세를 주셨으니"라고 말씀합니다. 이 말씀을 보면 '믿다'와 '영접하다', 즉 '받아들이다'가 같은 뜻임을 알 수 있죠. 인간은 죄인이어서 자기 자신을 구원할 수 없고 하나님은 사랑이기에 그 죄인을 구원해야 하고, 그래서 죄의 문제를 완전히 해결하고 영원한 생명을 완성하기 위해 예수 그리스도를 보내 주신 것입니다. 이렇게 하나님의 사랑과 지혜로 완벽하게 마련된 하나님의 선물을 받으라는 것이 기쁜 소식, 바로 '복음'입니다. 당신이 이 사실을 깨닫

고 받아들이기만 하면 오늘 영원한 생명을 얻고, 영원한 하나님의 자녀가 되는 것입니다. 그저 당신이 원하고 받아들이면 당신 것이 됩니다. 이해가 되세요?

B : 네. 그런데 교회에서 많이 들은 것 같은데, 사실 예수님이 왜 저를 위해 돌아가셔야 했는지 그게 잘 이해가 안 돼요. 제가 죄를 지어 봤자 얼마나 지었다고 십자가에서 그렇게 참혹하게 돌아가셔야 했는지, 하나님이 왜 그렇게까지 하시는 건지는 이해가 안 되네요.

A : 내가 뭘 그렇게 잘못했다고 그렇게까지 십자가에서 대신 죽으셔야 했는지 궁금하다고 했지요? 양손 사이에 종이 한 장이 놓였든 백 장이 놓였든 양손을 갈라놓게 되는 건 마찬가지입니다. 죄의 문제도 이와 같은 원리입니다. 어떤 죄든, 큰 죄든 작은 죄든 모든 죄는 하나님과 우리 사이를 갈라놓습니다. 얼마만큼 큰 죄를 지었는지가 중요한 것이 아니에요. 얼마가 잘리든 그 뿌리에서부터 일단 잘라지면 그것은 무조건 잘린 것입니다. 죄인 된 인간의 종착지는 죽음이고 사망입니다. 그런데 하나님께서 은혜를 베푸셔서 우리에게 영원한 생명을 주셨어요. 그렇게 우리를 구원하신 것입니다. 여기까지 이해가 되세요?

B : 네, 이해가 됩니다.

A : 그렇다면 하나님이 주시는 이 구원의 선물을 오늘 받아들이면 어떠실까요? 그러면 오늘 밤 주무실 때 내일 아침에 깨어나지 않아도 내가 영원한 하나님 나라에 갈 것이라는 안도감, 평안, 확신을 갖고 주무실 수 있잖아요. 오늘 하나님이 주시는 구원의

선물을 받지 않으시겠어요?

B : 그렇게 했으면 좋겠는데요. 사실 저는 세례 받을 때도 굉장히 겁
이 났거든요. 그래서 자꾸 미뤘어요. 뭔가가 두렵더라고요.

A : 세례가 우리를 구원하는 것은 아닙니다. 예수님이 구원하시지
요. 어떤 점이 두려웠어요? 세례 받고 나면 교회에 붙잡히는 것
아닌가 하는 그런 마음이 들었나요?

B : 네, 자신이 없더라고요.

A : 자신이 없다는 것이 어떤 뜻인지 얘기해 주실 수 있나요?

B : 제가 교회 다니면서 주일 학교 선생님으로 섬기다 보니 장로님
이나 권사님들과 함께 일할 시간이 많더라고요. 그런데 그분들
의 신앙이나 삶을 보면 어떤 때는 '나도 세례 받고 나서 저렇게
살아야 할 텐데, 저렇게 못 살면 어쩌지? 차라리 세례 안 받고
편하게 사는 게 낫겠다.' 하는 생각이 들었어요.

A : 그렇죠. 그런 생각하는 사람이 의외로 많아요. 그래서 세례를 일
부러 안 받는 사람도 많고요. 사실 세례 받는다는 것은 아주 간
단합니다. '예수님을 구주로 영접해서 하나님의 구원의 선물을
받았다.'라는 표시가 바로 세례거든요. 세례 받았다고 해서 그
사람이 훌륭해지고 흠이 없어지며 완벽하게 되는 것은 아닙니
다. 세례는 하나님이 주신 사랑을 내가 받아들였다는 표시입니
다. 즉, '예수 그리스도의 피로 내 죄가 완전히 씻음을 받았다.'라
는 증표입니다. 세례는 구원받은 다음의 얘기니까 세례 이야기
는 다음으로 미루고, 오늘은 구원에만 집중하도록 할게요. 당신
이 오늘 구원받는 것, 그게 바로 주님이 원하시는 것입니다. 하

나님이 주시는 영원한 선물, 죄 용서함을 받아들여서 그분의 자녀가 되는 것이 이 시간 가장 중요한 일이에요. 지금 저와 함께 하나님이 주시는 이 구원의 선물을 받아들이지 않으실래요?

B : 네, 그럴게요. 받아들이겠어요.

A : 아, 정말 기쁘네요. 그러면 우리 함께 하나님께 예수님을 나의 구주로 받아들이겠다는 영접 기도를 하도록 해요. 제가 먼저 잠깐 기도할 테니 조금 후에 예수님을 영접하는 기도를 할 때 제가 하는 말 그대로 조금씩 따라 하세요. 하나님 아버지, 감사합니다. 이렇게 귀한 기회를 주셔서 이분에게 하나님의 사랑을 전하게 하시고 또 알아듣게 하시고 깨닫게 하시고 받아들일 마음을 주신 것을 정말 감사드립니다. 성령께서 역사하신 줄 믿고 깊이 감사드립니다. 이제 영접 기도를 따라 하세요. 하나님 아버지, 제가 죄인 된 것을 깨달았습니다. 저 스스로 저를 구원할 수 없다는 것도 깨달았습니다. 이제 하나님이 주시는 구원의 선물을 받아들입니다. 예수님을 저의 구주로 모십니다. 저의 죄를 완전히 용서해 주신 것을 감사드립니다. 오늘부터 저를 돌봐 주셔서 하나님의 자녀로 성장할 수 있도록 인도하여 주시옵소서. 예수님의 이름으로 기도합니다. 아멘.

B : 하나님 아버지, 제가 죄인 된 것을 깨달았습니다. 저 스스로 저를 구원할 수 없다는 것도 깨달았습니다. 이제 하나님이 주시는 구원의 선물을 받아들입니다. 예수님을 저의 구주로 모십니다. 저의 죄를 완전히 용서해 주신 것을 감사드립니다. 오늘부터 저를 돌봐 주셔서 하나님의 자녀로 성장할 수 있도록 인도하여 주

시옵소서. 예수님의 이름으로 기도합니다. 아멘.

A : 제가 다시 또 기도할게요. 하나님 아버지, 감사합니다. 이분이 복음을 듣고 예수님을 영접하게 된 것을 참으로 감사드립니다. 예수님이 오늘 아침에 이분의 마음에 찾아와 주신 것도 감사드립니다. 성령께서 찾아오신 것을 감사합니다. 오늘부터 이분의 영혼을 돌봐 주시고, 성장시켜 주시고 그 마음에 확신을 주셔서 계속해서 신앙과 영혼이 성숙하게 됨으로써 훌륭한 하나님의 자녀가 되게 하여 주옵소서. 주님께 맡기옵니다. 예수님의 이름으로 기도합니다. 아멘. 축하합니다! 하나님의 자녀가 되신 것을 진심으로 축하드려요! 제가 성경 말씀 한 구절만 더 보여 드릴게요. 여기 성경에 당신이 하신 신앙고백에 대해서 예수님이 하신 말씀이 하나 있어요. 요한복음 5장 24절 말씀이에요. 한번 읽어 보세요.

B : 내가 진실로 진실로 너희에게 이르노니 내 말을 듣고 또 나 보내신 이를 믿는 자는 영생을 얻었고 심판에 이르지 아니하나니 사망에서 생명으로 옮겼느니라.

A : 이건 예수님 말씀인데요, '진실로 진실로'는 '진짜로'라는 말을 강조한 거예요. 이 말은 귀를 기울이고 눈을 번쩍 뜨고 들어야 한다는 뜻이지요. '내 말'이란 예수님께서 주신 복음의 말씀인데 제가 다 설명해 드렸습니다. 또 '나 보내신 이'는 하나님이에요. 이렇게 복음을 듣고 하나님을 믿는 사람은 영생을 얻었다고 했습니다. 그러니까 당신은 벌써 영생을 얻은 사람입니다. 축하드립니다. 영생을 얻었을 뿐만 아니라 미래에 있을 영원한 죽음

과 생명에 대한 심판에서도 면제되었습니다. 이미 영생을 얻었기 때문에 심판이 없습니다. 그런데 하나님의 자녀가 된 사람은 큰 상을 받느냐 작은 상을 받느냐 하는 상급에 대한 심판은 받게 돼요. 주님을 받아들이기 전에는 영원한 사망이 당신의 운명이었는데 이제 당신은 마음으로 믿어서 입으로 고백했기 때문에 사망에서 생명으로 옮겨졌습니다. 천국의 세계로 옮겨진 것이요, 하나님의 세계로 옮겨져서 하나님의 자녀가 된 것입니다. 이 말씀에는 당신이 영생을 얻었다는 사실이 나타나 있습니다. 당신은 확실히 구원받았습니다. 제가 여기 요한복음 성경을 하나 놓고 갈게요. 내일부터 하루 한 장씩만 읽으면 됩니다. 성경 읽고 기도하고 그다음 주일날 예배도 드리고 예수님을 믿게 되었음을 주변 사람들에게 고백하고 이야기하세요. 먼저 가족들에게 나누세요. 성경은 영(靈)의 양식이니 하루에 한 장씩 꼭 읽으면 신앙이 성장합니다. 한 장 읽는 데 3분 정도밖에 안 걸려요.

A : 왜 그런가 하면, 성경은 자연인에게는 하나님의 영적인 진리가 안 보인다고 말씀하고 있어요. 영적으로 다시 태어나셨기 때문에 이제 보이는 거죠. 이제는 성경이 이해되실 거예요. 제가 다음 주 이 시간에 찾아올 테니 그때까지 한 장씩 읽고 연필이나 형광펜으로 눈에 띄거나 감동되는 구절이 있으면 표시해 두세요. 이해가 안 되거나 궁금한 부분은 물음표도 표시해서 일곱 장 정도 성경 말씀으로 다시 한번 이야기 나누도록 해요.

A : 다음 주일에 저희 교회 예배가 9시, 11시 이렇게 두 번 있어요. 9시가 괜찮으세요? 아니면 11시가 더 나을까요? 제가 11시에 시간이 되는데 15분 전에 모시러 와도 될까요?

A : 그럼 10시 45분까지 모시러 올게요. 축하드립니다. 저희 교회 목사님 설교 CD도 드릴 테니 천천히 들어 보세요. 다음 주일날 교회에서 만나요.

여러분도 전도할 수 있습니다. 누구라도 전도할 수 있습니다. '내가 어떻게 전도를 할 수 있을까?' 하는 생각으로 너무 염려하지 마십시오. 꾸준히 연습하면 됩니다. 이 책에서 배운 내용을 실제로 적용해 볼 수 있도록 구체적이고 체계적인 훈련을 받으십시오.

여러분의 전도를 통해 구원받는 무리가 많이 생기길 바랍니다. 언제 어디서든 열심히 전도합시다. 그래서 하나님의 기쁜 소식이 사람들의 귀에 최소한 한 번은 들어가고 완전히 이해될 수 있게 합시다.

복음을 전해 들었는데도 받아들이지 않는 것은 우리로서는 어쩔 수 없는 일입니다. 우리의 잘못이나 부족함 때문이 아닙니다. 우리의 책임은 복음을 정확하게 전해 주는 것입니다. 하지만 복음을 아예 들어 본 적이 없는 사람이 있어서는 안 됩니다. 우리 주위에 복음을 들어 보지 못한 사람이 단 한 명도 없도록 우리가 주님의 기쁜 소식을 들고 담대하게 세상으로 나아갑시다. 우리는 하나님의 영원한 사랑을 믿고 구원받은 사람들입니다. 우리도 하나님을 사랑하고 가족부터 시작해서 이웃을 사랑하며 삽니다. 사랑하기 때문에 하나님이 은혜로 주시는 구원의 선물을 우리의 이웃들이 받을 수 있도록 복음을 전해야 합니다. 우리 때문에 많은 영혼이 예수를 믿고 구원받아 하늘의 시민들이 되기를 바랍니다.

"의인의 열매는 생명 나무라 지혜로운 자는 사람을 얻느니라"(잠 11:30).

"The fruit of the righteous is a tree of life, and he who wins souls is wise"(Proverb 11:30).

"지혜 있는 자는 궁창의 빛과 같이 빛날 것이요 많은 사람을 옳은 데로 돌아오게 한 자는 별과 같이 영원토록 빛나리라"(단 12:3).

"Those who are wise will shine like the brightness of the heavens, and those who lead many to righteousness, like the stars for ever and ever"(Daniel 12:3).